기독교 학교 이야기

기독교 학교 이야기

개정판 1쇄 인쇄 2020년 11월 6일
개정판 1쇄 발행 2020년 11월 12일

지은이 임경근
펴낸이 유동휘
펴낸곳 SFC출판부
등록 제104-95-65000
주소 (06593) 서울특별시 서초구 고무래로 10-5 2층 SFC출판부
Tel (02)596-8493
Fax 0505-300-5437
홈페이지 www.sfcbooks.com
이메일 sfcbooks@sfcbooks.com
기획 · 편집 편집부
디자인편집 최건호
ISBN 979-11-87942-48-1 (03230)
값 15,000원

기독교 학교 이야기

임경근 지음

SFC

목차

1999년에 샘물교회 젊은 부부들이 교육 전문가들을 초청해 강의를 듣고, 이것을 책으로 엮은 『하나님이 기뻐하시는 학교』예영, 1999가 출판되었다. 또한 같은 해 『우리가 꿈꾸는 기독교 학교』예영, 1999라는 책이 출판되었는데, 이는 '드림 고등학교'라는 가상의 기독교 학교에 대한 일종의 소설이었다. 이후 기독교 학교와 관련된 책이 출판되지 않다가, 2006년에 기독교학교교육연구소 박상진 소장에 의해 『기독교 학교 교육론』예영, 2006이 출판되었다. 이 책은 그가 장신대학교에서 가르치면서 기독교 학교 설립을 기대하며 쓴 글들을 모아 엮은 것으로, 기독교 학교의 기초와 실제를 아우르는 것이었다.

그리고 이 책 『기독교 학교 이야기』는 내가 2006년에 시작된 분당 샘물기독학교유·초등부에서 사역할 때 정리한 것이다. 특히 이 책을 쓰는 데 네덜란드 유학시절1994~2001년 자녀들을 기독교 학교에 보내면서 경험한 것들이 큰 힘이 되었다. 따라서 네덜란드에서 원조 기독교 학교를 직접 경험했다는 것과, 이후 한국에서 기독교 학교를 직접 체험하면서 썼다는 것이 이 책의 특징이자 동시에 강점이다.

2006년에 분당샘물교회에서 시작된 샘물기독학교유·초등는 2009년 샘물중학교를 태동시켰고, 은혜샘물교회의 분립개척과 함께 샘물고등학교2012년가 설립되었다이사장: 박은조→윤만선. 그리고 샘물중학교에서 사역하던 신병준 교장에 의해 소명중고등학교가 시작2012년되었다. 또 은혜샘물교회는 은혜샘물유치원·초등학교2016년를 낳고, 더샘물교회의 분립개척과 함께 더샘물학교초·중등, 이찬영 이사장를 낳는 모태역할2018년을 했다. 이 책이 처음 출판되던 때2009년에는 100개 정도에 불과했던 기독교 학교가 지금은 300개 정도로 증가했다.

이 책은 그동안 독자들의 사랑을 꾸준히 받아왔지만, 어느 덧 출판된 지 11년이 지났기에 내용을 개정할 필요가 있었다. 그 동안 수치나 통계들에서 변화가 있었고, 독자들로부터 피드백도 있었다. 그중에서 여러 가지 좋은 평가들을 참고해 모난 부분을 다듬었다. 특별히 기독교 학교 현장에서 오랫동안 몸담고 사역히고 있는 기독교힉교교육연구소 이종철 부소장에게 감사한다. 그는 이 책을 꼼꼼히 읽고 소중한 조언을 아끼지 않았다. 그의 조언이 없었으면 개정판 출판은 생각지도 못했을 것이다.

이 책은 기독교 학교에 대해 아무런 이해가 없는 사람들에서부터 기독교 교육이나 학교에 관심 있는 모든 성도들에게 좋은 안내서가 될 것이다. 물론 기독교 학교 교사들과 학부모들에게는 더 없이 좋은 참고서이다. 무엇보다도 교회의 목회자들이 이 책을 읽고 기독교 학교에 대한 선先이해를 갖게 되길 바란다. 그 유익은 고스란히 성도들에게 돌아갈 것이고, 나아가 그의 자녀 세대에서 열매를 맺게 될 것이다.

또 나의 자녀들이 다녔던 네덜란드 기독교 학교 캄펜Kampen의 더 미르트 De Mirt 유치원·초등학교https://www.demirt.nl와 츠볼러Zwolle의 흐레이다누스 Grijdanus 중·고등학교 교장과 교사들에게 감사한다. 그들은 샘물기독학교가 개교를 준비하던 2005년, 아내가 두 달간 네덜란드를 방문했을 때 사랑과 애정을 담아 많은 것을 알려주고 설명해 주었다. 또 나의 친구 한스 매설링크Hans

Messelink에게도 감사한다. 그는 네덜란드 정부 공인 개혁교육연구소Reformed Pedagogic Center의 소장으로 은퇴했는데, 기독교 학교에 대한 많은 정보들을 제공해 주었다. 마지막으로 10년이 넘게2008~2019년 한국에서 기독교 교육이 무엇인지 가르쳐주고 용기와 힘을 불어 넣어준 미국 아이오와Iowa 펠라 기독교학교Pella Christian Grade School의 은퇴 교사인 일명 미스터 비Al. Banstra에게도 고마움을 전한다.

마지막으로 이 책을 태동케 한 샘물기독학교(이사장 채경락)와 교직원들에게 감사하며 개정판 대담에 참여해 주신 분들에게 감사하다. SFC출판부 유동휘 대표, SFC출판부 이의현 편집장, 기독교학교교육연구수 이종철 부소장, 은혜샘물초등학교 변현석 학부모에게 이 글을 통해 특별한 고마움을 표한다.

기독교 학교를 운영하거나 기독교 학교 설립을 열망하며 기도하고 계신 모든 분들에게 이 책을 바친다. 전국으로 강의나 설교를 다니면서 신앙교육과 기독교 학교에 대해 열정을 품은 수많은 분들을 만났다. 이 책은 바로 그분들을 위한 책이다. 마지막으로 이 책에 나오는 오류나 잘못은 순전히 나의 책임임을 밝힌다.

2020년 11월
가을바람이 부는 광교호수공원 옆
다우리교회 목양실에서

저자 임경근

이야기 하나

기독교 학교란 무엇인가?

대체로 사람들은 미션스쿨을 '기독교 학교'라고 생각한다. 그렇기도 한 것이 1884년에 개신교가 들어온 이후 우리나라에 기독교적 특성이 있는 기독교 학교는 미션스쿨밖에 없었기 때문이다.

학교의 종류에는 공교육의 범위 안에 있는 '공립학교'와 '사립학교'가 있다. 사립학교에는 '일반 사립학교'와 '종교계 사립학교'가 있다. 미션 스쿨은 종교계 사립학교에 속한다. 이런 공교육의 대안으로 등장한 것이 '대안학교'이다. 대안학교에는 '대안교육 특성화학교', '인가 대안학교초중등교육법 제60조 3항' 그리고 '미비인가 대안학교'로 구분된다.

이 가운데 기독교 대안학교의 범위에 포함되는 기독교 학교로는 2011년에 121개, 2016년에 265개였으나, 현재 2020년에는 약 300개 정도 되는 것으로 파악되고 있다. 교직원 숫자는 5,000명, 학생 수는 20,000명 정도 된다고 한다.

내가 이 책에서 다루려는 기독교 학교는 미션스쿨을 포함하지 않고, 기독교 대안학교의 범주로만 제한할 것이다. 기독교 대안학교도 그 종류가 너무나 다양하여 분류하기가 쉽지 않다. 기독교학교교육연구소현. 교육대안연구소 박상진 소장은 기독교 대안학교의 유형을 다음과 같이 열 가지 준거로 정리했었다.[1]

1) 인가/비인가 2) 기독교성/대안성 3) 국제지향/국내지향
4) 엘리트지향/긍휼지향 5) 도시형/전원형 6) 기숙형/비기숙형
7) 교회설립/개인기타설립 8) 기독교교과/일반교과
9) 통합교육/비통합교육 10) 고급형/서민형

그러면서 그는 기독교 대안학교의 유형을 최종 다섯 가지로 축약 분류하여

---

1. 박상진, 『기독교 대안 학교의 교육성과를 말한다』(예영커뮤니케이션, 2012), 30~45.

지금까지 통용하고 있다.[2] 그것은 첫째, 국제성, 둘째, 수월성, 셋째, 긍휼성, 넷째, 대안성, 다섯째, 기독성이다. 각 기독교 대안학교는 대부분 이러한 다섯 가지 경향을 모두 가지고 있긴 하지만, 그 강조점에서 한두 가지 측면으로 치우칠 수 있다. 연구소는 질문을 통해 각 학교의 특징을 다섯 개의 꼭짓점을 연결하는 선으로 그어 다섯 가지 유형으로 분류하는 방법을 개발했다.

첫째, 국제성 학교는 기독교 국제학교를 말한다. 이 유형의 학교는 영어 몰입교육을 하며, 국제성을 개발하고, 수월성과 기독성을 추구한다. 반면, 대안성과 긍휼성은 관심이 낮다. 둘째, 수월성 학교는 기독교과 대안성을 추구하면서 수월성 교육을 하지만, 국제성과 긍휼성은 떨어진다. 셋째, 긍휼성 학교는 기독성과 대안성에 관심이 높으며 긍휼성을 추구한다. 대신, 국제성이나 수월성에는 무관심하다. 넷째, 대안성 학교는 기독성과 긍휼성을 기반으로 대안성을 강조한다. 대신, 국제성과 수월성에는 약하다. 다섯째, 기독성 학교는 기독성에 관심을 두다보니, 미인가 학교가 많은데, 그중에서도 강조점의 측면에서 대안성과 수월성으로 나뉜다. 대신, 국제성에는 약한 편이다.

내가 소개하고자 하는 '기독교 학교'는 바로 마지막 다섯 번째 유형인 기독성을 강조하는 기독교 대안학교이다. 내가 그리는 기독교 학교의 정체성과 특징이 기독성을 강조하는 학교이기 때문이다. 그것은 단순히 공교육의 대안이거나, 엘리트를 양성하거나, 장애인을 교육하거나, 국제화 시대에 특정 언어를 집중적으로 교육하는 학교가 아니다. 그보다 기독교 학교는 하나님께서 신명기 6장 4~9절을 통해 성도에게 명령한 자녀에 대한 신앙교육을 구체적으로 올바르게 실천하기 위한 몸부림의 결과이다.

---

2. 위의 책, 104~109.

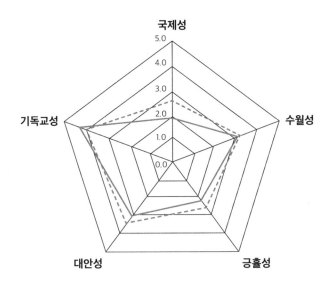

굵은선: ○○학교 / 점선: 기독교대안학교 평균

<그림1> 기독교 대안학교의 유형에 따른 성격

이스라엘아 들으라. 우리 하나님 여호와는 오직 유일한 여호와이시니 너
는 마음을 다하고 뜻을 다하고 힘을 다하여 네 하나님 여호와를 사랑하
라. 오늘 내가 네게 명하는 이 말씀을 너는 마음에 새기고 네 자녀에게
부지런히 가르치며 집에 앉았을 때에든지 길을 갈 때에든지 누워 있을
때에든지 일어날 때에든지 이 말씀을 강론할 것이며 너는 또 그것을 네
손목에 매어 기호를 삼으며 네 미간에 붙여 표로 삼고 또 네 집 문설주와
바깥문에 기록할지니라.신6:4~9

하나님께서 자기 백성에게 명령한 이 말씀을 우리는 가정과 학교와 교회에
서 실천해야 한다. 이런 일환으로 학교 영역에서 신앙교육의 책임을 실현하려
는 것이 내가 그리는 기독교 학교이다. 그러므로 기독교 학교는 한국교육의

총체적 위기를 극복할 수 있는 대안으로서의 의미도 있겠지만, 그보다는 신앙교육의 차원에 의미를 두는 것이 더 근본적이다. 이것 외의 다른 기독교 학교의 설립 이유들은 기독교 교육철학에서 자연스럽게 나타나는 부가적 유익이지, 주된 동기는 될 수 없다. 노만 하퍼Norman E. Harper는 기독교 학교를 이렇게 정의한다.[3]

> 기독교 학교는 학생들을 개인적으로, 집단적으로 훈련시켜 그리스도께서 만드신 모든 것을 그리스도 안에서 다스리도록 하는 독특한 목적을 가진 기독교적 학문 공동체이다.

이 정의는 기독교 학교가 공교육의 대안을 찾기 위한 것이 아님을 말해 준다. 기독교 학교는 학교에서 기독교 교육, 곧 신앙교육을 하기 위해 세운 학교이다. 따라서 기독교 학교는 지금까지 존재했던 학교와는 전혀 다른 새로운 형태의 학교일 뿐, 그 이상도 그 이하도 아니다.

기독교 학교는 생소한 개념이다. 학원선교를 위한 미션스쿨은 우리에게 익숙하지만, 믿는 성도들의 자녀들만 교육하는 기독교 학교는 이해하기도, 받아들이기도 쉽지 않다. 성경과 예배와 기도와 전도만 있으면 기독교 학교이지, 모든 교과목을 기독교적 세계관으로 가르친다는 것은 생각해 본 적도 없고, 그 필요성을 느끼지도 못했다. 불신자의 자녀들과 함께 교육받는 데 익숙한 한국 기독교인들에게는 교인의 자녀들만 모아 놓은 기독교 학교가 오히려 자녀들을 온실 속의 화초처럼 힘없는 아이로 키우지는 않을까 걱정이 앞선다. 험난한 세상 가운데 강한 기독교인으로 키우기 위해서는 공교육 체제에서 불

---

3. Norman E. Harper, *Making Disciples: The Challenge of Christian Education at the End of the 20th Century* (한국어판: 이승구 역, 『그리스도의 제자 만드는 기독교 교육』 (토라, 2005), 99.)

신자들과 부대끼면서 교육받아야 한다고 생각한다. 또한 신앙인들이 기독교 학교에만 머물러 있으면 불신자들을 만날 수 없고, 따라서 전도의 기회를 잃어버릴 것이라고 염려한다. 더구나 기독교 학교는 등록금이 비싸 돈 많은 사람들만 보내는 '귀족학교'라고 비난을 받기도 한다. 하지만 이러한 것들의 대부분이 기독교 학교에 대한 오해에서 비롯된 것이다. 물론 '귀족학교'라는 비난은 기독교 학교들이 앞으로 풀어나가야 할 숙제임에 틀림없다.

결론적으로 기독교 학교의 정체성을 정리해 본다면, 첫째, 기독교 학교는 언약의 자녀를 가르치는 학교이지 미션스쿨과 같이 전도와 선교를 위한 학교가 아니다. 둘째, 기독교 학교는 공교육의 대안을 제시하기 위한 학교가 아니라, 기독교 세계관을 바탕으로 학문의 전 영역을 가르치는 학교이다. 셋째, 기독교 학교는 자녀 양육에 대한 부모의 일차적 책임을 강조하는 학교이다. 넷째, 기독교 학교는 가정과 학교와 교회가 긴밀하게 유기적 관계를 이루며 신앙교육을 하는 것이 필요하다고 생각하는 학교이다.

그렇다면 이제 왜 이런 형태의 학교가 이 시대에 필요한지, 그리고 그 토대와 기초가 무엇인지, 마지막으로 기독교 학교의 실제적인 부분에 대해서 살펴보기로 하겠다.

이야기 둘

왜 기독교 학교여야 하는가?

어떤 사람들은 이렇게 말하기도 한다. "한국에는 아직도 불신자들이 많기 때문에 미션스쿨이 더 많이 필요하다." 그렇다. 좋은 미션스쿨은 지금도 필요하다. 그러나 이 책에서는 미션스쿨보다는 기독교 학교의 필요성에 대해 여러 각도에서 살펴보려 한다. 이를 위해 먼저 한국교육의 현실을 분석해보고, 그 후 성경에서 볼 수 있는 사사시대 때 신앙교육의 부재로 인해 나타났던 문제들에 대해 지적할 것이다. 나아가 서구 교회가 사사시대의 잘못을 따라가다가 몰락한 상황과 그러한 서구 교회의 전철을 따르고 있는 한국 교회의 모습도 진단할 것이다. 이러한 진단은 오늘날 기독교 학교가 얼마나 필요한지에 대해 잘 말해줄 것이다.

1. 아! 한국 교육의 현실이여~

오늘 한국의 현대 사회에서 가장 큰 관심사 중의 하나는 교육이다. 한국 교육에 대한 문제는 어제 오늘의 일이 아니다. 입시 위주의 교육,[1] 지나친 경쟁주의, 획일적 교육, 인성교육의 부재, 과도한 사교육비 지출은 누구나 들어 익숙한 단어들이다. 교육문제는 단순히 교육의 테두리 안에만 머물지 않는다. 과도한 사교육비 지출은 이미 가정 경제에 감당키 어려운 짐이 되었다. 강남 8학군의 문제는 집값 상승을 부채질함으로써 한국의 경제에 영향을 주고 있다. 교육을 통한 사회 계층과 빈부의 대물림 문제 역시 중요한 사회적 이슈가 되었다.

역대 정권마다 국민들의 뜨거운 교육열을 등에 업고 정치권력의 정당성을 확보하는 수단으로 교육개혁의 기치를 내걸었다는 점에서 교육은 정치와도 밀접하게 연결되어 있다.[2] 과도한 입시 경쟁 때문에 학생들의 문화생활은 없어지고, 이에 따라 정서적으로 불안해진 학생들의 일탈 현상은 심각한 수준에 이르렀다. 학원에서 선행학습을 한 학생들에게 학교는 단지 '여관'으로 취급되는 등, 공교육의 정체성은 그야말로 위기를 맞고 있다. 이른 아침부터 저녁 늦게까지 학교와 학원을 전전하는 한국의 미래인 젊은 학생들은 교육과 관련된 이런 문제들의 최대 희생자들이다.

지금껏 이러한 문제들을 해결하기 위하여 수많은 대책들이 만들어졌지만, 문제들은 쉽게 해결되지 않고 오히려 더 심각해지는 것 같아 보인다. 여기서 이러한 공교육의 파행을 다루는 것은 너무 넓은 주제이기에 범위를 좁혀 사교육의 문제만 다루도록 하겠다. 사실 사교육의 영역은 부모의 영역인데, 이 영역마저도 희망이 없어 보인다.

---

1. 김덕영, 『입시공화국의 종말』 (인물과사상사, 2007)
2. 국정브리핑 특별기획팀, 『대한민국 교육 40년』 (한스미디어, 2007), 25.

1. 사교육으로 고통당하는 아이들

에스겔 선지자는 이스라엘의 죄들 가운데서 아주 이상한 행위에 대해 지적한다. "또 네가 나를 위하여 낳은 네 자녀를 그들에게 데리고 가서 드려 제물을 삼아 불살랐느니라. 네가 네 음행을 작은 일로 여겨서 나의 자녀들을 죽여 우상에게 넘겨 불 가운데로 지나가게 하였느냐."겔16:20~21 자신의 자녀를 불에 태워 죽이는 어처구니없는 일이 실제로 이스라엘 역사 가운데서 자행되었다왕하16:3, 21:6. 유다 왕 아하스와 므낫세가 자신들의 자녀를 불 속으로 집어넣어 죽게 했던 것이다. 본래 하나님께서는 짐승을 제물로 드리라고 명령하셨다. 따라서 자녀를 불 속에 걸어가게 한 것은 자녀를 인격으로 생각하지 않고 도구로 생각한 결과였다.

그런데 자신의 자녀를 불 속으로 걸어가게 하는 세대와 나라가 또 있다. 바로 21세기의 대한민국이다. 오늘날 우리 사회의 교육은 마치 전쟁과도 같다. 부모들은 저마다 자녀들에게 생존경쟁에서 이기기 위해 죽을힘을 다해 뛰라고 말한다. 자신들의 자녀들을 피비린내 나는 입시전쟁으로 몰아넣고는 그들로 하여금 서로 처절하게 싸우도록 요구하고 있다.

2. 사교육, 누구도 원치 않는다! 그러나 다 한다!

2007년에 노무현 정부에서 시행한 사교육 실태 조사에 따르면, 사교육비 규모20조 4백억 원가 공교육비 규모16조원보다 많았다. 이후 2019년에 통계청이 조사한 사교육비 실태 조사에서도 그 금액은 크게 변하지 않았다약 21조원. 즉, 사교육의 열정이 여전하다는 뜻이다. 사교육의 참여율은 74.8%이고, 주당 참여시간은 6.5시간이었다.

그러면 왜 사람들은 사교육에 이렇게 많은 돈을 들이는가? 많은 조사에서도 나타난 것처럼, 부모들은 경쟁 사회 속에서 불안하기 때문에 성적을 올리려고 자녀들을 과외로 내몰고 있는 것이다. 하지만 사실은 누구도 과외를 원치 않는다. 그런데도 다 한다. 반면, 공교육은 누구에게나 주어지기 때문에, 역설적이게도 아무도 만족하지 못한다. 자본주의 시장 경쟁에서 살아남기 위해서는 다른 사람과 똑같으면 안 되기 때문이다. 나만 홀로 좋은 성적을 거두기 위해서는 사교육을 택할 수밖에 없는 상황으로 내몰리고 있다. 더군다나 이러한 현상이 일부 사람이나 일부 지역에만 편중되지 않고 대한민국 전체 국민들에게서 일어난다. 이것 때문에 전문가들은 이구동성으로 사교육을 망국병이라고까지 말한다. 김덕영은 자신의 『입시공화국의 종말』인물과 사상사, 2007이라는 책에서 대한민국을 망하게 하는 요인을 입시위주의 교육 때문에 생겨나는 사교육이라고 주장했다.

3. 사교육을 잡기 위한 정부의 대책

대한민국의 정치 역사는 교육 열풍과 관련된 사교육과의 전쟁이었다고 해도 과언이 아닐 것이다. 1950~60년대 우리나라 정부는 명문 중학교에 들어가기 위한 파행적 사교육 열풍을 잠재우기 위해서 1969년에 중학교입학무시험제를 전격적으로 도입했고, 이로 인해 초등학교 교육이 정상으로 돌아오게 되었다. 그렇지만 고등학교 입학시험은 여전히 남아있었기 때문에 중학교는 계속해서 치열한 경쟁의 도장이 되었다. 물론 사교육열풍도 대단했다. 결국 박정희 대통령은 1974년 고교평준화 정책을 실시했다. 이것이 지금까지 이어지고 있는 제도인데, 이는 중학교 교육을 어느 정도 정상화시키는 데 기여했다. 다음으로 진행된 것이 1980년 본고사 폐지전두환 대통령였다. 이는 대입시에 내신 성적을 반영하는 것이어서 고등학교 교육을 정상화하는 데 어느 정도 기여했다. 이어 노태우 대통령은 교육 정책에서 과거와 차별하기 위해 고교입시와 본고사의 부활이라는 정책을 추진했다. 그는 특수목적고일명 특목고를 확대했고, 외고도 특목고로 만들었다. 그러나 본고사는 시행 3년 만에 금지되었고, 외고는 살아남았다. 이 외고가 오늘날 입시위주 교육의 핵심 문제 중 하나가 되고 있다.

외고는 교육정책의 몸통을 흔드는 꼬리 역할을 하는 것으로, 교육정책사의 시계를 고교평준화 이전 시절로 되돌리는 결과를 낳게 했다. 즉, 이후 고교서열화, 고교입시의 사실상 부활, 평준화 균열, 중학교의 입시 학원화, 초등학생의 선행학습 사교육 창궐이 도미노처럼 이어졌다. '문민정부김영삼 정부, 1993~1998년'가 세운 자립형 사립고도 평준화정책의 보완책이었지만, 결국 입시 학원화라는 결과만을 낳고 말았다. '국민의 정부김대중 정부, 1998~2003년'는 표어 '3불不 정책대학본고사+고교등급제+기여입학제 금지'을 내걸고 교육개혁을 실행했지만, 2002년 대법원에서 과외금지를 위헌으로 판결함으로써 사교육이 급속도로 확산되었다. '참여정부노무현 정부, 2003~2008년'는 국민의 정부 정책을 발판삼아 사교육을 경감시키기 위해서 EBS수능방송을 송출하며 저소득층에게 질 높은 교육을 선사했지만, 거대한 '죽음의 트라이앵글'이라 불리는 '수능-내신-논술'의 부담이 사교육 문제를 해결하는 데 발목을 잡았다. 그 후 사교육비는 이명박 정부2008~2013년 때 21조원으로 최고치를 찍었다가, 박근혜 정부2013~2017년 때 17.8조원으로 내려갔다. 하지만 문재인 정부2017년~현재에 와서는 2020년 현재 21조원대로 다시 회귀했다.

이렇듯 사교육의 문제는 대한민국 정부와 함께하면서 여전히 해결되지 않고 있다. 거의 백약이 무효인 불패의 제도로 굳어지는 형국이다. 지금처럼 계속해서 대부분의 사람들이 명문대 인기학과의 진학이야말로 기대수익이 가장 높은 합리적 투자라고 믿는 상황에서는 그 어떤 제도로도 사교육이라는 망국병을 치료할 수는 없을 것이다.

4. 교육학적 영향

많은 부모들이 자신의 자녀가 머리는 좋은데 노력을 하지 않거나 공부하는 방법을 모르기 때문에 성적이 좋지 않은 것이라고 생각한다. 그래서 자녀에게 좋은 과외 교사나 학원을 연결해 주면, 곧 성적이 좋아질 것이라고 믿는다. 그렇지만 좋은교사운동 대표를 지낸 정병오는 이런 태도에 고개를 흔든다. 사교육을 통해 성적이 오르는 경우는 10%에 불과할 뿐, 대부분의 자녀들은 그렇지 않다는 것이다. 사실 성적이 잘 안 나오는 대부분의 경우는 문제풀이식 공부에 재능이 부족하기 때문이다. 은사와 흥미가 없는 자녀에게 공부에만 집중하도록 몰아붙이는 것은 경제적 낭비일 뿐만 아니라, 자녀가 입게 될 피해를 생각할 때 결코 권할만한 것이 못된다. 혹시 사교육을 통해 성적이 좋아졌다고 하더라도 교육학적 효과가 좋다고 볼 수는 없다. 서울교대 컴퓨터교육과 김갑수는 "사교육을 많이 한 학생일수록 스스로 문제를 해결하는 능력이 부족하다."라면서, "특히 강남 출신 학생들 중 지방이나 강북 출신보다 창의력이 떨어지고, 새로운 문제가 주어졌을 때 해결하지 못하는 학생이 많다."라고 지적한다. 그는 "오히려 사교육을 많이 받지 않고 자기주도학습을 한 학생들의 생존력이 강하다."라면서, "면접과 논술시험 또한 학원, 과외 등 정해진 틀에서 공부하지 않은 학생들의 성적이 월등히 높다."라고 강조한다. 즉, 사교육의 교육학적 영향이 부정적이라는 말이다.

한양대학교가 1997년에서 2001까지 5년 동안 신입생의 학업성취도_{학점}를 분석한 연구결과에 따르면, 사교육 의존도가 높은 서울 강남지역 출신 학생들의 대학성적이 타지역 학생들에 비해 뒤떨어졌다. 사교육 탓에 자기 주도적 학습능력을 잃은 학생들은 비록 학교성적은 잘 나올 수 있을지라도, 정작 공부에는 흥미를 느끼지 못한다. 그 결과 우리나라 초·중·고교 학생들은 세계적으로 탁월한 학업성취도를 보이다가도, 대학교에 들어가서는 세계 하위권으로 떨어지고 만다. 우리나라 내에서는 경쟁이 심하지만, 이런 경쟁이 낳은 교육학적 결과는 정작 세계 경쟁력에서는 뒤떨어지게 만들고 만다. 예를 들면, 국제협력개발기구_{OECD}가 치르는 '학업성취도국제비교_{PISA}'에서 우리나라 학생들의 읽기·수학·과학 실력은 늘 상위권이다. 그러나 읽기와 수학의 흥미도에 있어서는 우리나라 학생들이 늘 꼴찌 수준이다. '수학과 관련된 것을 읽는 것을 좋아한다', '수학 수업시간이 기다려진다', '나는 수학을 좋아하기 때문에 한다', '수학에서 배우는 것들에 대해 흥미가 있다' 등의 문항에 대해 우리나라 학생들은 대체로 '아니다'라고 대답한다는 것이다. 사교육의 도움으로 단기적 실력은 향상될 수 있을지 몰라도, 스스로 공부해야 하는 대학과 사회에서는 그 성취도가 하위로 밀려남으로써 오히려 그 효과가 반감되고 마는 것이다. 미국의 8대 명문대학교에 입학한 외국인 학생들 가운데 우리나라 학생의 학교 중퇴율이 44%로, 2위를 차지한 중국의 25%보다 월등히 높았다는 사실 역시 우리나라 사교육의 폐해를 잘 보여주는 사례라 할 수 있다.

학습에 흥미를 느끼는 것은 교과의 성취도만이 아니라 미래에 무엇을 할 것인가를 결정하는 데도 많은 영향을 미친다. 특히 자기 주도적 학습은 이러한 흥미에서 출발하는데, 흥미가 없으면 창의성이 발휘되기가 쉽지 않다. 그런데 우리나라 학생들은 자기 주도적 학습에 취약한 편이다. 이는 사교육의 중독 때문으로 보이는데, 실로 심각한 문제가 아닐 수 없다. 사교육은 문제풀이 위주의 교육으로서 창의적 교육이 불가능하다. 다양한 자녀들의 창의성을 계발하기는커녕 오히려 있는 창의성마저 억누른다. 자녀들이 사교육에 의존하는 것은 일종의 '중독'현상이다. 일단 사교육에 의존하기 시작하면, 자기 주도적 학습능력이 상실되어 혼자서는 공부를 하지 못한다. 그래서 다시 사교육을 찾는 '사교육 중독' 현상이 나타나는 것이다. 대학 도서관 등에서 책과 씨름하며 스스로 탐구하는 학생들이 적은 것도 자기 주도적 학습능력이 떨어지기 때문이다. 그러므로 사교육은 교육학적으로 시간과 재정과 노력을 투자한 만큼 효과를 가져다주기보다는 오히려 부정적인 영향을 많이 끼친다고 하겠다.

5. 공동체적 영향

오늘날 우리나라 학생들은 무한경쟁에 내몰리고 있다. 학교는 유기적 공동체가 아니라 경쟁에서 살아남기 위한 살벌한 전쟁터로 변했다. 적자생존·약육강식 등 밀림의 원리가 적용되는 곳이 되었다.[3] 교사들은 학생들의 점수를 올리기 위해 문제풀이를 반복한다. 이들에게 인성과 도덕 교육은 사치일 뿐이다. 이에 반해 2000년과 2003년도 '학업성취도 국제비교PISA'에서 모두 1위를 차지한 핀란드의 피터 존슨 핀란드 교장협의회장은 "경쟁은 교육에 해롭다."라고 단언하면서 이렇게 말했다.

학교는 학생들이 경쟁하는 곳이 아니다. 학생들은 협동하는 과정에서 더

---

3. 입시·사교육 바로세우기 기독교 운동 목회자 간담회, 「교사가 본 입시와 사교육 문제」, 『자료집』(2008), 17~23.

많이 배운다. 경쟁에 대한 부담은 사고력을 약화시킨다. 깊은 생각을 할 여유가 사라지기 때문이다. 공부는 즐거운 일이다. 그런데 심한 스트레스를 받으면 공부를 고통으로 여기게 된다. 물론 이웃 국가들이 경쟁을 강화하는 교육제도를 도입하고 있다는 사실을 알고 있다. 또한 경쟁이 가진 순기능이 있다는 점을 부정하지도 않는다. 하지만 적어도 핀란드에서는 학생들을 고통으로 몰아넣는 경쟁은 잘못이라는 인식이 지배적이다. 또 아직까지는 경쟁을 배제하고 협력을 강조하는 방식이 충분히 성공적이었다.[4]

또 미우라 티우라 핀란드 미래상임위원장 역시 박영숙 유엔미래포럼 한국대표와의 대담에서 "경쟁 없이 어떻게 경쟁력을 키우는가?"라는 질문에 이렇게 대답했다.

미래사회는 영재보다 창의성이 뛰어난 아이들에게 경쟁력이 있다. 창의성은 공부 잘하는, 즉 시험 잘 치는 아이들에게서는 절대로 나오지 않는다. 달달 외우는 경쟁은 하지 않아도 좋다. 어릴 때 너무 공부를 많이 시키면 창의성이 떨어진다. 이 경우 정작 공부해야 할 대학시절에는 동기 유발이 전혀 되지 않는다. 창의성이 뛰어나야 장기전에서 이길 수 있다. 따라서 핀란드에서는 초등학생의 경우 오후 1시까지, 중·고교생은 오후 3시까지 반드시 학교를 파하고 귀가시킨다. 학생들은 방과 후 집에서 축구와 골프 등 스포츠와 취미활동을 즐긴다.[5]

---

4. 국정브리핑 특별기획팀, 46.
5. 국정브리핑 특별기획팀, 46~47.

사교육은 경쟁에서 이기려는 욕구에서 출발한 것이기 때문에 학교라는 공동체성을 해친다. 그러나 학교에서 만나는 친구를 단순히 경쟁하는 상대로서가 아니라 인격적인 관계를 맺어야 하는 존재로 인식하는 데서 비로소 인생학습이 시작되는 것이다. 교육이란 단순히 지적인 것만을 뜻하지 않는다. 교육은 관계를 배우는 것이다. 좋은 관계를 위해서는 권위에 대한 순종과 경청하는 법, 그리고 인격을 존중하는 태도가 필요하다. 학업 성적이 좋은 친구는 지적 능력이 떨어지는 학생을 도우며 협력을 훈련한다. 이런 것을 학습하는 것이 교육 공동체가 지향해야 할 모습이다. 학교라는 작은 공동체에서 학생들은 인류 공동체의 작은 세계를 훈련하고 배우게 된다.

이런 면에서 우리나라는 공동체에 속해 있는 교사와 학생과의 관계에서도 문제를 노출시킨다. 즉, 공부를 잘하는 학생에게 빵이나 아이스크림을 사주는 학원 분위기에 익숙한 학생들은 교사에게도 무엇을 사 달라거나 대가를 요구하게 된다. 심지어 학생들이 교사들을 단순히 돈벌이를 위해 고용된 사람 정도로 대우하는 경우까지 생기게 된다. 이와 같이 경쟁에서 살아남기 위해 사교육에 올인하는 우리나라의 교육 현실에서는 스승과 제자 사이에 올바른 관계가 형성되기 어렵다.

6. 사회·경제적 영향

우리나라의 직장인들은 자녀를 위해 지출되는 과도한 사교육비 때문에 골머리를 앓고 있다. 사교육의 문제는 가정의 경제를 힘들게 할 뿐만 아니라, 부부 갈등의 원인이 되기까지 한다. 사교육을 위해 가정의 재정과 시간, 열정을 모두 쏟게 되면서 자연히 부부관계가 등한시되고, 결국 가정의 파탄에까지 이르는 경우가 생겨난다.

현재 우리나라 가정마다 교육을 위해 사용하는 경제적 비용이 엄청나다. 2006년에 시행한 한 조사에 의하면, 우리나라에서 아이를 낳아 대학까지 교육시키는데 드는 비용이 2억 3,200만원이었지만, 2019년에는 이 비용이 무려 3억 1,400만원에 이르렀다는 통계가 있다. 양육비용으로 따지면, 거의 4억 원 가까이 드는 셈이다. 이렇듯 우리나라 가계 경제에 교육비가 미치는 영향은 비정상적으로 크다. 소득이 높으면 높을수록 자녀교육에 투자하는 액수 또한 그만큼 증가하고, 가난하면 가난할수록 교육비는 줄어든다. 이러한 현상과 더불어 가난과 부가 대물림되고 있다는 분석도 나오고 있다. 이전에는 교육이 계층이동의 통로 역할을 했지만, 이제는 거꾸로 계층 세습의 도구로 사용되고 있다는 것이다. 특히 우리나라는 교육비 지출의 편차가 크기 때문에 '부모의 고학력 → 부모의 고소득 → 높은 교육비 지출 → 자녀의 고학력 → 자녀의 고소득'으로 이어진다.[6] 결국 빈익빈 부익부의 불안한 사회구조가 고착되어 건강하지 못한 사회를 만들게 되는 것이다. 이처럼 사교육의 문제는 다른 모든 문제처럼, 한 개인의 문제를 넘어 전 사회적 문제가 되고 있다.

7. 신체적·정서적 영향

요즈음 초등학생과 중·고등학생들의 일과를 살펴보면 믿을 수 없을 정도로 많은 시간을 공부에 투입하고 있다. 한국을 방문한 외국인에게 신기한 것들이 많이 있겠지만, 특별히 밤늦게 학교나 학원에서 지친 모습으로 집으로 향하는

---

6. 국정브리핑 특별기획팀, 131.

학생들의 풍경이 가장 생경할 것이다. 학창 시절은 신체적으로 급격히 변화하고 성장하는 시기요, 정서적으로 민감한 때이다. 따라서 이 시기를 어떻게 보내느냐 하는 것은 한 사람의 평생을 좌우할 만큼 중요한 문제이다. 그런데 이 중요한 시기에 우리나라 학생들은 필요한 운동과 쉼, 여가 활동을 누리지 못한 채, 입시 준비에 혹사당하고 있다.

우리나라 중학생은 순수 수업 시간만 계산할 때, 평균적으로 학교에서 6시간 공부를 하고 학원에서 3시간 정도 공부한다. 이 외에 숙제나 개인적인 예·복습 시간을 합하면 학습 시간은 하루 10시간, 주당 50시간을 훌쩍 넘어간다. 이 정도의 공부량은 단연 세계 최고 수준이다. 어른들의 경우 하루 8시간 주당 40시간의 노동량으로 제한하고 있는데, 자녀들은 50시간을 공부에 시달리고 있는 것이다. 이것은 중노동임에 틀림없다. 그런데도 부모들은 자녀들의 정서적·신체적 영향은 고려하지 않고, 오직 성공에만 집착하고 있다. 과도한 사교육과 공부에 눌려 정서적으로 불안한 자녀들은 급기야 자살이라는 극단적 방법을 택하는 경우도 많다. 성적 때문에 지금까지 죽거나 자살한 학생의 수가 무려 8천명이나 된다고 한다. 이처럼 계속되는 청소년들의 자살 현상은 왜곡된 교육으로 인해 고통당하며 신음하는 이 땅의 수많은 자녀들과 청소년들의 아픔을 보여주는 실례라 할 수 있다.

8. 신앙적 영향

교회에서 중·고등부를 맡아 지도하는 후배 전도사들이 이구동성으로 하는 이야기는 교회 중직자들의 자녀들이 주일에 예배에 나오지 않고 학교나 학원에 간다는 것이다. 성도들조차 대학 입시라는 욕망의 수레바퀴 진입로에서 벗어나지 못하고 있는 것이다. 주일에 공부를 쉰다거나 예배에 참석하기 위해 시간을 할애하면 자녀들이 경쟁에 뒤쳐질 것이라고 염려한다. 어떤 가정에서는 고등학교 3학년이 되는 한 해는 아예 교회를 쉬게 하는 경우도 있다. 입시에 전념하기 위해 잠시 신앙을 포기하겠다는 것이다. 대학교 입학은 이번 기회를 놓치면 영원히 잃어버리지만, 신앙은 언제든지 되찾을 수 있다고 낙관하기 때문이다. 그런데 과연 그럴까?

과거 많은 한국인들이 경제적으로 낙후되고 이념적으로 불안했던 한국을 떠나 아메리칸 드림을 꿈꾸며 미국으로 이민을 갔었다. 그래서 지금 미국에는 200만 명이 넘는 한인이 살고 있다고 추정한다. 그런데 지금으로부터 23년 전인 1997년에 피터 차라는 한인 2세가 보스턴 지역에서 조사한 바에 따르면, 한인 2세들이 대학을 졸업하고 직장을 얻어 부모를 떠나는 순간 교회를 떠나는 비율이 무려 90%라고 했다. 지금도 그렇지만 당시에는 가히 충격적인 수치였다. 미국으로 이민 온 1세대 부모들은 열심히 일하고 신앙에 의지하면서 살았지만, 정작 자녀들에게는 신앙적인 것보다 좋은 대학에 입학하는 것을 목표로 두도록 가르쳤다. 결국 그들의 자녀들 가운데 많은 수가 좋은 대학에 들어갈 수는 있었지만, 안타깝게도 가장 중요하다고 할 수 있는 부모로부터의 신앙은 배울 수 없었다. 그렇기 때문에 대학에 입학하고 난 후 그들로서는 더이상 교회에 나갈 이유를 찾을 수 없었다.

2007년 버지니아 공대Virginia Tech에서 벌어진 조승희 총기난사 사건은, 비록 극단적 면이 없지 않지만, 신앙이 공부에 밀린 좋은 예라고 할 수 있다. 그의 부모는 열심히 돈을 벌어 그의 교육에 투자한 결과 그를 대학에 보낼 수는 있었지만, 정작 그 가운데서 그가 지닌 영적 상처는 고스란히 쌓여갔고, 결국 엄청난 결과를 낳고 말았던 것이다. 그는 소위 실력 있는 훌륭한 대학생이긴 했지만, 자신의 문제를 신앙적으로 해결할 수는 없었다. 그런데 오늘날에는 이런 문제가 더욱 가속화되었다. 훨씬 더 많은 자녀들이 교회를 떠나며 신앙을 버리고 있는 것이다. 그들은 어려서부터 신앙보다 공부가 훨씬 더 중요하다고 배웠기 때문이다. 물론 어떤 기독교인 부모도 의도적으로 그렇게 가르치지는 않겠지만, 자녀들은 부모의 삶에서 그런 가르침을 똑똑히 보고 배운다.

직장사역연구소 소장 방선기는 사교육의 문제를 다음과 같이 불신앙의 문제로 본다.

첫째, 지나친 사교육은 세속적 염려불안에서 나온다마6:31~33. 주님께서는 염려하지 말라고 하셨다. 염려하는 사람들을 보고 믿음이 적은 자라고 책망하셨다. 염려하고 두려워하는 것은 이방인들이나 하는 것이라고 하셨다. 그런데 지금과 같은 사교육의 확산은 부모의 염려와 불안에서 비롯되고 있음을 부정하기 어렵다. 자녀에게 사교육을 시키지 않으면 왠지 불안하다. 따라서 이러한 사교육은 부모의 불안을 잠재우는 '진정제' 혹은 '안심료'에 불과하다. 그러나 하나님을 신뢰하는 사람이라면, 그분의 나라와 그분의 의를 구하는 데 목숨을 걸지 사교육에 목숨을 걸지는 않을 것이다.

둘째, 사교육은 인간의 욕심에서 비롯된다마20:20~23. 예수님의 제자들인 야고보와 요한의 어머니는 자기의 두 아들이 하나님 나라에서 예수님의 좌우에 앉기를 원했다. 자식의 출세를 바라는 전형적인 어머니의 모습이었다. 이처럼 예수님을 따르는 부모들도 자식을 통해 자신의 욕심을 이루려는 실수를 저지른다. 이스라엘과 유다 백성들은 이방신인 몰렉에게 제사를 드릴 때 그들의 풍습에 따라 장자를 불에 태워 바치곤 했다렘32:35. 이것은 자녀들을 인격체로 보지 않고 하나의 도구로 본 결과였다. 마찬가지로 오늘날 많은 부모들도 자녀들을 자신의 욕심을 채우는 도구 정도로만 생각한다. 또한 그들은 재정과 시간, 열정을 투자한 만큼 좋은 결과를 얻을 것이라는 세속적 성공관에 물들어 있다. 그러나 사교육은 교육적 관점에서 자녀의 재능이나 능력, 흥미와 무관하게 행해진다. 뿐만 아니라 불필요한 선행학습을 부추겨 공교육 붕괴에 영향을 주고 재정적으로도 가계에 과도한 부담을 주고 있다.

셋째, 사교육은 주변의 압력에서 비롯된다롬12:2. 많은 부모들이 옆집의 자녀가 하니까 무작정 '묻지마식 사교육'을 따라한다. 그들은 소위 '엄친아엄마 친구의 불특정 아들'가 하는 사교육을 따라해야 한다는 정신적 압력을 이겨내지 못한다. 그러나 이럴 때일수록 성도는 주변의 환경과 판단에 흔들리지 말아야 한다. 오히려 이 세대를 본받지 않고 마음을 새롭게 함으로 하나님의 뜻을 분별할 줄 알아야 한다. 성도야말로 성도이기 때문에 이 세대에 사교육을 하지 않을 용기를 가질 수 있는 것이다.

결국 세속적 염려, 인간적 욕심과 주변의 압력에서 비롯되는 사교육은 성도의 신앙생활을 해치게 될 것이다. 우리사회의 교육적 문제는 신앙인이라고 해서 예외가 아니다. 지금은 신앙인이 사회에 긍정적인 영향을 미치기는커녕 오히려 사회로부터 악영향을 받고 신앙적으로 흔들리는 경우가 많다. 참으로 영적 위기가 아닐 수 없다.

2. 한국 교회, 어디에서 길을 잃었나?

2007년 한국교육개발원 교육통계센터 소장인 김창환은 "한국 교회에서의 입시 이해"에 대한 설문조사를 했다.[1] 그 결과에 따르면, 한국 교회의 교인들은 일반인들보다 교육과 학력을 더욱 강조하고 있으며, 사교육에 대한 투자도 더욱 높았다. 이렇듯 우리나라의 교인들은 대학 입시 준비와 관련해서는 종교적 가치관보다는 세속적 가치관에 훨씬 크게 영향을 받고 있다. 이는 그동안 한국 교회가 교회교육에 관해서는 많이 강조해 왔으면서도 정작 성도들이 매일 겪고 있는 현실 교육의 문제에 관해서는 관심을 덜 기울여 왔기 때문이다. 그러면 왜 이런 현상이 생겨나게 되었을까? 이제 그 실상을 살펴보기로 하자.

한국 교회는 세계 선교 역사에서 유래를 찾아보기 힘들 정도로 급속하게 교회의 성장을 이루었다. 불교, 유교, 샤머니즘Shamanism 등의 영향 아래 영적인 흑암 속에 허덕이던 우리 민족은 복음이 전해지면서 영적인 해방을 맞이했다. 일제통치 40년의 고통과 동족상잔의 비극이라는 광야를 지나 이제 우리나라는 어쩌면 젖과 꿀이 흐르는 풍요의 땅 가나안에 살게 되었다고 할 수 있다. 빈곤의 악순환과 경제개발의 아픈 시절을 거쳐 지금은 정치·경제·사회·문화 등의 부분에서 부요함을 누리고 있다. 현재 우리나라 인구 가운데 18%가 기독교인이라고 한다. 빈곤의 악순환 시대에 경제를 재건하기 위해 우리사회는 급

---

1. 김창환, 「한국 교회에서의 입시 이해」, 기독교학교교육연구소, 『제2회 기독교학교교육연구소 학술대회: 입시에 대한 기독교적 이해』 (2007. 10. 20., 연세대학교 위당관 대강당), 63~114.

격한 도시화를 진행했고, 그에 발맞춰 교회들 또한 우후죽순 생겨났다. 도시로 모여든 사람들은 그러한 교회에서 영적인 위로와 평안을 찾을 수 있었고, 그래서 교회들마다 사람들로 차고 넘쳐나게 되었다. 이런 과정을 거쳐 한국 교회는 실로 놀라운 성장을 이루었다.

1. 교회의 세속화

그렇지만 한국 교회의 양적 성장 이면에는 질적 성숙의 희생이 있었다. 한국에서는 근대화와 더불어 개신교가 성장했기 때문에 사회·경제적 변화와 신앙적 변화가 동시에 진행되었다. 또한 서양에서 17~8세기에 발전되어 오늘에 이른 과학에 근거한 기계론적 세계관이 한국 경제와 사회 발전에도 크게 이바지했다. 이렇게 산업화가 급속하게 진행되면서 한국 사회에는 모더니즘 Modernism 이후 등장한 포스트모더니즘Post-Modernism 시대가 예상보다 빨리 도래했다. 포스트모더니즘의 영향 아래 오늘날 젊은이들은 기존의 전통과 권위에 도전한다. 특히 기독교적 전통을 싫어하고, 그에 반항하며, 오히려 세상에서 새로운 것을 찾아 그 자리를 대체하고 있다. 그들에게 기독교 진리는 더 이상 절대적인 것이 아니다. 이런 상황에서 기독교인들 역시 그들의 삶의 모습에서 사회적 지지를 얻어내지 못하고 있다. 그런데도 현재 개신교회는 스스로 이러한 질병에 걸린 것을 인식하지 못할 뿐만 아니라, 일부 알고 있는 질병에 대해서도 그 환부를 수술하려는 의지조차 없는 것처럼 보인다.

상당히 많은 기독교인들이 기독교적 언어를 사용하지만, 정작 그 중심에는 구원을 필요로 하는 자신의 이기적인 필요만 있을 뿐 정작 근본적인 하나님의 영광에 대해서는 거들떠보지도 않는다. 하나님께서는 그저 신앙과 복음의 들

러리일 뿐이다. 더불어 많은 기독교적 전통과 하나님의 명령이 자의적인 해석에 의해 너무나도 쉽게 무시되거나 폐기되고 있다. 저출산, 주일성수, 이혼, 자녀교육 등 수없이 많은 문제들이 세속적인 기준에 따라 끌려가고 있다. 상황이 이렇다 보니 세상 속에서 세상을 변혁해 가는 능력 있는 기독교인을 찾아보기가 어렵다. 교회가 말씀으로 세상을 복음화하는 것to evangelize이 아니라, 오히려 세상이 교회를 세속화하는to secularize 묘한 상황이 전개되고 있다. 역사적으로 복음화와 세속화가 늘 대결해 왔지만, 현재 한국 교회에서는 복음화가 세속화에 밀리고 있는 실정이다. 데이비드 웰스David Wells는 이 시대의 모습을 다음과 같이 평가했는데, 이는 한국 개신교에도 적용될 수 있는 지적이다.

세상성은 어떤 시대에서나 죄를 정상으로 보이게 하고 의를 이상한 것으로 보이게 한다. 현대성은 세상성이다. 그리고 현대성은 우리 시대의 풍요, 편의, 마술 등으로 자신의 가치를 매우 교묘히 은폐하기 때문에, 하나님의 사람으로 자처하는 자들도 현대성의 가치가 무엇을 위한 것인가를 인식하기가 좀처럼 쉽지 않다.[2]

한국에서도 이러한 세속화의 문제는 심각하다. 한국 교회는 스스로도 판단할 수 없을 만큼 세상성worldliness에 깊이 젖어 있다. 자유주의가 하나님의 초월성을 고려하지 않고 세속화 되었다면, 복음주의는 하나님의 초월성이 실제라고 믿지 않는 경우가 많다.[3] 개신교는 시민종교가 되고 있고, 신학이 아닌 세상 문화 속으로 깊숙이 들어갔다. 세상의 구매, 소유, 권력 같은 온갖 소비적

---

2. David Wells, *God in the Wasteland* (Grand Rapids 1994); 한국어판: 윤석인 역, 『거룩하신 하나님』 (부흥과 개혁사, 2007), 55.
3. 위의 책, 53.

욕구는 개신교회에서의 관행과 크게 달라 보이지 않는다. 영혼 구원을 위한 전도와 선교라는 명목으로 오락entertainment과 예배가 서로 혼합된 채, TV·인터넷·문화에서도 접할 수 있는 공허하고 무의미한 위로만을 제공하는 곳이 오늘날 한국 개신교회의 모습이다. 교회는 진리를 외치지 않고 기독교라는 종교를 팔고 이용하고 있다. 아니, 진리 자체에 별로 관심이 없다!

2. 세속화의 피해자, 자녀들

이러한 세속화의 영향 가운데 가장 큰 피해를 입게 되는 존재는 다름 아닌 다음 세대의 주인공인 자녀들이다. 이들에게 희망이 있어야 미래에 희망이 있다. 특히 교회의 다음 세대에게 소망이 있어야 교회의 미래가 밝을 것이다. 그런데 현재 한국 교회의 다음 세대들에게는 희망을 찾아보기가 힘들다. 입시 스트레스에 찌들어 있는 그들에게 성경적 가치관은 사치로 느껴질 뿐이다. 더욱 안타까운 것은 그들을 그와 같은 죽음의 구렁텅이에서 구원해야 한다고 생각하는 사람들이 많지 않다는 것이다. 오히려 그것을 자본주의적 약육강식의 처절한 경쟁에서 살아남기 위한 어쩔 수 없는 희생이자 훈련이라 생각하고, 어릴 때 이를 감수해야 한다고 내버려 둔다. 심지어 그 경쟁에서 이기기 위해 기도하면 된다는 나름의 적극적인 사고방식을 믿음이라고 가르친다. 그리고 이를 위해 신앙적인 구호와 합리화를 만들어 낸다. 그중 하나가 신앙인이 성공해야 불신자들이 이를 보고 예수님을 믿는다는 소위 고지론高地論이다. 공부 잘해서 성공하고 나면 그 때 하나님을 위해 일할 수 있다는 것이다.

하지만 이것은 세상적인 꿈을 하나님의 뜻과 동일시하는 것일 뿐이다. 이런 신앙을 지닌 기독교인들은 세상과 타협하면서 자녀들이 공부를 위해 주일 예배에 빠지고 학원에 가는 것을 허용한다. 심지어 그것을 권장한다. 자녀가 영어 단어 몇 개 더 외우고 수학 문제 몇 개 더 푸는 것은 좋아하지만, 기도하고 찬송하고 성경을 읽고 암송하고 배우는 것은 별로 좋아하지 않는다. 따라서 그들이 학교에서 배우는 내용들이 대부분 인본주의적이고 무신론적 가치관에 근거하고 있다는 사실에 대해서는 당연히 아무런 관심이 없다. 결국 자녀들은 삶과 신앙이 분리된 이원론적 가치관 또는 세계관을 지니도록 교육을 받게 된다. 이런 교육 아래에서는 그들로 하여금 종교적 흉내를 내게 할 수는 있어도, 궁극적으로 사회를 기독교적 세계관으로 변화시키고자 하는 마음과 용기를 함양시킬 수는 없다. 그들이 스스로 학문을 연구하고 산업 전선에서 일할 때 사용하게 될 방법론은 과학이 될 것이고, 그의 삶의 목표는 자아실현으로 포장된 욕망의 실현이 될 것이다. 그렇기 때문에 그들에게서 비이성적이고 비합리적으로 보이는 하나님의 영광을 추구하는 신앙은 항상 가장자리로 밀려나게 된다.

3. 신앙교육의 부실

이렇기 때문에 한국 개신교의 미래는 그리 밝아 보이지 않는다. 한국 교회의 미래인 자녀들과 젊은이들이 말씀 안에서 신앙교육을 제대로 받지 못하고 있기 때문이다. 주일에 한 시간가량 이루어지는 주일학교 교육은 시간의 한계를 극복할 수 없다. 더군다나 주일학교는 교육하는 곳이지 예배드리는 곳이 아니다. 그런데도 자녀들은 부모와 함께 드리는 공예배에 참석하지 않는다. 공예배에 참석하지 않는 것에 대한 면죄부免罪符를 주기 위해 한 시간 안에 예배와 분반 공부를 모두 마친다. 하지만 산만한 자녀들이 그러한 예배를 통해서 하나님을 만난다는 것은 어려운 일이다. 교사는 자신이 준비한 것을 목소리 높여 외치지만, 사실 교육적 효과는 기대하기 어렵다. 그래서 여름 캠프라는 일회성 부흥회에서 뭔가 승부수를 던져 보려고 하지만, 그마저도 연속성이 없어 교육의 일관성을 추구하기에는 턱없이 부족하다.

우리나라 기독교인들은 진정한 의미에서 기독교 교육을 받아 본 경험이 거의 없다고 할 수 있다. 그렇기 때문에 그들은 자녀들의 입시교육을 통한 사회적 성공을 위해서는 일반 불신자들에게 결코 뒤지지 않을 만큼 많은 관심과 열정을 쏟지만, 정작 자녀들에게 가정에서 성경을 읽히고 공부하게 하는 것은 열정적인 소수의 기독교인들에게서만 겨우 찾아볼 수 있는 실정이 되었다. 이런 환경에서 자녀들은 학교에서 기독교적 관점이 아닌 그야말로 철저하게 무신론적 인본주의에 근거한 지식들로 교육받고 훈련받는다. 따라서 최근 한국 교회에서 나타나는 수적 감소는 필연적인 것이라고 할 수 있다.

그런데 한국 교회는 단지 수적 감소만이 아니라 질적 수준에서도 현저하게 저하되어 신앙교육의 측면에서 총체적인 문제를 안고 있다. 이런 문제의 원인을 어디에서 찾을 수 있을까? 이제 한국 교회의 신앙교육에 영향을 미치는 문제들을 근원적으로 찾아보자.

4. 복음주의

현재 한국 교회는 대부분 복음주의적이다. 따라서 복음주의적 한국 교회가 어떤 모습인지 진단해 보면, 신앙교육의 부실 문제를 파악할 수 있고, 나아가 그 대책 또한 찾을 수 있을 것이다.

어떤 교회의 40대 여 집사 한 분은 아침 등교시간과 하교시간만 되면 중학교로 향한다. 전도하기 위해서이다. 그녀의 어깨에 멘 가방에는 전도지로 가득 차 있다. 그녀는 교회에서 전도왕이다. 전도뿐만이 아니다. 교회의 일이라면 어느 것 하나 빠지는 일이 없다. 교회에서 하는 모든 행사와 예배, 기도회 등에 빠지지 않고 참석한다. 담임 목사도 설교 때마다 본받아야 할 모델로 그녀를 소개한다. '나도 저런 열심을 가졌으면……' 많은 교인들이 그녀를 존경하고 부러워한다. 그런데 그런 그녀에게도 고민이 하나 있었다. 그녀에게 중학생 정도의 자녀 두 명이 있었는데, 그들 모두가 교회에 나가지 않는다는 것이었다. 그녀는 자녀들에게 협박도 해 보고 애원도 해 보았다. 그래도 자녀들은 엄마의 말을 듣지 않고 교회에 나가지 않았다. 이것이 그녀에게 큰 아픔이었는데, 어느 날 그녀는 목사님의 설교에서 자식을 하나님께 맡기고 하나님의 일을 열심히 하고 기도하면 하나님께서 모든 것을 해결해 주실 것이라는 말씀을 듣고 마음의 평안을 찾았다. 이후 그녀는 자녀의 신앙 문제와 교육과 양육을 하나님께 맡긴 채, 더 열심히 전도하고 더 열정적으로 기도하고 더 부지런히 주님의 일을 하기로 했다. 그렇게 하면 하나님께서 그녀의 자녀들을 변화시켜 주실 것이라고 믿었다. 그래서 아침 일찍 중학교 앞에서 전도하고, 오후에도 그렇게 복음전도에 열심이었던 것이다.

이런 모습이 한국 교회에 많이 있다. 할렐루야교회 김상복 목사는 한국 교회의 96%는 복음주의라고 말했다. 한국 교회는 수적 급성장과 전도와 선교 그리고 열정적 기도생활로 특징지을 수 있는데, 이러한 경향은 한국에 파송된 외국 선교사들의 복음주의적 흐름과 무관하지 않다. 개신교 각 교파의 선교사들은 자신들의 신앙고백이 있었지만, 그것은 기본적인 측면만 강조한 것이었지 구체적인 교리들과는 무관한 것이었다. 대표적으로 한국 장로교회가 자신들의 신앙고백인 웨스트민스터 신앙고백과 대·소교리 문답을 찬밥 취급하고 있는 데서 알 수 있다. 전천년설적 종말론에 익숙한 한국 교회는 세상에 대해서는 염세적이면서도, 유독 복음전도에서만큼은 혼신의 힘을 다한다. 미국에서 19세기와 20세기 초에 있었던 부흥의 영향이 한국 교회에 1907년 평양대부흥운동으로 나타났고, 이러한 분위기는 곧 한국 교회의 전형적인 특징으로 자리 잡게 되었다. 따라서 한국에서의 장로교회, 침례교회, 감리교회, 그리고 순복음교회의 공통분모는 모두 복음주의로 설명할 수 있을 것이다. 내가 소속해 있는 장로교도 장로교 본래의 성격으로 한국 장로교를 특징짓기보다는 오히려 복음주의로 불리는 것을 좋아하는 분위기이다.

그러면 복음주의란 무엇이며 그 특징은 무엇인가?[4] 복음주의는 그 스펙트럼이 굉장히 넓어 모든 개신교를 총망라한다고 해도 과언이 아니다. 복음주의는 역사적으로 그 모양과 특징이 다르고, 현재 교회에서도 여러 교단과 교파들로 나뉘어 있다는 점에서 그 실체와 모양을 정의하기가 어려운 것이 사실이다.[5] 곧, 복음주의는 어느 한 사람이나 교파에 국한되지 않은 광의적인 개념이라고 할 수 있다. 복음주의는 대체로 종교개혁과 경건주의, 그리고 18~9세기의 부흥운동을 통해 나타났다. 이는 각 나라와 교회의 상황에 따라 여러 형태로 진행되었는데, 몇 가지 특징을 찾을 수 있다.[6] 첫째, 성경을 권위 있는 하나님의 말씀으로 받아들인다. 둘째, 창조를 믿고 진화론을 거부한다. 셋째, 동성애와 낙태를 반대한다. 넷째, 성령의 개인적 경험을 강조한다. 다섯째, 성도를 선교로 동력화한다.[7]

---

4. 복음주의에 대해 더 자세한 것을 알기 위해서는 나의 글, 임경근, 「복음주의와 한국 교회」, 『SFC 간사저널』 (2008년 봄호), 16~24을 참조하라.

5. Donald W. Dayton, "Some Doubts about the Usefulness of the Category Evangelical" in *The Variety of American Evangelicalism* (ed.) by Donald W. Dayton & Robert K. Johnston (Eugene 1998), 245-251; Joh R. Stone, *On the Boundaries of American Evangelicalism: The postwar Evangelical Coalition*, 2~3.

6. K. Runia, *Evangelisch-reformatorisch-gereformeerd* (Willem de Zwijgerstichting Apeldoorn 1984); 한국어판: 고재수, 『그리스도와 교회와 문화』(성약, 2008), 259~260.

7. 미국에서 실제로 1960~70년대에 주요 개신교의 선교사역자들은 10% 감소했지만, 복음주의적 교회는 10% 성장했다는 점이 복음주의의 선교 동력화를 잘 보여 준다.

5. 복음주의의 기여와 한계

한국 교회가 지난 한 세기 동안 이룬 성장은 전적으로 하나님의 놀라우신 섭리 가운데 진행된 것이다. 이 영광은 전적으로 하나님께 돌려야 한다. 마치 예수 그리스도께서 세상에 "때가 차매"갈4:4 오신 것처럼, 하나님의 섭리의 때 Kairos에 대한민국에 복음이 전해진 것이다. 심고 물을 주는 일을 교회가 했을지 몰라도, 자라나게 하신 분은 하나님이시다. 특별히 구한말 종교적·철학적 공백기에 기독교는 놀라운 대안이었다. 기독교는 유약한 민족의 정기를 고취시키고, 봉건적 구습을 타파하고, 민족을 계몽하는 데 중요한 역할을 했다. 무지와 미신, 빈곤과 질병, 계급차별과 성차별이 만연했던 사회에 민족의식의 각성과 함께 교회의 성장이 이루어졌다.

일제 강점기에도 기독교는 민족종교로서의 역할을 톡톡히 해냈다. 우리 민족이 기독교를 민족의 종교로 받아들이는 데 아무런 거리낌이 없었던 것은 하나님의 특별한 은혜였다. 우리나라에서 기독교가 일제 식민지를 반대하는 도구가 된 것은 우연의 일치가 아니라 하나님의 섭리임을 알 수 있다. 그러다가 해방과 한국전쟁을 겪은 후 교단 분열과 새로운 교회들이 대거 출연하면서 교회가 우후죽순으로 생겨났다. 특별히 6~70년대를 거치면서 교회는 폭발적으로 성장했다. 그 요인으로는 첫째, 교회 재건운동에 대한 열망, 둘째, 교단분열에 따른 경쟁적인 전도활동, 셋째, 사회·정치·경제적 혼란이 가져온 정신적인 진공 상태 등을 들 수 있다.[8] 근대화에 따른 도시화로 사람들은 삶의 안정과 정신적 위안을 찾아 지연 또는 혈연을 따라 교회로 몰려왔다. 여기에 부흥회를 통한 전도 운동과 학원에서의 파라처치para-church 운동, 오순절을 중심으

---

8. 김중기, 「한국 교회의 성장과 그 요인분석」, 『신학논단』 16 (1984), 255~284.

로 한 신유의 은사와 물질적 축복을 강조한 경제적인 번영 신앙 또한 크게 기여했다.

그런데 1990년에 들어서면서 한국 개신교의 성장속도에 문제가 발생하기 시작했다. 2005년에 조사한 개신교인의 숫자는 10년 전인 1995년에 조사한 수치보다 훨씬 더 줄었음을 보여 준다. 한국 복음주의의 효과가 더 이상 작동하지 않는 것이다. 청소년들의 교인수가 점점 감소하는 것도 교회의 성장에 큰 부담이 되고 있다. 어느덧 주위에서 미자립교회와 폐교회가 점점 더 증가하고 있다. 하지만 무엇보다 심각한 것은 개신교 전반에 대한 우리 사회 일반의 정서가 점점 나빠지고 있다는 것이다. 이런 인식에 도화선이 되었던 것이 2007년 여름에 발생한 분당샘물교회의 아프간 피랍사태였다. 당시 이를 계기로 기독교에 대한 일반인들의 부정적인 인식은 심각한 수준에 이르렀다. 세계적 테러단체에게 인질로 붙잡혔던 당시 사건에서 국민들이 손가락질한 것은 비단 샘물교회만을 향한 것이 아니었다. 그것은 한국 개신교회 전체를 향한 것이었다. 그 동안 복음주의적 한국 개신교가 우리 사회에 보여준 부정적인 이미지가 이 사건을 계기로 폭발적으로 쏟아진 것이었다.

사실 이러한 경향은 이미 오래 전부터 시작되었다. 가령, 1997년 한국 갤럽조사 연구소에서 실시한 '한국인의 종교와 종교의식'[9]이라는 조사에서도 이러한 경향은 확연하게 나타나고 있었다. 그 후로도 한국 교회는 이렇다 할 변화나 개혁 없이 20년이 넘는 세월을 지나왔고, 결국 지금에 이르러서는 전도의 대상자인 일반 시민들로부터 그 공신력을 거의 상실한 상황이 되었다. 그야말로 구한말과 일제강점기, 그리고 한국전쟁 이후 한국 교회가 보여줬던 것과는 정반대의 상황이 아닐 수 없다. 만일 이러한 상황이 지속되면 한국 개신교회

---

9. 한국 갤럽, 『한국인의 종교와 종교의식』 (1998).

의 미래는 참으로 암담하게 될 것이다.[10] 분명히 한국형 복음주의는 위기에 봉착해 있다. 이것을 해결하기 위해 2007년 한국 교회는 '어게인 1907년'을 외치며 부흥을 위한 온갖 행사를 열기도 했다. 그러나 옛날과 같은 부흥은 일어나지 않았다. 그렇다면 한국 교회를 지탱하고 있는 한국 복음주의에는 도대체 무슨 문제가 있는 것일까?

6. 복음주의의 약점

복음주의는 오늘의 융성한 한국 교회를 있게 한 큰 동력이었지만, 동시에 현재 한국 교회가 안고 있는 수많은 문제를 낳게 한 원인 제공자일 수도 있다. 복음주의의 강점이 이제는 오히려 약점으로 작용하고 있는 것이다.[11] 그러면 복음주의의 강점이면서 동시에 약점으로 작용하는 것은 무엇일까?

첫째, 복음주의는 성경의 권위에 대해서는 인정하지만, 성경의 해석에서는 너무나 다양한 관점을 열어 놓기 때문에 그 자체에 수많은 위험이 도사리고 있다. 한 마디로 복음주의에는 공통된 신학체계가 없다. 성경 해석이 그룹별로 혹은 개인별로 아주 다양하기 때문에 성경의 진리가 일치되지 않은 채 각각의 단편들로 분리된다. 이러한 복음주의의 신학적 무체계성은 기독교인들로 하여금 오히려 성경을 문자주의적·성경주의적으로 접근하도록 양산하게 만든다. 즉, 성경에 명백하게 나타난 글자 그대로만을 진리로 받아들이고, 성경에서 명백한 증거를 찾을 수 없는 개념은 절대로 받아들이지 않는 입장을 낳는 것이다.

---

10. 이병선, "한국 교회 성장둔화의 사회적 요인 분석: 1990~2000년을 중심으로", 331.
11. K. Runia, 1~20.

이러한 복음주의적 태도는 어떤 측면에서는 매우 순수하고 성경적인 것처럼 보일 수 있지만, 꼭 그렇지만도 않다. 가령, 노예제도를 성경적으로 정당화하려 했던 미국 남부의 보수적인 기독교인들의 모습은 생명력을 상실한 성경주의Wooden Biblicism나 율법적 근본주의Legalistic Fundamentalism의 약점에 노출되기 쉬운 예라 할 수 있다. 당시 그들은 함이 셈과 야벳의 종이 되리라는 저주의 말씀창9:25을 노예제도의 찬성으로 해석했다. 비록 오늘날 복음주의자들에게 이런 이야기는 비웃음거리가 되겠지만, 당시의 복음주의자들에게는 매우 진지한 신앙적인 생각이었다. 또 다른 예로는 20세기 성령운동을 하는 복음주의자들을 들 수 있는데, 그들은 방언을 성경주의로 해석함으로써 구원 받은 사람은 반드시 방언을 받아야 한다고 주장했다. 시대를 해석하는 세대주의자들의 성경해석도 마찬가지이다. 그들은 구속사적 흐름을 무시한 채, 성경을 문자적으로 해석함으로써 인류의 역사를 창조 일수인 6일과 안식일을 모형으로 해서 일곱 세대로 나누기도 한다.

오늘날 많은 한국 교회가 예배당을 '성전'이라고 말한다. 이는 구약의 성전 개념을 교회시대의 예배당에 적용한 것이다. 성전이 성경에 나오는 것은 사실이지만, 그렇다고 교회 건물이 성전인 것은 아니다. 예배당을 성전이라고 하면, 예배당은 하나님께서 임재하시는 곳이 되기 때문에 솔로몬이 지은 성전처럼 아름답고 웅장하게 지어야 한다. 돈이 아무리 많이 들어도 교인들은 불평해서는 안 된다. 이처럼 한국의 복음주의적 교회들은 예배당 건축을 성전건축이라고 하면서 건물의 기능보다는 외관상 화려하고 웅장한 모습으로 교회당을 지어왔다.

개인적으로 성경을 읽고 묵상하고 적용하는 큐티는 기독교인의 삶에서 충분히 권장해야 할 일이다. 그렇지만 여기서도 성경을 문자주의적으로 해석하고 적용하면 위험하게 될 수 있다. 본문을 정확하게 해석하기보다 개인적인 적용에 강조점을 두게 될 경우 억지스러운 적용을 하게 되는 경우가 많기 때문이다. 더군다나 복음주의자들은 성경을 하나님의 말씀으로 믿긴 하지만, 그 해석의 기준을 성경 자체에 두지 않고 각 개인에게 두기 때문에 위험할 수 있다. 물론 성경을 해석할 때 성령님의 인도에 귀를 기울이는 것은 문제가 없다. 그러나 여기서도 자신의 경험이나 생각을 성령님의 인도하심으로 오해할 가능성은 충분하다.

복음주의는 대체로 성경을 보는 좋은 틀인 신앙고백이나 교리를 제대로 강조하지도 않고 좋아하지도 않는다. 이런 흐름에 따라 한국 교회 역시 신앙고백과 교리를 잘 가르치지 않는다. 그러다보니 오직 성경sola scriptura을 강조하면서도, 정작 성경을 어떻게 볼 것인가에 대한 관점은 턱없이 부족하다. 따라서 각 개인이 성경을 보지만, 사실 좋아하는 부분만 보게 되는 우를 범하게 된다.

둘째, 복음주의는 중생, 회심, 그리고 성령의 사역 등을 강조함으로써 개인의 경험을 중요하게 여기는데, 이는 자칫 주관주의에 빠지게 만들 수 있다. 즉, 성경을 읽을 때 개인적 경험이 해석의 시금석이 되는 것이다. 이 부분에서 복음주의는 성경의 권위보다는 개인의 경험을 앞세운다고 볼 수 있다. 따라서 예배가 점점 경험적이고 감정적인 것으로 변해가고, 불신자들을 위한다는 명목으로 열린 예배 형식이 많아지고, 설교는 딱딱한 하나님의 말씀보다는 듣는 청중의 귀를 만족시키는 예화 위주의 설교가 인기를 끌게 된다. 이런 복음주의 교회는 공의의 하나님보다 사랑의 하나님을 좋아한다. 세상적인 복이 곧 복음이라고 생각하는 세속적인 영향 또한 넓게 자리하게 된다. 실제로 부는 복이고 가난은 저주라는 설교가 공공연하게 전해지는 것이 한국 교회의 현실이다.

복음주의는 복음을 아주 단순화시킨다. 나아가 교리적인 정통주의를 죽은 신앙이라고 비판하면서 정통주의가 지닌 교리의 좋은 틀까지 모두 버리곤 한다. 마치 목욕물을 버리려다가 아이까지 내다 버리는 꼴이다. 이렇게 복음주의에 물든 한국 교회는 자신들이 고백하는 신앙고백에 별로 관심이 없다. 하지만 기독교 정통 교리에 대한 이러한 무관심으로 말미암아 오늘날 한국 교회에는 수많은 이단들이 생겨나고 말았다. 통일교세계평화통일가정연합, 전도관천부교, 구원파기독교복음침례회/대한예수교침례회 박옥수, 다미선교회 시한부종말론1992년 10월 28일, JMS정명석, 신천지예수교증거장막성전 같은 이단들이 대표적인 예들이다.

복음주의에서는 개인적인 경험을 강조하는 은사운동이 인기를 끈다. 경험적인 신앙을 추구하면서 신유와 환상과 방언의 은사를 강조한다. 반면, 하나님께서 창조질서와 말씀 가운데 주시는 평화와 명령에는 그다지 관심을 기울이지 않는다. 개인의 구원에는 관심이 많지만, 사회적인 정의와 불의에 대해서는 관심이 적다. 정치, 경제, 교육의 영역에서 하나님의 뜻이 무엇인지 별로 관심이 없다. 전도를 위한 주일학교 교육에는 관심이 많지만, 정작 가정에서 언약의 자녀들을 신앙으로 양육하는 데는 관심이 턱없이 부족하다.

복음주의는 복음신앙을 강조함으로써 전도와 세계 선교에 불을 붙였고 복음전파에 놀라운 결과를 낳았다. 하지만 복음을 단순화함으로써 이 땅에서의 삶과 창조세계를 향한 기독교인들의 관심을 이끌어내지는 못했다. 복음주의자들은 개인 구원에 대한 문제에선 위대한 신학자였지만, 문화나 사회에 대해서는 그렇지 못했다. 사회에 관한 신학만을 강조한 기독교도 문제지만, 개인에 대한 관심에만 집중하고 문화나 사회를 도외시하는 기독교도 문제이다. 특히 포스트모더니즘의 시대에서는 개인적인 성경 해석과 주관적인 삶의 양태에서 복음주의가 인기를 끌게 된다. 그러나 이것은 보편적인 하나님의 역사하심에 대해서는 등한시하게 함으로써 기독교 신앙의 불균형을 초래하게 된다.

셋째, 복음주의는 전도와 선교를 강조하면서 성경이 말하는 제자도의 기준을 낮추는 위험이 있다. 최권능 목사는 기독교에는 중심 진리가 있는데, 그것은 복음 신앙을 통한 구원이라고 말하면서 '예수 천당'을 외쳤다. 이러한 경향은 믿음의 내면화나 체험을 복음의 핵심으로 보는 복음주의의 약점으로 지적될 수 있다. 예수님을 믿은 사람이 바로 천당에 가는 것은 아니다물론 하나님 나라에 이미 살기 시작했지만. 그는 여전히 죄악된 세상에 살고 있다. 그는 이 세상에서 어떻게 살아야 할지, 어떻게 해야 삶속에서 하나님 나라를 이루며 말씀에 복종하며 살 수 있을지를 고민해야 한다. 바울은 온 천하를 얻고도 자신이 구원에서 떨어질까 봐 염려했다고전9:27. 이것이 바울의 솔직한 고백이었다.

그런데 복음주의자들은 단순히 예수님을 믿는 것만으로 성도가 된다고 생각하는 경우가 많다. 특히 학원 선교단체에서 그렇게 주장한다. 진정한 제자는 다른 제자를 낳을 때 이루어지는 것이라면서, 예수님을 갓 믿은 초신자를 곧바로 전도와 선교에 투입한다. 그렇게 또 다른 제자를 만들어야 진정한 예수님의 제자가 된다고 믿기 때문이다. 이는 마태복음 28장 19~20절의 대위임령을 과대 적용한 탓이다. 이런 논리에 따른 제자도에서는 전도와 선교만이 전부이다. 그들은 예수님께서 요구하신 '가르쳐 지키게 하는' 제자도의 단계를 종종 간과한다. 기독교인들이 세상 속에서 어떻게 살아야 하는지에 대해서는 고민하지 않고 전도하는 일에만 전력하게 되므로, 그만큼 기독교인의 사회적인 책임에 대해서는 경솔하게 된다.

물론 전도에 대한 강조가 사회구조적인 악에 대한 무관심으로 직결되는 것은 아니다. 하지만 사회의 질서·정치·경제 체계도 하나님께서 주신 일반은총에 속한다. 그런데도 복음주의 기독교인들은 이 부분에서 아주 약한 모습을 보인다. 세상에서 소금과 빛으로서 살아가는 삶에 매우 취약하다. 어쩌면 한국 교회의 성장이 멈춘 이유는 전도와 선교가 약화되었기 때문이 아니라, 말씀에 순종하는 삶, 삶에서 드러나는 살아 있는 신앙이 부족했기 때문일지 모른다. 즉, 믿지 않는 사람들이 기독교인들의 삶을 통해 기독교인들이 믿는 소망이 무엇인지 물어오는 차원의 전도와 선교가 없는 것이 문제인 것이다. 여기에 한국 복음주의의 맹점이 있다.

넷째, 복음주의는 복음 자체에만 관심을 가졌지 가정에서의 신앙교육에 대해서는 등한시한다. 주일학교 운동은 복음주의의 등장으로 활성화된 가장 좋은 예이다. 영국에서 길거리를 배회하는 아이들을 돌보아주면서 시작된 주일학교는 미국으로 건너가 불신가정의 아이들에게 성경을 가르치는 역할을 했다. 그러다가 19세기 중반부터 미국의 대부분의 교회들이 본격적으로 주일학교를 도입·정착시킴으로써 전도와 선교에서 놀라운 효과를 보게 되었다. 아이들이 교회에 나오면서 그 부모들도 교회에 나오게 된 것이다. 하지만 이로 인해 역효과를 본 측면도 있다. 즉, 주일학교가 생기기 전에는 자녀들의 신앙교육이 가정에서 이루어졌는데, 주일학교가 활성화되면서 믿는 부모의 자녀들도 주일학교에 가게 되었고 이로 인해 얼마 지나지 않아 주일학교는 신자들의 자녀들이 대다수를 차지하게 된 것이다. 그러면서 부모들이 자녀들의 신앙교육을 주일학교에 완전히 맡긴 채, 집에서는 아무것도 하지 않는 현상이 발생했다. 그리고 오늘날에는 가정에서 자녀들의 신앙교육을 위해 가정예배를 드리는 경우가 거의 사라져 버렸다.

미국에서는 이미 19세기 중엽부터 가정예배가 사라졌다. 일부 장로교회와 개혁교회에서 가정예배를 아직 유지하고 있긴 하지만, 전반적인 분위기는 그렇지 못하다. 한국 교회도 마찬가지이다. 당시 미국 교회에서 가정예배를 경험하지 못했던 선교사들이 한국에 왔기 때문에 한국에서도 가정예배는 중요한 것이 아니었다. 목사들도 가정예배의 필요성에 대해 그렇게 많이 강조하지 않았다. 기독교 역사에서 가정예배의 중요성이 강조되지 않았던 때는 그리 많지 않았다. 오히려 이러한 경향은 복음주의가 강력히 등장하면서 나타나게 된 현상이다. 전도와 선교는 강조되었지만, 정작 가정에서의 하나님 나라 운동은 약화되고 만 것이다.

복음주의로 말미암은 또 하나의 현상은 기독교 교육이 약화된 것이다. 많은 기독교인들은 전도를 위한 학교만 생각하지, 믿음의 자녀들에게 성경적인 관점에서 지식을 어떻게 전달할 것인지에 대해서는 고민하지 않는다. 그래서 무신론적 세계관으로 교과목을 가르치고 있는 공립학교에 그들의 자녀들을 보내면서도 아무런 문제를 느끼지 않는다. 오히려 기독교적으로 교육하는 기독교 학교에 자녀들을 보내는 것은 유약한 온실 안의 화초나 우물 안의 개구리로 키우는 것일 수 있다고 비판한다. 또 공립학교에 가지 않으면 자녀들이 전도할 대상자가 없을 것이라는 논리를 내세우기도 한다. 그렇지만 자녀들이 아직 신앙적으로 분명한 정체성을 형성하지 않은 상태에서 수많은 세속적인 사상에 노출되는 것을 과연 하나님께서 기뻐하실지에 대해서는 고민해야 한다.

7. 기독교 학교를 위한 한국 교회의 미래와 대안

이처럼 한국 교회는 복음주의 때문에 놀랍게 성장했지만, 다른 한편으로는 복음주의가 지닌 근원적인 약점 때문에 퇴보하고 있기도 하다. 그렇다면 한국 교회는 21세기의 사회적 상황에서 어떤 방향으로 가야 할까? 지금까지 한국 교회가 양적 성장을 추구해 왔다면, 앞으로 한국 교회는 질적 성장을 도모해야 한다고 많은 사람들이 이구동성으로 얘기한다.[12] 여기에는 아무도 이의를 제기하지 않는다. 그러나 질적 성장을 어떻게 도모할 것인가에 대한 논의는 별로 없다. 그 가운데서 이병선은 교회의 질적 성장을 위해서는 무엇보다

---

12. 이원규, 「한국 교회 성장둔화와 그 요인의 분석」, 『신학과 세계』 34호 (1997), 184.

질적으로 우수한 교회의 지도자들을 배출해야 한다고 지적한다.[13] 옳은 지적이다. 그러나 이보다 훨씬 더 크고 근본적인 범위에서 변화를 모색해야 한다.

다시 말해, 복음주의보다 더 깊고 넓은 접근이 필요하다는 것이다. 예수님의 대위임령은 단순히 복음의 선포에 머물지 않는다. 예수님께서 원하시는 제자도는 복음을 듣고, 세례를 받고, 가르쳐 지키도록 하는 단계까지 나아간다. 복음 또한 인간 영혼의 구원을 훨씬 넘어서는 우주적 차원에서의 구원에 대한 관심까지를 포함한다. 하나님께서는 인간과 함께 모든 각종 동물들을 방주에 싣고 구원해 주셨다. 인간의 죄로 인해 세상이 타락했지만, 예수님 안에서 모든 세상이 다시 구원 받았다. 바울은 세상의 모든 피조물이 하나님의 아들들이 나타나기를 기다린다고 했다롬8:19~23. 그러므로 구원은 인간에게만 제한되지 않는다. 인간의 타락으로 세상이 가시와 엉겅퀴를 냈다면, 인간의 구원으로 세상은 다시 회복되어야 한다. 구원의 범위는 창조의 범위와 동일하다.

기독교인들이 살아가는 세상의 모든 것들이 구원과 관계가 있다. 대통령 선거, 국회의원 선거, 빚, 동성애, 소송訴訟, 먹을거리 등 세상의 모든 것들이 하나님과 관계된다. 하나님께서 만드신 모든 것이 거룩하다. 그것은 결코 속된 것이 아니다. 다만 그것들을 속되게 여기는 자로 말미암아 속된 것이 될 뿐이다. 예수님을 믿는 사람들은 말씀과 기도로 모든 것을 거룩하게 만들 수 있다. 물론 로잔언약의 선포 이후, 일부 복음주의 계열에서도 사회에 대한 관심이 점점 커지고 있는 것은 사실이다. 그러나 한국 교회의 복음주의에서는 그런 움직임이 매우 미비하다. 한국 교회는 여전히 개인 영혼의 구원에 집중하는 복음주의가 큰 영향을 미치는 반면, 온 우주를 향한 하나님의 구원과 하나님 나라에 대한 관심은 매우 적은 편이다.

---

13. 이병선, 336.

3. 추락하는 서구 교회, 왜?

그렇다면 이렇듯 한국 교회의 강점이 약점이 되는 이 시점에서 그 약점을 극복할 수 있는 대안은 없을까? 먼저 한국보다 기독교의 역사가 긴 서구 교회로 눈을 돌려 보자. 기독교 신앙의 유산을 많이 받은 서구 교회의 상황은 어떠할까? 현재 한국 교회가 직면하고 있는 상황과 문제를 진단하고, 나아가 교회의 미래를 준비하기 위해서는 먼저 서구 교회의 상황과 문제를 살펴볼 필요가 있다.

서구 교회는 일찍부터 선진사회가 누리는 경제적 부요와 번영 가운데서 살아남기 위해 몸부림쳐 왔다 하지만 오히려 영적인 측면에서 심각한 문제에 직면하게 되었다. 서구사회의 물질적 부흥이 영적인 황혼을 낳고 만 것이다. 성도들은 세속적인 것에 탐닉했고, 급기야 그들의 신앙을 버리고 교회를 떠나기 시작했다. 세속화된 부모의 신앙은 자녀들에게 심각한 영향을 미쳤다. 그들은 자녀들을 신앙으로 교육하는 데 등한시했고, 이러한 신앙교육의 부재는 결국 다음 세대에 교회가 약화되는 악순환으로 나타났다.

2차 세계대전 이후 6~70년대에 이미 복지국가로 발전한 서구의 나라들에서 교회는 급격하게 쇠퇴의 길을 걷기 시작했다. 2002년과 2004년에 실시한 외국의 설문조사에 따르면, 기독교 국가였던 유럽 나라들의 경우 기독교인이 인구의 20%도 채 되지 않았다. 2005년에 실시한 영국 교회의 조사에서도, 1998년 이후 50만 명의 영국인들이 교회에 출석하는 것을 중단했다고 발표했다. 지난 50년 동안 독일 복음주의 교회의 성도들의 숫자도 절반이나 줄었다. 1970년대에 스위스에서 태어난 자녀들의 경우 95%가 유아세례를 받았지만, 2000년에 들어서서는 65%의 자녀들만이 세례를 받고 있다. 2002년에 종교가 자신의 삶에서 중요하냐고 묻는 설문조사에서 이탈리아 국민의 27%, 독일 국민의 21%, 프랑스와 체코 국민의 11%, 미국 국민의 60%가 그렇다고 대답했다. 이에 반해, 무슬림의 국가에서는 국민의 90% 정도가 그렇다고 대답했다. 또한 예배를 드리러 정기적으로 교회에 출석하는 비율은 미국인들의 40%, 영국인들의 15%, 독일인들의 12%, 스칸디나비아 반도 국가 국민들의 5%에 불과했다.[1]

이처럼 서구 교회는 점점 건물이 비어가고 있고, 기독교인들도 노령화되어 가고 있다. 과거의 영화를 말해주는 웅장한 교회 건물에는 예배드리는 노인 몇 명만 앉아 있을 뿐, 그 외에는 관광객들이다. 이와 달리 이슬람의 확산은 눈에 띄게 두드러진다. 종교적으로 엄격하면서 이웃에 대한 봉사를 앞세우는 온건한 이슬람은 종교적으로 해이해진 기독교에 싫증을 느낀 유럽 사람들의 호감을 얻고 있다. 더구나 이슬람은 다산을 장려하기 때문에 이슬람 인구는 기하급수적으로 늘어나고 있다. 교회 건물이 이슬람 사원으로 변하는 일은 이제 다반사이다. 특히 영국에서는 이슬람이 강력하게 번성하고 있어 곧 기독교 인구보다 이슬람 인구가 더 많게 될 것이란 전망까지 나오고 있다.

미국의 상황도 크게 다르지 않다. 1800년부터 1886년까지 증가한 교인수는 41,287,226명으로, 이는 기독교 역사 첫 9세기 동안의 전체 기독교 인구보다 더 많은 수였다.[2] 그렇지만 그로부터 약 100년 후 1979년 로마 천주교 학자

---

1. 「기독교보」 819호 2007년 12월 8일 8면 기사 "서유럽 기독교사회 해체 '위기'".
2. Daniel Dorchester, *Christianity in the United States from the First Settlement Down to the Present Time* (New York, 1888), 742.

하저Dean R. Hoge와 개신교 학자 루전David A. Roozen이 조사한 미국의 종교 상황을 보면, 1960년대부터 그 성장세가 주춤하기 시작했다. 비록 교인 숫자로만 보면 줄지는 않았지만, 베이비붐 이후 증가하기 시작한 인구증가에 비해 본다면 그 숫자는 감소한 것이었다.[3] 1988년에 컬크 하더웨이C. Kirk Hadaway와 데이비드 루전David A. Roozen이 편집한 자료 역시, 미국 교회가 1960년대까지는 빠르게 성장했지만, 1960년대 중반부터 평균 성장률이 떨어지기 시작했음을 보여 준다. 이러한 감소는 1972년까지 계속되었는데, 한때 거의 -2%에 이른 적도 있었다. 그 후 약간의 완만한 성장세를 보이다가 다시 하강세를 이어 지금에 이르고 있다.[4] 미국의 보디 바우컴Voddie Baucham은 2007년 노스캐롤라이나 애쉬빌 근처에서 있었던 컨퍼런스에서 "우리는 70~88%의 젊은이들을 대학 1학년을 지내는 동안 잃고 있다."라고 말했다.[5] 기독교 가정의 자녀들이 부모의 품을 떠나 대학에 가서 생활하는 동안 신앙을 저버리는 정도가 매우 심각하다는 얘기이다. 현재 미국 기독교인 가운데 90%가 자녀들을 기독교 학교에 보내지 않고 공립학교에 보내고 있다. 공립학교의 교육이 자녀들의 신앙에 어떤 영향을 미치는지 깊이 인식하지 못하기 때문이다. 가정과 학교에서 신앙적으로 잘 훈련되지 않은 자녀들은 세속적인 학문과 세속문화에 빠져 교회를 떠나고 있다. 지금 미국 교회의 미래는 그렇게 밝지 않다. 비록 몇몇 대형교회들의 경우에는 성장하고 있는 것처럼 보이지만, 전체적으로는 그렇게 낙관적이지

3. Dean R. Hoge & David A. Roozen, *Understanding church growth and decline 1950~1978* (New York: The Pilgrim Press, 1979), 22.

4. C. Kirk Hadaway and David A. Roozen, "Denominational Growth and Decline," 37~39. http://hirr. hartsem.edu/bookshelf/Church&Denomgro wth/ch&dngrwpt. 2.pdf

5. "We're loosing almost 70~88% of our youth by the end of their freshman year in college." Dr. Voddie Baucham, "He Who Controls the Schools Controls the World" CD The American Vision copyright 2007. Recording of his speech given at the Worldview Super Conference II near Asheville, North Carolina in 2007.

않은 것이 현실이다.

그러면 이처럼 서구 교회 전체가 몰락하고 있는 이유는 무엇일까? 여기에는 여러 가지 원인이 있겠지만, 그 중에서 몇 가지를 추려 본다면 다음과 같다. 첫째, 경제적 부요가 영적 가난을 낳게 했다는 것이다. 이스라엘 백성들이 광야가 아닌 젖과 꿀이 흐르는 가나안 땅에서 도리어 영적으로 가난하게 되었다는 것에서도 그 예를 찾아볼 수 있다. 마찬가지로 서구 교회는 하나님의 은혜로 삶이 부요하게 되었을 때 오히려 더 주의해서 하나님께 가까이 나아가야 했지만, 그렇지 못했다. 그들의 신앙적인 해이는 먼저 가정생활에서 나타났다. 편한 것과 행복을 추구하는 사람들은 아이를 적게 낳기 시작한 것이다. 영적인 해이로 말미암아 생육하고 번성하라는 하나님의 말씀을 중요하게 생각하지 않게 된 것이다. 그 결과는 교회의 성장감소로 바로 이어졌다. 미국의 경우에도 1950~60년대를 거쳐 출산율이 감소하면서 자녀를 낳는 가정의 비율이 점차 줄어들었고,[6] 동시에 교회의 성장도 둔화되었다.

둘째, 서구 교회는 자녀들을 신앙적으로 교육하지 않았다. 그들은 서구 사회의 발전과 풍요 속에서도 자녀들에게 말씀을 부지런히 가르쳐야 했지만 그렇게 하지 않았다. 그들은 자녀들이 세속적인 가치관을 배우는 것을 심각하게 생각하지 않았다. 오히려 자녀들의 인격을 존중한다는 명목 하에 신앙의 문제에 관해서도 그들의 선택에 맡겨 버린 채, 더 이상 신앙훈련을 시키지 않았다. 학교도 신앙으로 가르치기를 포기했다. 기독교 학교조차 많은 교사들이 신앙을 버리면서 변질되기 시작했다. 이러한 분위기에서 배우고 자란 자녀들은 모든 종교에 대해 관용적이 되었고, 결국 기독교 또한 여러 종교들 가운데 하나에 지나지 않는다고 생각하게 되었다. 즉, 하나님은 믿어도 되고 안 믿어도 되

---

6. C. Kirk Hadaway and Divid A. Roozen.

는 선택 대상들 중 하나가 된 것이다. 결국 그들은 성인이 되자 더 이상 교회에 나가지 않게 되었다. 부모님 때문에 성인이 되기 전까지는 억지로 따라 나갔지만, 성인이 되는 순간 교회를 떠난 것이다. 이런 식으로 교회는 텅텅 비어가고 있다. 그야말로 모든 것이 부요한 시대이지만, 정작 신앙교육의 부재로 인해 영적으로는 심각하게 가난한 상태를 면하지 못하고 있는 것이다.

4. 사무엘이 보낸 편지

　우리는 과거를 통해 현재를 진단하고 미래를 예측할 수 있다. 또한 성경 속에 등장하는 과거의 경험이 오늘을 살아가는 성도들에게 거울이 되고 경계가 된다고전10:1~14. 그래서 이스라엘의 역사 중에서 풍요의 시대로 상징되는 가나안 땅의 정복 역사 이후 이어진 사사 시대를 살펴봄으로써 현재 한국 교회의 문제를 진단하고 그 대책을 찾아보고자 한다. 특별히 사무엘상에 나오는 사무엘의 경고를 오늘 이 시대를 향한 편지로 보고 적용해 보겠다.

　성경의 역사는 구원의 역사이지만 동시에 죄의 역사이기도 하다. 성경은 인간이 어떻게 반복적으로 하나님께 불순종하는지 그리고 그 결과가 무엇인지를 보여 준다. 이스라엘 백성들은 총리였던 요셉 때문에 이집트에서 한때 좋은 세월을 보냈지만, 그 시절은 곧 끝나버리고 그 후로는 학대 속에 노예와 같은 세월을 보내게 되었다. 그것은 심각한 인종차별에 따른 학대였다. 이는 제2차 세계대전 때 히틀러의 명령으로 시작된 유대인 말살정책에 비견될 수 있다. 그런데 하나님께서 그런 무시무시한 학대에서 이스라엘 백성들을 해방시켜 주셨다. 때문에 출애굽은 이스라엘 역사에서 매우 큰 의미를 차지한다. 유대인들은 이러한 출애굽을 기념하는 유월절을 몇 천 년 동안 민족적인 행사로 지키고 있다. 하지만 꿈에도 그리던 약속의 땅인 가나안에 정착한 이스라엘 백성들은 한 세대도 넘기지 못한 채, 급격한 영적 침체기에 빠져 들고 말았다. 사사기를 보면, "어떻게 이런 삶을 살 수 있었을까?" 싶을 만큼 이스라엘 백성들은 영적으로 타락한 삶을 살았다. 하나님을 떠나 가나안 신을 따르며 가나안 백성들과 혼합되어syncretism 살아갔던 것이다.

1. 하나님의 경고

가데스바네아 광야에서 열 명의 정탐꾼에 의한 불신앙적인 보고를 듣고 그에 동조한 백성들 중에서 20세 이상은 모두 광야에서 죽었다. 그러므로 가나안 땅에 들어갈 때에는 여호수아와 갈렙 외에 가장 나이 많은 사람이 60세였을 것이다. 그들은 여호수아의 지휘 아래 7년 동안 가나안 정복전쟁을 치렀다. 그 후 가나안 땅에 어느 정도 안식이 왔을 때, 여호수아는 나이 많아 늙어 있었다수23:1. 그래서 그는 세겜에 장로들과 이스라엘 백성들을 모아 놓고 유언과도 같은 설교를 했다. 이 강연은 모압 땅에서 가나안 땅을 앞에 두고 모세가 온 백성에게 선포했던 신명기의 요약이기도 했다. 여호수아의 당부는 다음과 같았다.

그러므로 너희는 크게 힘써 모세의 율법 책에 기록된 것을 다 지켜 행하라. 그것을 떠나 좌로나 우로나 치우치지 말라. …… 그러므로 스스로 조심하여 너희 하나님 여호와를 사랑하라. …… 만일 너희가 너희 하나님 여호와께서 너희에게 명하신 언약을 범하고 가서 다른 신들을 섬겨 그에게 절하면 여호와의 진노가 너희에게 미치리니 너희에게 주신 아름다운 땅에서 너희가 속히 망하리라.수23:6~16

2. 한 가정의 위대한 결단

믿기 어려운 일이지만 7년 동안의 정복전쟁을 치르는 동안에도 이스라엘 백성들은 이미 가나안의 이방 신들을 취하기 시작했다. 이는 여호수아 24장 23절에 있는 "이제 너희 중에 있는 이방신들을 제하여 버리고"라는 말에서 찾아볼 수 있다. 여호수아는 이스라엘 백성들이 의식주 문제가 해결되자 가나안의 풍요를 즐기며 그들의 신들을 섬기는 모습을 보면서 위기감을 느끼기 시작했다. 그래서 그는 죽기 전에 백성들을 모아 놓고 비장한 마음으로 그들에게 도전하며 경고했다. 우상을 섬기거나 따르려는 백성들을 향해 결단을 요구한 것이었다. "만일 여호와를 섬기는 것이 너희에게 좋지 않게 보이거든 너희 열조가 강 저편에서 섬기던 신이든지 혹 너희의 거하는 땅 아모리 사람의 신이든지 너희 섬길 자를 오늘날 택하라"수24:15. 이는 마치 엘리야가 우물쭈물하고 있는 백성들을 향해 바알을 섬기든지 여호와 하나님을 섬기든지 택하라고 외치는 모습과도 같았다.

여호수아는 좀 더 구체적으로 이렇게 도전했다. "오직 나와 내 집은 여호와를 섬기겠노라"수24:15. 당시 여호수아가 요구한 신앙적 결단은 아버지가 가장인 유대 문화에서는 가정 단위로 지켜져야 했다. 아버지와 어머니가 가정에서 이 말씀을 지키지 않으면 아무런 소용이 없었다. 또한 자녀들이 부모의 말에 복종함으로써 하나님을 섬기겠다고 다짐하지 않는다면 아무리 좋은 설교라도 의미가 없었다. 그래서 여호수아는 "오직 나와 내 집은 여호와를 섬기겠노라"고 선포했던 것이다. 어떤 측면에서는 이 같은 선언이 매우 소극적으로 보일 수도 있다. 하지만 당시의 사회에서 이것은 가장 실제적인 접근이었다. 뿐만 아니라 여호수아가 할 수 있는 가장 최선의 일도 자신과 자신의 가족을 책임지는 것이었다. 하나님께서 인간에게 허락하신 가장 기본적 단위인 가정이 변한다면 그 사회 또한 변할 가능성이 있기 때문이다.

3. 잃어버린 다음 세대

여호수아의 도전은 백성들의 마음을 움직였다. 백성들은 적어도 여호수아가 사는 날 동안과 여호수아 뒤에 생존한 장로들, 곧 여호와께서 이스라엘을 위하여 행하신 모든 일들을 아는 자들이 사는 날 동안에는 여호와를 잘 섬겼다. 이 구절이 여호수아 마지막 부분과 사사기 첫 부분에 똑같이 기록된 것은 이상한 일이 아니다수24:31; 삿2:7. 성경의 저자는 출애굽 1세대가 신앙이 좋았다고 강조함으로써 그들과 다음 세대를 상대적으로 비교하는 것이다. 문제는 출애굽 1세대, 곧 여호수아와 출애굽을 경험한 장로들의 세대가 죽고 난 후에 발생하기 시작했다. 사사기 2장 10절은 이 상황을 다음과 같이 정확하게 기술한다. "그 세대의 사람도 다 그 조상들에게로 돌아갔고 그 후에 일어난 다른 세대는 여호와를 알지 못하며 여호와께서 이스라엘을 위하여 행하신 일도 알지 못하였더라."

신앙이 한 세대를 넘어가지 못한 것이다. 광야에서 하나님을 체험한 세대가 사라지자 다음 세대는 하나님을 전혀 알지 못했을 뿐 아니라 하나님과 관계 맺는 것을 싫어했다. 어떻게 이런 일이 발생할 수 있었을까? 꿈에 그리던 땅인 가나안에 정착한 지 한 세대를 넘기지 못하고 하나님을 잊어버리다니! 사사기는 그 다음 세대가 하나님을 떠나 살던 처참한 모습을 이처럼 기록하고 있다.

이스라엘 자손이 여호와의 목전에 악을 행하여 바알들을 섬기며, 애굽 땅에서 그들을 인도하여 내신 그들의 조상의 하나님 여호와를 버리고 다른 신들 곧 그들의 주위에 있는 백성의 신들을 따라 그들에게 절하여 여호와를 진노하시게 하였으되, 곧 그들이 여호와를 버리고 바알과 아스다롯을 섬겼으므로 여호와께서 이스라엘에게 진노하사 노략하는 자의 손에 넘겨 주사 그들이 노략을 당하게 하시며 또 주위에 있는 모든 대적의 손에 팔아 넘기시매 그들이 다시는 대적을 당하지 못하였으며, 그들이 어디로 가든지 여호와의 손이 그들에게 재앙을 내리시매 곧 여호와께서 말씀하신 것과 같고 여호와께서 그들에게 맹세하신 것과 같아서 그들의 괴로움이 심하였더라.삿2:11~15

4. 기억상실증에 걸린 이스라엘

이스라엘 백성들은 가나안 백성들과 결혼하고 그들의 종교를 받아들였다삿3:6. 한 가정에서 아버지나 어머니가 불신자요 우상을 섬기는 자였으니, 그 자녀들의 영적 상태와 그들의 삶이 어떠했을지는 쉽게 짐작할 수 있다. 이에 하나님께서는 그들에게 진노하시어 주변의 여러 민족들을 징계의 수단으로 사용하셨다. 메소포타미아, 모압, 블레셋, 가나안, 미디안 민족 등이 그들이었다. 하지만 이스라엘 백성들이 자신들의 죄악을 깨닫고 회개하며 하나님께 부르짖을 때, 하나님께서는 마음을 돌이키시고 구원자인 사사들을 보내어 그들을 구원하셨다. 사사기에는 이러한 패턴이 반복해서 나타나는데, 곧 '죄 → 고역 → 간구 → 구원 → 평화 → 죄'의 순환이다.

이스라엘 백성들은 350년 동안 풍요로운 가나안 땅에서 영적으로 가난하게 살았다. 그들은 조상들의 광야 생활 40년과 가나안 정복의 경험을 배우지 못했다. 아니 배웠다 해도 무시해 버렸다. 홍해와 요단강을 건넌 이야기, 만나와 메추라기와 불기둥과 구름기둥을 통한 하나님의 보호, 여리고성의 점령을 시작으로 승승장구하던 가나안 전쟁의 이야기들을 마치 기억상실증에 걸린 것처럼 잊어버렸다. 대체 어떻게 그럴 수 있단 말인가? 우리는 후대 사람으로서 당시 이스라엘 백성들의 죄와 어리석음에 대해 쉽게 판단하곤 한다. 하지만 정말로 이스라엘 백성이 우리보다 특별히 신앙이 없어서 그런 것일까? 아니다. 그들의 신앙이 한 세대를 넘기지 못한 원인은 그들이 특별히 신앙이 없어서가 아니라 뭔가 다른 데 있다. 사사기의 이러한 처참한 신앙적 침체는 기독교 역사에서 계속해서 반복적으로 나타났다. 때문에 지금 우리 가운데서도 얼마든지 일어날 수 있다. 그러므로 우리는 그 원인을 찾아야 한다. 그 원인을 알 경우, 어느 정도 대처할 수 있기 때문이다.

5. 신앙교육의 부재

우리는 그 이유를 먼저 '신앙교육의 부재'에서 찾을 수 있다. 하나님께서는 가나안 땅에 들어가기 전 모압 평지에서 모세를 통해 이렇게 명령하셨다.

이스라엘아, 들으라! 우리 하나님 여호와는 오직 하나인 여호와시니, 너는 마음을 다하고 성품을 다하고 힘을 다하여 네 하나님 여호와를 사랑하라. 오늘날 내가 네게 명하는 이 말씀을 너는 마음에 새기고 네 자녀에게 부지런히 가르치며 집에 앉았을 때에든지 길에 행할 때에든지 누웠을 때에든지 일어날 때에든지 이 말씀을 강론할 것이며 너는 또 그것을 네 손목에 매어 기호를 삼으며 네 미간에 붙여 표를 삼고 또 네 집 문설주와 바깥문에 기록할 지니라.신6:4~9

이스라엘 백성들은 먼저 부모 자신이 하나님의 말씀을 마음에 새겨야 했다. 곧, 매일 말씀을 암송하고 말씀을 소중하게 생각해야 했다. 성경책이 없던 시대에 하나님의 말씀을 암송하는 것은 당연한 것이었다. 따라서 만일 부모가 말씀을 경시하여 암송하지 않을 뿐만 아니라 자녀에게 말씀을 가르치지도 않는다면, 신앙의 전수에 문제가 생길 수밖에 없다. 따라서 이스라엘 백성들은 자녀들에게 부지런히 말씀을 가르쳐야 했다. 하지만 오히려 그들은 말씀을 가볍게 여기고 순종하지 않았다. 물론 그 결과가 당장 눈에 띄게 드러나지는 않았지만, 한 세대, 곧 30년이 지난 후에는 그 결과를 직접 보게 되었다. 여호수아와 갈렙, 그리고 그 뒤에 생존한 장로들, 곧 하나님께서 이스라엘을 위해 행하신 일들을 본 사람들이 살아있는 동안에는 여호와를 섬겼지만, 그 후의 세대는 곧바로 하나님을 떠났다. 이는 그 세대의 부모들이 말씀을 소중하게 여기지 않았을 뿐만 아니라 자녀들에게 말씀을 가르치지도, 말씀으로 훈련시키지도 않았기 때문이다. 이것이 사사기에 나타난 영적 암흑시대의 원인이었다.

6. 엘리 제사장 집안의 예

이에 관한 대표적인 예가 사사시대의 제사장이었던 엘리와 그 가정이었다. 사무엘은 사무엘상에서 엘리 제사장이 자녀들을 어떻게 교육했는지 적나라하게 밝히고 있다. 엘리 제사장의 아들들은 '불량자'였다삼상2:12. '불량자'라는 말은 '사악한 자', '부패한 자', '무가치한 자', '불경건한 자'라는 의미를 지닌다. 그런데 이보다 더 심각한 것은 그들이 '하나님을 알지도 못했다'는 것이다. 여기서 '알지 못했다'라는 말은 지식으로 하나님의 존재를 알지 못했다기보다는 하나님과 관계를 맺지 않았다는 말이다. 하나님을 알지 못하니 신앙이 없고,

신앙이 없으니 삶이 세상 사람들과 다를 바가 없었다. 결국 엘리 제사장의 두 아들은 '제사'를 멸시했다삼상2:17.

대체로 신앙인이 어떠한지는 예배에 대한 태도에서 알 수 있다. 사사기 저자는 엘리의 두 아들이 '여호와의 제사를 멸시'했다고 전한다. 그만큼 그들의 죄는 심각했다. 그들은 형식적으로만 제사에 참석했을 뿐 진심으로 제사 드리지 않았을 것이며, 심지어 아예 빠지는 날도 많았을 것이다. 백성들의 모범이 되어야 할 제사장의 아들들이 이와 같을 진대, 일반 백성들의 삶은 오죽했을까? 엘리 제사장은 나이가 많아서 제사장의 임무를 자녀들에게 맡겼는데, 정작 제사장의 아들들의 행태가 이러했으니 그들로서도 다른 백성들의 죄를 지적할 수 없었을 것이다. 이에 백성들은 세상에 푹 빠져 마음대로 세속적인 삶을 즐기며 하나님을 떠나 생활했을 것이다. 그들은 하나님의 영광과 그 나라를 위한 일에는 관심이 없었다.

하나님께서 모압 땅에서 모세를 통해 주신 교육의 명령을 그들은 중요하게 생각하지 않았다. 그들은 세상적인 성공에만 관심이 있었지 신앙적인 교육에는 별로 관심이 없었다. 엘리 제사장 역시 두 아들, 홉니와 비느하스의 잘못을 알면서도 그들을 훈계하거나 훈련시키지 않았다. 결국 두 아들은 회막문에서 봉사하던 여자와 성적 관계까지 맺게 되었다. 이 소문이 백성들에게 파다하게 퍼지게 되자 그때서야 엘리도 이 사실을 알고는 그들을 불러 훈계했다. "너희가 어찌하여 이런 일을 하느냐? 내가 너희의 악행을 이 모든 백성에게서 듣노라"삼상2:23. 그러나 자녀들을 훈계한 적이 없는 엘리로서는 그냥 이렇게 묻는 형식으로밖에 지도할 수 없었다. 아버지의 권위가 한없이 약해져 있었던 것이다. 어디서도 위엄 있는 권위자로서의 아버지의 모습은 찾을 수 없었다. 단지 그냥 친구의 입장에서 이야기해 줄 뿐이었다. 따라서 아들들이 큰 죄를 범했는 데도 엄히 징벌하지 못하고 다만 뭔가를 설명해 줄 뿐이었다. "사람이 사람에게 범죄하면 하나님이 판결하시려니와 사람이 여호와께 범죄하면 누가 위하여 간구하겠느냐"삼상2:25. 평소에도 순종하지 않았던 엘리의 아들들이 이처럼 단호하지 않은 아버지의 말을 들을 리 없었다. 사사기 저자는 그들이 그렇게 된 것은 하나님께서 그들의 마음을 죄 가운데 그대로 놔두어 죽이기로 작정하셨기 때문이라고 설명한다삼상2:25. 이처럼 죄인을 죄 가운데 두는 것은 저주와 다름이 없다.

7. 불신앙의 비참한 최후

만약 부모로서 자녀들이 죄를 짓는 데도 가만히 놔둔다면, 그것은 자녀들이 죄 가운데서 스스로 망하도록 방관하는 것과 같다. 엘리 제사장은 자녀들을 징계하지 않으므로 결국 하나님의 엄위하신 심판을 받고 말았다. 그는 온 힘과 마음을 다해 지속적으로 자녀들을 훈련하거나 교육시키지 않았다. 그가 하나님의 말씀보다 아들들을 더 소중하게 생각했다는 것은 사무엘상 2장 29절을 통해서도 알 수 있다. "네 아들들을 나보다 더 중히 여겨"삼상2:29. 이는 엘리 제사장의 삶의 우선순위를 잘 보여 준다. 하나님을 영화롭게 하기 위하여 자식을 훈련시키기보다는 자식의 마음을 사기 위하여 하나님을 희생시킨 것이다. 엘리는 자식을 말씀으로 이끌어 간 것이 아니라 오히려 자식의 욕망에 끌려 다녔다. 자식들이 잘못할 때 한 번씩 훈계하는 흉내는 냈지만, 일관성 있는 교육 철학을 가지고 훈육을 하지는 못했다. 급기야 자녀들이 잘못된 길로 들어가 더 이상 돌이킬 수 없는 지경에까지 이르러 저주를 자청하는데도, 아버지 엘리는 목숨을 걸고 그것을 말리지 않았다. 자녀들이 죄를 지으며 하나님의 저주를 자청하는 데도 그것을 금하지 않는 것은 전적으로 아버지의 책임이다. "내가 그

집을 영영토록 심판하겠다고 그에게 이른 것은 그의 아는 죄악을 인함이니 이는 그가 자기 아들들이 저주를 자청하되 금하지 아니하였음이니라"삼상3:13.

엘리는 자녀들에게 세상적인 삶보다 하나님을 사랑하도록 교육하고 훈련하는 것이 더 중요하다는 것을 알지 못했던 것이다. 결국 홉니와 비느하스는 한 날에 하나님의 저주를 받아 전쟁에서 죽고 말았다. 이는 분명한 하나님의 심판이었다삼상2:30~36. 자식들이 죽었다는 소식을 들은 엘리 역시 충격을 받고 그 자리에서 즉사했다. 이처럼 사사시대의 가정들은 자녀를 신앙으로 교육하지 않았고, 이로 인해 그 시대는 암울하고 비참한 시대가 되고 말았다.

5. 변질되고 상처받은 미션스쿨

한국 교회가 복음주의로 인해 외적으로 놀라운 성장을 이룬 것은 사실이지만, 다른 한편 내적 미성숙으로 인해 신앙교육이 부실하다는 것을 알 수 있다. 때문에 그만큼 다음 세대의 미래는 어둡다. 이는 심각한 문제가 아닐 수 없다. 한국 교회가 사사시대의 암울한 영적 빈곤 속에 있는 것은 아닌지 염려스럽다. 그런데 이 문제를 미션스쿨이 해결해 줄 수 있을까?

구한말 선교사들은 정식 선교사로 한국에 들어올 수 없었기 때문에 의사나 교사로 들어와야 했다. 미국에서 정식 선교사로 파송 받고, 1884년에 한국에 들어온 알렌은 의사라는 신분으로 사역을 시작했다. 초기 선교사들은 공식적으로 선교를 할 수 없었기 때문에, 의료나 교육 같은 것을 통해서 간접적으로 전도를 시작했다. 그들은 선교의 수단으로 병원과 학교를 세웠다. 1885년에 언더우드 박사가 세운 경신학교와 아펜젤러가 세운 배재학당은 한국 최고의 근대식 학교들이었다. 이 외에도 1886년에 이화학당, 1887년에 정신여학교 등 수많은 학교들이 선교사들에 의해 세워졌다. 1897년 이후에는 배위량 선교사에 의해 제안된 네비우스 방식의 교육 정책으로 한국 기독교인들 스스로 학교를 세워가기 시작했다.[1]

---

1. 네비우스 선교 정책이란 삼자(Self-propagation, Self-government, Selfsupport)정책을 추구한다. 임희국, 「3. 한국 교회 초기 기독교 학교 설립에 대하여」, 기독교학교교육연구소 주최 제1회 학술대회, 『1907년 평양대부흥운동과 기독교학교』, 27.

이렇게 시작된 학교 교육 운동은 급속히 성장하여 1907년 당시 기독교 소학교의 숫자는 542개나 되었다. 이는 당시 교회 숫자가 897개인 것을 감안할 때 상당히 많은 수였다. 그 수는 1909년까지 꾸준히 증가했는데, 1905년에는 평균 세 개의 교회당 하나의 소학교가 세워졌고, 1907년에는 두 개의 교회당 하나 이상의 소학교가 설립되었다. 특별히 1903년부터 1907년까지 진행된 평양대부흥의 물결이 기독교 학교의 설립을 부추겼는데, 이는 한 교회 한 학교 운동으로 이어졌다는 기록이 있다. 이처럼 선교사와 기독교인들이 세운 학교들은 교육을 통해 나라의 일꾼을 양성함은 물론, 기독교 신앙도 전파할 수 있는 기회를 갖게 되었다. 기독교인들이 세운 학교에서 교육받은 졸업생들이 후에 한국 사회의 큰 일꾼으로 역할을 할 수 있었던 것은 기독교 교육의 열매라고 할 수 있다.

선교사들에게 학교는 병원과 더불어 중요한 선교 수단이었다. 한국 교회의 역사가들도 선교 초기의 학교들을 선교의 역사에 포함시킨다.[2] 그러나 후기에 이르러서는 기독교인들이 세운 학교를 기독교 문화 운동의 차원에 넣고 있는 것을 발견할 수 있다.[3] 이것은 학교가 선교의 차원을 넘어 민족의 삶으로 자리 매김했다는 증거이다. 미국 선교사들과 미국에서 공부하고 돌아온 개화파들은 기독교 문명만이 조선을 살릴 수 있다고 믿어 기독교 신앙으로 민중을 교육하는 데 헌신했다.[4] 특히 기독교 민족주의자들에 의해 세워진 학교는 선교

---

2. 한국기독교사연구회, 『한국기독교의 역사 I』 (기독교문사, 1989), 194~199에서 '의료와 교육'을 '선교활동'에 포함시키고 있으며, 재기은도 그의 책 『한국 교회사』 (예수교문서선교회, 1978), 52~53에서 그렇게 하고 있다.
3. 한국기독교사연구회는 일제시대의 '기독교 교육사업'을 '교회의 문화운동'에 포함시키고 있다. 한국기독교사연구회, 『한국기독교의 역사 II』 (기독교문사, 1990), 83~89.
4. 서재필이 1896년 3월 작성한 "What Korea Needs Most"라는 글에서 '조선 사람들이 가장 필요로 하는 것은 교육'이라고 말한 것은 유명하다. 망해가고 있는 조선을 살리는 길은 기독교 문명으로 훈련받는 길밖에 없다고 결론 내린 그의 생각은 일제강점기로 이어지면서 더 분명해졌고 기독교인들이 세운 학교는 선교, 민족, 개화라는 복합적 기능을 감당했음을 알 수 있다.

사들이 세운 학교와 달리 민족주의적 성향이 아주 뚜렷했다.[5]

초기 미션스쿨은 이러한 선교 지향적 교육과 민족주의 교육을 바탕으로 불신 학생들을 받아 복음화시킴으로써 많은 복음 전도자들과 독립 운동가들을 양성하였다. 이로 인해 기독교인들이 세운 학교는 교회의 부흥에 기여했을 뿐 아니라, 민족의 복음화와 독립에도 크게 일조했다. 이렇듯 기독교인들이 세운 미션스쿨들은 신자들의 자녀만 받아 교육하는 기독교 학교와는 차이가 있었다. 왜냐하면 이 학교들의 건학 이념에는 선교의 기회를 얻고 복음전도자를 양성함은 물론, 애국자를 만들어내는 것이 목적이었기 때문이다.

우리나라의 초기 미션스쿨들은 기독교인을 개화시키는 일뿐 아니라 한국에 근대교육을 도입하게 하는 중요한 기능도 수행했다. 동양적 구태에서 벗어나 서양적 근대문명을 받아들이는 중심적 역할을 미션스쿨이 감당했던 것이다. 이러한 경향은 20세기 초기에 매우 강하게 나타났지만, 점차 미션스쿨로서의 정체성이 약화되면서 그 기능 또한 쇠퇴하고 말았다. 미션스쿨의 정체성이 약화된 첫 번째 이유로는 일제강점기에 있었던 미션스쿨에 대한 핍박을 들수 있다. 대표적 예로 일본은 신사참배를 강요하면서 이것을 거부하는 학교는 폐교시켰다. 따라서 학교를 유지하기 위해서는 어쩔 수 없이 신사참배를 해야했는데, 선교사들이 세운 몇 개의 학교를 제외하고는 수많은 학교들이 이에 복종하여 미션스쿨로서의 역할을 감당하지 못했던 것이다.

둘째로는 군부 독재 정권하에서 학교의 평준화를 인정하며 정부의 예산을 받아들인 것에 있다. 이로써 미션스쿨은 학교의 독립성을 잃고 선교적 기능이 약화되게 되었다. 셋째로는 학교의 민주화 운동에 의해 인본주의적 요소가 만연하게 된 것이다. 이는 미션스쿨의 선교적 기능에 많은 악영향을 끼쳤다. 비

---

5. 유대영, 『개화기 조선과 미국 선교사: 제국주의 침략, 개화자강, 그리고 미국 선교사』 (한국기독교역사연구소, 2004), 414.

록 선교초기에 세워진 미션스쿨들이 소위 유명한 대학교로 발전하긴 했으나, 현재 그 대학교들은 세속 학교와 별 차이가 없을 정도로 변질되고 말았다. 숫자만 보더라도 20세기 초와 비교했을 때 미션스쿨은 현저하게 미약한 상태이다. 현재 '한국기독교 학교연합회'에 소속된 미션스쿨은 131개 학교로 전체 학교의 1%정도에 불과하다.

오늘날 학교 평준화로 인해 입학생들이 무작위로 학교를 배정받아 미션스쿨에 오게 되는데, 따라서 이 학생들에게 특정 종교를 강요하는 것성경과목과 채플에 참석하도록 하는 것은 더 이상 불가능하게 되었다. 2004년에 전국적 관심을 끌었던 대광고등학교의 강의석 사건이 그 단적인 예라고 할 수 있다. 학생들은 남들이 강요하는 그 어떤 것도 받아들이려 하지 않는다. 자신과 다른 종교적 배경을 가진 학교에서 그들의 종교의식을 강요할 경우, 과거에는 좋은 환경과 교육에 만족하며 그냥 넘어갔지만, 지금은 그렇지 않다. 이렇듯 오늘날 미션스쿨은 강력한 현대 인본주의의 공격으로 인해 많은 상처를 받고 있다. 오늘날과 같이 변화된 시대에서 미션스쿨은 그 전략을 바꿔야만 했다. 하지만 미션스쿨은 학교 평준화에 타협한 이후 새로운 전략을 마련하지 못했다. 따라서 지금의 미션스쿨로서는 한국 개신교가 당면한 신앙교육의 총체적 문제를 해결하리라 기대할 수 없다. 우리에겐 새로운 전략이 필요하다.

6. 기독교 학교, 이 시대의 사명

　　지금의 미션스쿨은 이 시대의 교육 문제를 해결하지 못하는 태생적 한계를 지니고 있다. 그렇다면 한국 교회가 할 수 있는 것은 무엇일까? 이 책에서는 새로운 해답을 제시하고자 한다. 그 해답은 다름 아닌 기독교 학교로서, 지금까지 우리가 경험해 보지 못한 새로운 형태의 학교이다. 그러면 지금부터 이 시대 우리 사회에 왜 기독교 학교가 필요한지 알아보자.

　　이미 내리막길로 접어든 한국 개신교를 살릴 수 있는 길은 무엇일까? 이를 위해서는 먼저 한국 개신교의 문제를 정확히 진단해야 한다. 오늘날 한국 개신교는 우리나라가 선진국 대열에 들어서기도 전에, 과거 이스라엘 백성들이 가나안 땅의 부요함에 유혹되어 쉽게 세속화되었던 것처럼, 벌써 무너져 가고 있다. 기성세대의 이원론적 신앙 또는 혼합주의 신앙으로 인해 한국 개신교는 그 힘이 매우 약화되었다. 더군다나 그 동안 교회성장에만 관심이 있었던 개신교는 당장 눈에 띄지 않는 다음 세대에 대한 교육적 책임에는 소홀하였다. 이로 말미암은 한국 개신교의 뒷걸음질은 상당히 오래 지속될 것으로 보인다.

　　그렇다면 이러한 현실에 대한 대안은 무엇인가? 많은 교회들이 여러 가지 대안들을 내어 놓긴 하지만, 그것들은 대개 문제에 대한 진단이 잘못되었을 뿐만 아니라 대안 그 자체로서도 적절하지 못한 것이었다. 과연 한국 교회가 열심이 부족해서 좀 더 열심을 내야 하는 것일까? 아니면 한국 교회가 전도에 소홀했기 때문일까? 그것도 아니면 기도가 부족해서일까? 만약 이렇게 진단한다면, 대안은 그 부분을 강화하는 것이 될 것이다. 하지만 누가 보아도 한국 교회에 이 세 가지가 부족하다는 근거를 찾을 수가 없다. 오히려 한국 교회는 이 세 가지 부분에서 세계에서 둘째가라면 서러워할 것이다. 그렇다면 문제는 무엇인가? 그것은 바로 신앙교육의 부재라 할 수 있다. 가정 내 신앙교육의 부재는 물론, 좋은 기독교 학교가 없어 기독교 세계관으로 무장된 참된 제자들을 양성하지 못한 탓이다.

한국 교회는 그 동안 외형적인 성장에만 관심이 있었다. 전도·선교·교회 성장이 교회와 목사와 성도의 핵심 관심사였다. 이에 반해 교회와 성도의 내적 성숙과 성장에는 상대적으로 관심이 적었다. 특히 교회의 미래요 하나님 나라의 미래인 언약 백성의 자녀들을 교육하는 일을 중요하게 생각하지 않았다. 물론 언약의 자녀를 낳는 일에도 무관심했지만, 얼마 안 되는 낳은 자녀들조차 부지런히 신앙으로 가르치지 않았다. 매 주일 주일학교에서 신앙교육을 하고 있지만, 그것으로는 턱없이 부족하다.

무엇보다 먼저 가정에서 자녀들이 말씀으로 교육되어야 한다. 하지만 부모가 가정에서 자녀에게 신앙을 교육하는 문화가 한국 교회에는 형성되어 있지 않다. 대부분의 부모의 삶은 직장과 교회를 중심으로만 돌아갈 뿐이다. 그런데 이에 따른 가정교육의 부재는 자녀들을 또래집단으로 내몰게 된다. 이러한 부모들의 신앙에는 기복적인 목적으로 종교 활동에 헌신할 경우, 자녀들에게 세상적인 복이 허락될 것이라는 단순한 믿음이 깔려있다. 곧, 교회에서 열심히 전도하고 기도하면, 그들의 자녀의 신앙과 미래는 하나님께서 책임져 주실 것이라는 막연한 믿음이 있다. 또한 한국 교회에는 믿음과 행위가 분리된 이원론적 삶이 만연해 있어 구체적으로 성경 말씀을 실천하는 것은 등한시한다. 자녀 교육의 문제에서도 그러하다. 하지만 자녀를 신앙으로 교육하는 것은 절체절명의 명령이다.

그러면 어떻게 다음세대인 자녀들을 신앙으로 교육할 수 있을까? 나는 세 가지 영역에서 신앙교육이 가능하다고 생각한다. 첫째, 한국 교회는 자녀를 가정에서 신앙으로 양육할 수 있도록 교회사역의 방향을 바꾸어야 한다. 가정이 살아야 자녀가 살고, 자녀가 살아야 교회가 살고, 교회가 살아야 하나님 나라가 확장된다. 그러므로 무엇보다 먼저 기독교인의 가정이 살아야 한다. 아빠와 엄마가 새롭게 태어나야 한다. 부모들이 가정에서 자녀의 신앙교육에 진력할 수 있도록 목회자는 설교 가운데 권면하고 용기를 주어야 한다.

둘째, 부모는 자녀를 교육하는 데서 세속적인 지식교육보다 신앙교육을 더 우선순위에 두어야 한다. 오늘날처럼 좋은 대학에 보내기 위한 입시교육에 시간과 정력과 돈을 투자하다 보면, 늘 신앙교육은 뒷전이 되기 마련이다. 하지만 이러한 때일수록 기독교인 부모는 오히려 자녀들에게 가장 중요한 것이 신앙이며, 이 신앙에 근거해 세상을 바라보아야 한다는 것을 가르쳐야 한다. 이를 위해 가정에서 매일 가정예배를 드리면서 자녀들을 말씀과 기도로 양육하는 것이 좋은 방편이 될 수 있다. 한국 교회는 가정예배를 중요하게 생각하지 않는데, 사실 가정예배는 자녀를 교육하는 데 가장 좋은 방편이다. 자녀들을 신앙으로 양육하고 훈련하는 데 이보다 더 좋은 대책은 없다. 그러므로 먼저 가정예배를 회복시켜야 한다.

셋째, 기독교 학교를 많이 세워야 한다. 일반 공립학교는 기독교 세계관으로 학문을 가르치지 않는다. 비록 중립적인 가치관을 가르친다고는 하지만, 사실 그것은 인본주의 철학에 근거한 것일 뿐이다. 모든 만물과 지식은 하나님의 것이다. 그러므로 하나님을 가르치지 않는 지식은 결국 반기독교적인 것이라 할 수 있다. 공교육이 아무리 좋다 할지라도 그것은 기독교적인 가르침을 거부한다. 또한 공립학교가 아무리 종교의 중간지대를 가르친다고 해도, 사실

거기에는 무신론이라는 종교가 자리하고 있을 뿐이다. 무신론은 반기독교적이다. 결국 공립학교에서는 성도의 자녀들이 반신앙적인 훈련을 받을 수밖에 없다. 그러므로 자녀들에게 모든 과목을 성경적인 세계관으로 가르치는 학교가 필요한 것이다.

그런데 단순히 학교에서 예배를 드리고 성경과목이 학과목에 포함됐다고 해서 기독교 학교라고 보기는 어렵다. 앞에서도 말했듯이, 그런 학교는 미션스쿨에 해당한다. 하지만 오늘날 비기독교인 자녀들을 선교하기 위해 세워진 미션스쿨은 더 이상 본래의 기능을 수행하기 어렵게 되었다. 청소년들은 학교의 예배에 참석하고 성경을 배우라고 강요한다고 해서 호락호락 따라하는 아무것도 모르는 어린 아이들이 아니다. 그들은 무신론의 갑옷을 입고 민주주의라는 무기로 기독교에 대항한다. 최근 반기독교 단체들이 많이 생긴 것을 보면 알 수 있다. 앞으로 제2, 제3의 강의석이 계속 나올 것이다. 이러한 상황이기 때문에 기독교 학교가 더욱 절실하게 필요하다. 믿음의 자녀요 언약의 자녀들을 하나님 나라의 일꾼으로 양육하고 훈련할 학교가 필요한 것이다.

지금 공립학교에서 무신론적 또는 인본주의적으로 교육받는 신자의 자녀들의 생각, 사고방식, 그리고 마음은 비신앙적인 철학으로 물들어가고 있다. 이러한 그들을 하나님의 말씀으로 양육하는 것이 무엇보다 시급하다. 이를 위한 유일한 방법이 기독교 학교를 세우는 일이다. 기독교 학교는 믿는 부모가 신앙으로 자녀를 가르치라는 하나님의 명령을 올바로 수행하기 위해 필요한 수단이다. 기독교 학교의 교사는 기독교 세계관으로 무장된 신실한 기독교인이어야 한다. 그리고 교과목들은 기독교 세계관으로 조명되어야 하고, 학생들은 믿는 자의 자녀들이어야 한다. 또한 교육의 목적은 세상적인 입신양명이 아니라, 하나님 나라를 섬기고 신앙과 삶이 일치된 제자를 만드는 것이어야 한다.

1994년에 피터 차Peter Cha는 미국에 이민 온 한인 교회에 관한 충격적인 연구결과를 내놓은 적이 있었다. 한인 2세들이 대학을 졸업하고 경제적·정신적으로 부모의 품을 떠나 완전히 독립하는 시기에 그들 중 90%가 교회를 떠난다는 것이었다. 뉴욕시에 살고 있는 한인 성도들을 10년 동안 조사한 1997년의 연구결과에 따르면, 한인 1세대는 75%나 교회에 출석하는 데 비해, 2세대는 대학을 졸업하는 순간 5%밖에 교회에 출석하지 않는다는 통계도 있다.[1] 미국의 일반 기독교인의 자녀들 중에서 65%정도가 교회를 떠난다는 수치와 비교할 때 놀라지 않을 수 없다. 이는 미국에 거주하는 한국인 기독교인들이 모두 체감하고 있는 현상이다. 이렇게 가다가는 한국인이 있는 미국 내의 교회는 2~30년 후 흔적조차 없어질 것이다. 이것이 한국 교회의 미래를 보여주는 한 잣대일 수 있다. 한국 교회의 상황도 이와 크게 다르지 않아 보이기 때문이다.

미국의 미시간 주, 일리노이 주, 그리고 오하이오 주 주변에는 네덜란드계 이민자들이 모여 산다. 그들은 이민하여 정착한 후 먼저 기독교 학교를 세웠다. 이미 좋은 미국 공립학교들이 있었지만 정부의 지원도 받지 못하는 학교를 굳이 세워야 했던 이유는 신앙으로 자녀들을 교육하기 위함이었다. 그들은 기독교 학교를 세우고 유지하기 위해 시간과 재정과 노력을 투자했다. 그 전통이 지금까지 이어져 오고 있다. 이 지역의 기독교 학교 졸업생들은 고등학교를 졸업하고 대학에 가더라도 90%가 교회에 남는다고 한다. 60년대 이후에는 장로교회와 침례교회를 중심으로 수많은 교단들이 기독교 학교를 세우기 시작했다. 이는 공립학교의 반기독교화에 따른 자연스러운 현상이었다. 이처럼 교회가 적극적으로 기독교 학교를 세워 지금은 이 학교 출신들이 사회에 진출하고 있다. 장차 이들이 미국 교회와 나라를 말씀으로 이끌어갈 것이

---

1. 이 수치는 10년 동안 200명의 젊은 한국계 미국인들을 추적하며 연구한 Stephen Linton 박사와의 인터뷰 (1997년 1월 3일)에서 밝혀졌다. Karen J. Chai, 재인용. 각주 12번 참조, 325쪽.

다. 우리는 이와 같은 미국의 사례에서 교훈을 얻어야 한다. 물론 여기에는 여러 가지 요인들이 작용했을 수 있지만, 기독교 학교와 교회의 존립과 성장이 상관관계에 있음을 부인하기는 어려울 것이다. 이 부분에서 러쉬두니Lusus J. Rushduny의 말은 아주 시의적절하다고 볼 수 있다. "그러므로 기독교 교육과 기독교 학교는 기독교 신앙의 전수와 보급을 위해서 반드시 필요하다. 신실한 교회는 기독교 학교들이 없다면 오래 지탱되거나 번성할 수 없다."[2]

계속적인 성장과 부흥을 바라는 한국 교회가 살 길은 신앙을 다음 세대에 바르게 전수하는 것뿐이다. 그런데 이를 위해 가장 효과적 방법이 바로 기독교 학교를 세우는 것이다. 그러므로 기독교 학교는 선택이 아니라 필수이다. 단순히 오늘날 한국 공교육에 문제가 있기 때문에 대안학교를 세우는 것이 아니라, 공교육이 지닌 비신앙적인 특성 때문에 기독교 학교를 세워야 한다. 이처럼 현실의 문제를 제대로 진단한 후, 그에 맞게 올바른 학교를 세워야 한다. 문제를 잘못 진단하면 처방도 달라지기 때문이다. 좋지 않은 교육에 대한 대안으로 좋은 교육을 하기 원한다면, 그런 좋은 교육을 위해 필요한 대안학교를 만들게 될 것이다. 현재 한국에는 그런 대안학교들이 얼마든지 있다. 물론 기독교 이름으로 세워진 대안학교도 많다. 하지만 사실 그런 학교는 언약의 공동체가 신앙적 결단으로 세운 기독교 학교라고 보기에는 어렵다. 여호와를 경외하는 것이 지식의 근본이라고 고백한다면, 기독교 학교의 설립동기로서 신앙적인 동기 외에 무엇이 더 필요하겠는가?

그러면 왜 지금 한국에서 기독교 학교를 얘기해야 할까? 어떤 사람들은 기독교 학교를 귀족 학교라고 부르며 반대하기도 한다. 또 어떤 사람들은 기독교 학교가 학생들에게 성경만을 가르치고 공부는 시키지 않아 학력이 낮은 평

---

2. 루서스 J. 러쉬두니(Lusus J. Rushduny), 정선희 역, 『기독교 교육 무엇이 다른가?』 (꿈을이루는사람들, 2007), 144~145.

범한 별 볼일 없는 아이로 만들까봐 염려한다. 혹은 기독교 학교가 학생들을 사회와 문화로부터 고립시키는 것이 아닌가 걱정하기도 한다. 비싼 등록금을 차라리 선교하는 일과 구제하는 일에 사용하라며 기독교 학교 운동에 호의적이지 않은 사람들도 있다. 이런 비판은 대개 기독교 내부에서 일어나는 것으로, 대부분 복음주의 기독교인들의 생각이 이와 같다.

기독교 학교의 역사가 100년이 넘는 북미에서도 최근 포스트모던적 다원주의 사회가 대두되면서 기독교 학교의 존재 자체에 대해 의문을 제기하는 사람들이 많아졌다. 미국의 예일대학교 기독교 철학 석좌 교수인 월터스토프N. Wolterstorff는 이런 북미의 최근 변화에 대해 두 가지 이유를 제시한다.[3] 첫째는 무엇보다 기독교 학교가 그것의 설립과 운영에 대한 분명한 이유와 명분을 상실했기 때문이다. 초기에 가졌던 기독교 학교 공동체의 합의가 지금은 더 이상 유지되지 않고 있다. 둘째는 기독교 학교 구성원들이 그들의 독특한 삶의 양식을 상실해 버렸기 때문이다. 그들은 초기에 지녔던 세속 사회에 대한 '대항정신againstness'을 모두 잃어버린 채, 그 자리를 일반적 '미국정신Americanism'으로 채우고 있다. 물론 현재 미국 기독교 학교는 대부분 재정적으로 정부의 지원을 받지 못하고 있다. 하지만 월터스토프는 이 점을 안타까워하면서도, 이것이 기독교 학교의 근원적인 문제라고 생각하지 않는다. 문제는 돈이 아니라 내부로부터 공격해 오는 세속화의 도전이라고 그는 진단한다.

그러면 이렇게 세속화된 시대를 살아가는 젊은이들에게 필요한 것은 무엇일까? 한마디로 말하자면, 다시 말씀으로 돌아가는 것이다. 진지하게 성경을 읽으며 세상을 향한 하나님의 뜻을 묻는 사람들이 필요하다. 과거 수많은 믿음의 선배들이 이 일을 위해 노력했다. 따라서 그들의 신앙의 유산을 다시 찾

---

3. 신영순, 『니콜라스 월터스토프(Nicholas P. Wolterstorff)의 기독교 교육 사상에 관한 연구』 (고신대학교 교육학 박사 학위 논문, 2004), 171~182.

아 보수하고 재건하는 노력이 무엇보다 필요하다. 이 일을 교육을 통해서 시작할 수 있다. 물론 교육은 백년대계百年大計이다. 인간의 변화와 개혁은 하루아침에 이루어지지 않기 때문이다. 그런데 한국 교회는 지금껏 진정한 기독교 학교를 가져 본 경험이 없다. 다만 개신교가 처음 한국에 전파될 때 시작된 복음전도를 위한 미션스쿨만이 있을 뿐이다. 하지만 현재 이런 학교들은 대부분 세속화되고 말았다. 유명한 미션스쿨연세대학교·이화여자대학교 등들은 더 이상 본래의 역할조차 제대로 감당하지 못하고 있는 실정이다.

무너진 한국 개신교회를 다시 회복시키기 위해서는 기독교 교육을 통해 다음 세대에서 그 열매를 기다리는 방법밖에 없다. 지금 한국 교회에는 교육을 통한 신앙의 혁신이 필요하다. 이를 위해 특히 기독교 학교가 절실히 필요하다. 한국 선교 초기에 수많은 미션스쿨이 한국 교회와 사회를 성장시켰던 것처럼, 지금 다시 기독교 학교가 한국 교회와 사회에 이러한 역할을 감당해야한다. 이러한 소망을 가지고 기독교 학교 운동을 시작해야 한다.

한국에 소위 대안교육으로서의 기독교 학교가 생겨나기 시작한 지도 벌써 20년을 넘어가고 있다. 2020년 현재에는 300개 정도의 기독교 대안학교가 이미 세워졌고 운영되고 있다. 그러나 아쉽게도 기독교 학교가 처음 생겨날 때의 열정이 다소 수그러든 감이 없지 않다. 기독교 학교의 운영에서 이런저런 문제와 어려움을 겪은 탓도 있음을 부정할 수 없다. 실제로 적지 않은 기독교 대안학교가 학생 모집에 어려움을 겪고 있다. 일반 공립학교도 혁신학교 제도를 통해 대안교육을 시도하고 있다. 공교육에서 보이는 긍정적인 변화가 기독교 대안학교의 성장에 브레이크 역할을 하고 있기도 하다.

하지만 이러한 어려움들 속에서도 기독교 학교는 그것의 정체성을 찾아가며 정착되어갈 것이라고 확신한다. 기독교 학교의 필요성은 무궁무진하다. 부모들은 여전히 자녀들이 입시위주의 교육으로부터 탈출하기를 원하며, 집중적으로 신앙교육을 받기를 원하고, 공교육에서 해 주지 못하는 전인적인 교육을 받기를 원하고 있기 때문이다. 교회의 입장에서도 교회교육이 붕괴하면서 기독교 학교의 노하우를 필요로 하며 요청하고 있다.

나아가 1세대 기독교 학교 졸업생들이 다시 기독교 학교로 돌아와 교사로 지원하는 경우도 생겨나고 있다. 따라서 아마도 한 세대가 지나면 기독교 학교는 안정을 찾을 것이며 탄탄대로가 열릴 것이라고 믿는다.

이야기 셋

기독교 학교의 기초

앞에서 다룬 논의를 통해 우리는 한국 개신교회의 문제를 해결하기 위한 가장 적절한 방법은 다음세대를 책임질 언약의 자녀들을 신앙으로 잘 교육하는 것임을 알게 되었다. 그리고 이를 위해 무엇보다 기독교 학교가 절실히 필요하다는 것도 깨닫게 되었다. 그렇다면 무턱대고 기독교 학교를 시작하기만 하면 되는 걸까? 그렇지 않다. 사실 이 부분은 생각만큼 그렇게 간단한 문제가 아니다. 무엇보다 기독교 학교를 어떤 기초 위에 세우느냐가 매우 중요하다. 그 기초가 튼튼하지 못하면, 기독교 학교 교육은 쉽게 무너져 버리고 그 본래의 목적을 달성하지 못한 채, 세속적인 학교로 변질될 가능성이 많기 때문이다. 그래서 이번 장에서는 기독교 학교의 원리적 기초가 되는 부분에 대해 살펴보려 한다.

1. 새로운 대안, 개혁신앙!

기독교 학교의 기초가 되는 원리 중 가장 기본이라 할 수 있는 것이 신앙이라는 사실은 누구도 부인하지 않을 것이다. 다만 문제는 그 신앙의 색깔이 무엇이냐 하는 것이다. 대체로 복음주의적 경향을 지닌 성도들은 학교를 영적 영역에 포함시키지 않는다. 그래서 기독교인들이 적극적으로 개입해야 할 부분이 아니라고 생각한다. 그나마 학교를 영적으로 생각할 경우 미션스쿨만을 떠올린다. 그러나 학교를 단순히 전도를 위한 도구가 아니라 하나님의 통치 영역에 포함시키며, 나아가 기독교 학교를 언약의 자녀들을 교육하는 하나님의 도구로 생각하는 것은 종교개혁자 칼뱅이 주장한 개혁신앙에 근거한다. 이 개혁신앙이야말로 이 시대의 한국 교회를 향한 새로운 대안이 아닐 수 없다. 따라서 여기서는 먼저 기독교 학교의 근거가 되는 개혁신앙에 대한 기본 원리들을 살펴보려고 한다.

지금까지 한국 기독교는 장로 대통령을 세 명이나 배출했다. 하지만 이들은 희생과 사랑과 공의를 정치에 접목하는 데 성공적이지 못했다. 반기독교 단체들이 공공연하게 기독교에 딴죽을 거는데, 물론 그들의 주장에는 어처구니없는 것도 많지만, 때로 한국 복음주의 교회의 맹점을 정확히 지적하는 것들도 있어 그것에 귀 기울여야 할 필요도 있다. 이제 한국 교회는 복음주의를 극복할 수 있는 새로운 틀이 필요하다. 세계적 선교학자이면서 30번 이상 한국을 다녀간 랄프 윈터Ralph Winter 박사는 선교 강국으로 약진하고 있는 한국 교회에 대해 이렇게 직언한 바 있다.

가장 큰 도전은 교회가 선교를 과소평가하는 것에 있습니다. 선교가 세상에 참여하는 데까지 이르지 못하고 단지 복음전도와 개인적 구원에만 한정되어 있는 게 가장 큰 도전입니다. 기독교가 삶의 방식이 아니라 하나의 종교가 되고 있다는 게 가장 큰 문제이지요. 하나님과 이웃을 섬기는 일이 약화되고 있습니다. 하나님 나라를 세상 속에 실현하려는 노력이 우선되어야 합니다.[1]

그런데 이런 관점은 복음주의에서는 좀처럼 발견하기 어렵다. 복음주의는 세상을 하나님 나라로 보는 관점이 부족하다. 달라스 윌라드Dallas Willard는 『잊혀진 제자도』라는 책에서 현대의 많은 기독교인들을 '뱀파이어 그리스도인'이라고 풍자했다. 뱀파이어 그리스도인이란 "당신의 피가 조금 필요합니다. 하지만 저는 당신의 학생이 되거나 당신의 성품을 닮을 마음은 없습니다. 솔직히 제가 인생을 즐기는 동안 좀 못 본척해 주시렵니까? 천국에서 뵙겠습니다."와 같은 신앙을 가진 사람을 말한다. 하지만 오늘날 세상에는 개인적인 영성만이 아니라 세상을 향한 균형 잡힌 영성을 가진 기독교인을 필요로 한다. 그러한 기독교인은 이웃과 세상을 향한 시각을 제공하는 신앙적 틀을 가졌는데, 이것이 바로 개혁신앙이다. 이러한 개혁신앙이 복음주의의 약점을 극복할 수 있는 틀이라 할 수 있다.

---

1. 국민일보 2008년 5월 22일(목) 제5971호 기사 "의미 없는 단기선교보다 부정부패 척결 앞장서야"

1. 개혁신앙의 역사적 배경

일반적으로 한국에는 '개혁주의'라는 용어가 널리 사용된다. 본래 '개혁주의'의 영어 표기는 'Reformed'인데, 이 단어는 16세기 종교개혁의 배경을 전제로 하는 역사적 의미를 함축하고 있다. 이에 대한 적절한 한글 번역은 '개혁된'이지만, 원래의 뜻에 가장 근접한 용어를 찾자면 '개혁'이 좋겠다. 본래 '개혁주의'는 계속적인 개혁의 의미를 함께 담고 있다. 따라서 '개혁'이라는 용어에는 '개혁하는reforming'이라는 적극적인 의미도 포함될 수 있기 때문에 '개혁주의'보다 '개혁'이라는 용어로 통일해 사용하는 것이 좋을 것 같다.

기독교 신앙에는 다양한 색깔이 있다. 즉, 기독교라는 이름으로 존재하는 수많은 종파는 각기 종파마다 그 강조점이 다르다는 것이다. 전통적인 신앙에 불만을 품고 개혁하겠다고 나서는 무리들은 늘 그들 스스로 '개혁신앙'을 부르짖기도 한다. 그러나 전통적으로 '개혁신앙'이라는 단어는 16세기 로마 가톨릭교회로부터 개혁한 교회가 가진 신앙 체계를 말한다. 처음 이 용어는 종교개혁 무리 전체를 포함하는 것으로 사용되다가, 16세기 말경에는 루터와 칼뱅을 중심으로 하는 교회에만 사용하게 되었다재세례파와 자유주의자들은 제외. 그리고 이후 성만찬 논쟁을 거치면서 이 용어는 칼뱅주의자들의 교회에만 적용되게 되었다.[2] 그러므로 루터교회와 칼뱅의 신앙을 따르는 교회를 넓은 의미에서 개혁교회라고 부를 수도 있지만, 좁은 의미에서는 칼뱅의 신앙을 따르는 무리만을 개혁교회라 부른다.

칼뱅주의는 루터교회와 본질적으로는 같지만, 강조점에 있어서 차이가 있다. 루터의 관심은 "내가 어떻게 하나님의 진노를 피하고 구원 받을 수 있을

---

2. M. E. Oosterhaven, *The Spirit of the Reformed Tradition* (Grand Rapids, 1971), 171~176.

까?"에 대한 것이었고, 그의 대답은 "믿음으로 말미암아 의롭게 되고 구원받는다."였다. 그런데 칼뱅은 이러한 루터의 관심에서 한 걸음 더 나아갔다. 칼뱅은 "하나님께서 어떻게 영광을 받으셔야 할까?"에 관심을 가졌다. 즉, 그의 관심은 인간의 구원이 이신칭의理信稱義로 말미암는 데에서 더 나아가 하나님의 영광을 위한 영역으로까지 넓혀지는 것이었다. 이러한 차이는 교회의 역사 가운데서 확연하게 드러났다. 인간 개인의 구원에 대한 루터의 관심은 오늘날 복음주의가 이어받았다면, 하나님의 영광에 대한 칼뱅의 관심은 개혁신앙이 유산으로 물려받았다.

현재 개혁교회로는 독일과 독일어권의 스위스 개혁교회Reformierte Kirche, 네덜란드 개혁교회Hervormed or Gereformeerde Kerken, 프랑스 개혁교회Eglise Reformee, 헝가리 개혁교회, 루마니아 개혁교회, 폴란드 개혁교회, 남아프리카 공화국 개혁교회, 그리고 이들 나라에서 이민 간 사람들이 세계 각 곳에 세운 교회들이 있다. 호주, 뉴질랜드, 캐나다, 미국, 일본 등에도 개혁교회가 있다. 개혁교회는 주로 유럽 대륙에 산재해 있는 교회들이 지닌 유산이다. 이 교회들은 전통적으로 칼뱅의 신학을 신앙고백으로 채택해 삶에 적용한다. 이러한 칼뱅주의는 스코틀랜드, 영국, 아일랜드의 장로교회로 퍼져 나갔는데, 동유럽의 교회들까지 합하면 전 세계적으로 2천 5백만 명 이상의 기독교인들이 칼뱅주의를 따른다.[3] 지금은 미국에서 세 번째로 큰 교회가 개혁교회와 장로교회이며, 아시아·아프리카·라틴 아메리카의 가장 큰 개신교 교단들 중에도 개혁교회가 있다.

이제 칼뱅주의적 개혁교회는 더 이상 유럽에만 국한되지 않는다. 심지어 침례교회·성공회·회중교회에도 칼뱅주의적 신앙을 가진 사람들이 많이 있다. 침

---

3. J. Hesselink, 24.

례교 신학자 스트롱Augustus H. Strong은 유명한 칼뱅주의적 신학자이다. 유명한 칼뱅 연구가 베틀즈F. L. Battles 역시 회중교회의 배경을 가진 사람이다후에 그는 개혁교회로 들어왔다. 또 유명한 칼뱅 연구가들인 휴즈P. Hughes, 패커J. I. Packer, 파커 T. H. L. Parker 등은 성공회 신학자들이다. 최근에는 존 파이퍼John Piper 같은 자들이 침례교 목사이면서도 칼뱅주의적 신앙을 따르고 있다. 이처럼 칼뱅주의 신앙 혹은 개혁신앙은 더 이상 어느 한 교회에만 국한된 개념이 아니다.

그러면 이제 칼뱅주의적 신앙의 관점에서 '개혁신앙'을 살펴보자. 칼뱅의 신앙을 바탕으로 하는 개혁신앙은 어떤 특징을 가지고 있을까? 개혁신앙이 총체적 체계이기에 그것을 한 마디로 말하는 것은 불가능하지만, 그럼에도 '하나님 중심'과 '하나님의 절대 주권'이라는 두 가지 주제로 이를 설명해 볼 수 있다.

2. 하나님 중심

하나님을 믿는 사람에게 그가 하나님을 중심으로 생각하지 않는다고 말한다면 대부분 강력하게 부인할 것이다. 그러나 실제로는 삶과 신앙에서 차이가 나는 경우가 많다. 하나님을 믿으면서도 그 중심이 어디에 있는지에 따라 분명하게 차이가 난다. 이런 점에서 개혁신앙은 하나님 중심의 신앙과 생활을 잘 견지한다고 하겠다.

예를 들면, 구원론에 있어서 개혁신앙은 철저하게 하나님 중심이다. 어떤 사람들은 구원이 인간의 의지에 의해서 결정된다고 믿는다. 하지만 개혁신앙은 구원을 하나님께서 그리스도 안에서 주도적으로 이루시는 사역이라고 믿는다. 따라서 전자는 인간이 하나님의 은혜를 거절할 수 있다고 믿는 데 반해,

후자는 하나님의 은혜는 불가항력적이라고 믿는다. 개혁신앙의 '중생'의 개념을 살펴보면, 이 차이가 더 분명하게 드러난다. 많은 부흥사들이 성도들에게 '중생해야 한다'고 설교한다. 하지만 개혁신앙적 입장에서 볼 때, 중생은 인간 스스로 할 수 있는 것이 아니다. 중생은 다시 태어나는 것이기 때문이다. 인간 스스로가 뱃속에 들어가 다시 태어날 수는 없다. 이는 오직 하나님께서만 하실 수 있는 일이다. 요한복음 4장의 예수님과 니고데모의 대화에서 알 수 있듯이, 이는 또한 성령님의 역사로만 가능한 일이다. 따라서 인간은 믿음으로 구원을 얻지만, 그 근원은 하나님께 있다는 사실을 깨닫게 된다. 즉, 구원을 위한 믿음조차 하나님의 선물이라는 말이다엡2:8. 왜냐하면 성령님의 역사 없이는 누구도 예수님을 주님으로 고백할 수 없기 때문이다고전12:3.

성경은 하나님의 전능하심과 인간의 책임, 하나님의 선택과 인간의 의지를 모두 언급한다. 그런데도 어떤 사람들은 구원을 위해 힘써 노력하라고 권면한다. 바울이 빌립보 성도들에게 "두렵고 떨림으로 너희 구원을 이루라"빌2:12고 권면한 것 역시 구원의 책임이 마치 인간에게 있는 것처럼 보이게 한다. 그러나 바울은 이어지는 13절에서 구원의 진정한 근원에 대해 이렇게 선포한다. "하나님이 너희 속에 일하시고, 자기의 기쁘신 뜻을 위하여 너희로 소원을 두고 행하게 하시나니."[4] 이는 구원이 인간의 일이기 이전에 철저하게 하나님의 사역임을 분명하게 보여 준다.

이렇게 개혁신앙은 구원을 위해 하나님께서 행하신 일에 관심을 갖는다. 개혁신앙에서 하나님 중심적 신앙 양태를 보여주는 또 다른 예가 '유아세례'다. 유아세례를 반대하는 입장은 침례교가 대표적이다. 이들은 유아세례가 의미 없다고 주장한다. 왜냐하면 신앙은 당사자 스스로가 고백할 때만 의미가

---

4. J. Hesselink, 132.

있다고 믿기 때문이다. 그러나 개혁신앙은 유아의 구원이 자신의 믿음을 통해서 이루어지지만, 그 이전에 궁극적으로 하나님의 주권적 은혜로만 가능하다고 믿는다. 할례가 언약에 근거한 것처럼, 유아 세례 또한 언약의 백성임을 표시하는 것이기에 '너와 네 자손'에게 주시는 하나님의 약속을 인치는 것으로서의 의미를 가진다고 본다. 성경은 에베소서 2장 5절에서 "은혜로 너희가 구원을 받았나니"라고 분명하게 말하고 있다. 이 은혜가 언약의 관점에서 믿음의 자손인 유아에게도 주어질 것을 믿고 세례를 주는 것이다. 하이델베르크 요리문답도 이 점을 분명하게 기술한다. "동시에 참된 믿음이란 그리스도의 순전한 은혜로 말미암아 다른 사람뿐만 아니라 나도 역시 죄를 용서받았고 하나님 앞에서 영원히 의롭게 되었으며 구원받게 되었다는 확고한 확신입니다."

하이델베르크 문답 21

　이러한 하나님의 주권적 은혜는 개인적인 구원에만 미치는 것이 아니라 우주적인 차원에까지 연결된다. 하나님의 주권은 우주의 장소와 시간을 뛰어넘는다. 우주의 중심은 인간이 아니다. '인간이 만물의 척도'라고 말하지만, 이는 성경적인 것이 아니다. 포스트모더니즘의 시대에서 살아가는 현대인들에게는 절대적인 진리란 존재하지 않는다. 그들에게 믿을 것이 있다면 자신 속에 있는 자아뿐이다. 그러므로 현대인들에게 우주의 중심은 인간 자신이다. 그러나 개혁신앙은 이러한 세계관을 거부한다. 우주의 중심은 인간이 아니라 하나님이시다. 하나님만이 온 우주의 주인이고 왕이시다. 우주는 하나님의 뜻에 의해서 움직인다.

3. 하나님의 절대 주권

복음주의에서는 성聖과 속俗의 이원론이 극명하게 드러난다. 세상은 불타 없어질 것, 또는 파선되어 가라앉고 있는 난파선과 같다고 본다. 그래서 복음을 소유한 교회는 구조선과 같이 물에 빠져 허덕이는 불쌍한 영혼들을 구원하는 일에 관심을 기울인다. 그러나 이러한 성과 속의 구분은 극복되어야 할 과제이다.[5] 성과 속의 이분법적 모델은 특히 기독교 공동체에서 확립되어 온 직업의 위계질서에 대한 관점에서 두드러지게 나타난다. 즉, 해외선교사, 목사, 전도자, 선교단체 종사자, 그리고 기독교 학교 교사들에 대해서는 '기독교적 전담 사역자full time christian workers'라고 생각하는 반면, 농부, 의사, 주부, 배관공, 그리고 판매원들에 대해서는 '세속적인 직업을 가진 사람'이라고 생각한다. 때문에 복음주의자들은 종교적 직업에 종사하는 사람들을 더 중요하고, 더 영적이며, 하나님을 더 기쁘게 하는 사람들로 생각한다.

그러나 개혁신앙은 다르다. 개혁신앙은 그리스도를 단지 우리의 영혼을 구원하시는 분으로만 생각하지 않고, 나아가 만물의 창조자, 구속자, 그리고 세상을 다스리시는 만왕의 왕이라고 고백한다. 그리고 이러한 그리스도의 구원과 왕 되심을 기독교인들이 활동하는 모든 창조의 영역에서 표현되도록 한다. 기독교인들이 살아가는 세상의 모든 직업에서 하나님의 통치가 이루어져야 한다고 본다. 이런 의미에서 모든 기독교인들은 다 '전임 기독교 사역자들'로 부름을 받은 자들이다. 모든 직업이 그리스도의 주권이 성취되어야 하는 사역지요 선교지인 것이다.

칼뱅주의자는 모든 현상의 배후에서 하나님을 발견하며, 기도하는 태도로

---

5. 신영순, 『칼빈 사상의 현대적 영향: 나의 마음을 주님께 바칩니다』 (고신대학교 출판부, 1995), 109.

전 생애를 살아가며, 구원 문제에 있어서 자신을 의존하지 않고 하나님의 은혜만을 전적으로 의지하는 사람들이다. 구원은 실제로 십자가를 통한 그리스도의 사역과 우리의 삶에 대한 그분의 사역이 적용되는 것과 관계가 있다. 그리스도의 구원사역을 통하여 하나님께서는 만물을 자신과 화목케 하셨다골 1:20. 그러므로 구원은 온 세상을 향한 회복을 의미한다. 따라서 기독교인은 모든 것, 곧 산업과 상업의 영역까지도 하나님께 속한 것이라고 생각하고, 하나님을 위하여 이 영역을 최대한 발전시켜야 한다. 그러기에 사업 또한 세속적인 것이 아니라 하나님의 소명calling이 된다. 직업은 경건한 삶과 연결된다. 검소, 절약, 정직, 성실과 같은 사업적인 미덕들을 통해 온 세상을 향한 그리스도의 주권과 구속을 나타낼 수 있다.

그런데 안타깝게도 한국 교회에는 이러한 개혁신앙의 세계관이 깊이 뿌리박히지 못했다. 그보다 한국 교회는 19세기 말 전 세계를 휩쓸었던 복음주의 성령 운동의 영향 아래 있다. 그러다 보니 교회는 신성한 반면, 세상은 세속적이라고 생각하는 이원론적 경향이 강하다. 이런 환경에서는 삶 전체가 종교요 예배이며 기도라는 성경적 진리를 충분히 강조하지 못한다. 따라서 한국 교회는 설교와 성경공부 등 다양한 기회를 통하여 성도들에게 개혁신앙의 기본 개념과 원리, 기독교적 세계관·사회관·문화관 등을 가르쳐야 한다. 그럼으로써 그들로 하여금 창조주요 구속주이신 그리스도의 가르침을 실제생활에 구체적으로 적용할 수 있도록 해야 한다. 또한 정치·경제·사회·문화 모든 분야에서 기독교인으로서 빛과 소금의 역할을 감당하도록 해야 한다.

개혁신앙의 세계관에서는 기독교 학교에서 가르치는 모든 교과목이 썩어질 세상의 것이 결코 아니다. 오히려 구원 받은 성도들로 말미암아 국어·수학·과학·언어·사회·미술·음악·체육 등 모든 교과목은 새로운 의미를 지니게 된다. 즉, 인간의 타락으로 말미암아 왜곡된 학문들을 바르게 회복시켜야 할 의무가 기독교인들에게 있는 것이다. 그러므로 기독교 학교는 단순히 학교 과목에 성경이나 채플 시간을 넣는다고 해서 그 모양새가 갖추어지는 것이 아니다. 그보다 모든 교과목을 기독교적 세계관에서 가르치는 곳이 되어야 한다. 이러한 점에서 기독교 학교는 큰 의미를 지닌다. 다시 말하지만, 기독교 학교는 미션스쿨처럼 단지 전도와 선교만을 위해 존재하지 않는다. 오히려 기독교 학교는, 개혁신앙적 세계관에서 볼 때, 새로운 피조물인 기독교인으로 하여금 신음하고 고통하는 우주 만물을 다스리도록 가르치고 지도하는 일을 하는 곳이다. 또한 세상으로 하여금 기독교인들의 변화되고 회복되는 삶을 보고 그 소망에 대해 물으며 "다니엘의 하나님은 과연 살아계시다"단6:26~27라고 고백하게끔 하는 곳이다.

2. '나라가 임하시오며'

한국 교회는 '하나님 나라'에 대한 관심이 적다. 반면, 교회에 대한 관심은 대단히 크다. 사실 우리가 구현해 가야 하는 하나님 나라는 교회의 영역보다 훨씬 넓고 크다. 그런데 이런 측면은 교육에 대한 한국 교회의 태도에도 영향을 미친다. 즉, 한국 교회는 교회에서 하는 주일학교에만 관심을 두고, 학교 교육은 세상에 맡겨 버린다. 우리는 자주 주기도문을 하면서 '나라가 임하시오며'를 구하지만, 실상은 이에 무관심하다. 그래서 여기서는 이 하나님 나라에 대해 살펴보려 한다. 하나님 나라에 대한 관심이 곧 교육에 대한 관심을 불러일으킬 것이다.

한국 복음주의 개신교는 하나님 나라에 별로 관심을 기울이지 않았다. 성도들로 하여금 세상에 나가 하나님 나라를 이루도록 해야 하는데, 그렇지 않고 오히려 교회 안으로만 끌어들였다. 이로써 성도들의 삶의 영역을 교회 안으로 제한시키고, 하나님 나라를 교회의 포로로 만들어 버렸다. 이에 반해 해방신학이나 민중신학은 하나님 나라에 많은 관심을 기울였다. 그들은 정치, 경제, 사회, 문화는 물론 가난한 자, 억압받는 자, 약한 자들에 대해 구체적인 관심을 가졌고, 이 땅에 하나님 나라를 이루려고 노력했다. 하지만 하나님 나라에 대한 이들의 관심은 초월적 하나님이 제외된 그들만의 것이라는 데 문제가 있었다.

성경은 예수님께서 교회를 세우시기 전에 먼저 하나님 나라를 선포하셨음을 보여 준다. "예수께서 비로소 전파하여 가라사대, 회개하라! 천국이 가까웠느니라."마4:17 예수님께서는 주기도문을 가르쳐 주시면서 교회를 구하지 않고 하나님 나라를 위해 기도하셨다마6:10, "나라가 임하시오며……". 또한 예수님께서는 제자들에게 "너희는 먼저 그의 나라와 그의 의를 구하라"마6:33고 하셨다. 여기에서 '나라'는 '하나님 나라'를 의미한다. 예수님께서 선포하셨던 하나님 나라는 교회의 개념보다 훨씬 넓은 것이었다. 오히려 교회는 하나님 나라의 일부에 해당한다. 교회는 현존하는 하나님 나라의 모습이요 앞으로 오게 될 하나님 나라의 도구이며 그 결과이다.[1] 따라서 교회는 궁극적으로 임하게 될 하나님 나라를 향해 나아가야 한다.

교회는 본질적으로 현재성을 가지지만, 하나님 나라는 현재와 미래를 모두 포함한다. 하나님 나라는 이미already 세상에 임했지만, 아직 완전히 임한 것은 아니다not yet.[2] 이러한 현재와 미래의 긴장을 지닌 하나님 나라는 예수님의 성육신과 함께 이 세상에 임했다. 하나님 나라는 교회의 말씀 선포를 통하여 더욱 역동적으로 이루어진다. 하지만 하나님 나라는 교회만이 아니라 가정·정당·국가·학교·광고·군대·병원·학문 등과 같은 구체적인 영역들을 통해서도 이루어진다. 교회의 말씀 선포로 인하여 예수님을 구주로 고백한 성도들이 하나님의 백성으로서 각 삶의 영역에서 하나님의 통치와 주권을 인정하고 말씀을 구체적으로 적용하며 살아갈 때, 하나님 나라가 세워지고 확장되는 것이다.

그런데 오늘날 많은 기독교인들이 교회를 하나님 나라와 동일시한다. 또한 세상에서의 삶은 고통 받고 저주받은 삶일 뿐이라고 생각한다. 이것은 대표적인 이원론으로, 세상에 대한 하나님의 통치를 인정하지 않는 것이다. 이원론의 기원은 멀리 그리스와 로마의 정신세계에서 찾을 수 있는 것으로, 서구 문화에도 깊이 뿌리 박혀 있다. 이러한 경향은 기독교 안에서도, 특히 복음주의 가

---

1. 유해무, 『개혁교의학』 (크리스찬다이제스트, 1997), 543~547.
2. George Eldon Ladd, 원광연 역, 『하나님 나라: 하나님 나라의 복음』 (크리스찬다이제스트, 1997), 25~51.

운데서 많이 발견된다.[3] 그들은 복음으로 영혼을 구원하는 데만 열심이지, 하나님 나라를 세상 가운데 이루는 것에는 별로 관심이 없다.

이에 비해 개혁신앙을 가진 사람들은 이러한 이원론을 거부하고 하나님 나라의 확장을 위해 노력한다. 그 대표적인 인물이 아우구스티누스와 칼뱅이다. 그리고 여기에 또 한 명을 덧붙일 수 있는데, 그가 바로 세계적인 개혁신학자요 네덜란드 자유대학교의 창시자인 아브라함 카이퍼A. Kuyper이다. 그는 모든 세상의 영역에 하나님 나라와 하나님의 주권이 임해야 한다고 선포하고, 암스테르담에 자유대학교Free University를 만들었다. 그는 전 우주에 하나님의 통치가 이루어지지 않는 곳이 한 치도 없다는 '영역주권Souvereiniteit in eigen kring' 사상을 삶에 적용하려 노력했다. 즉, 하나님 나라는 교회뿐만 아니라, 가정·직장·정치·경제·사회·문화에서도 이루어져야 한다는 것을 구체적으로 실천하려 했다.[4] 목사요 신학교 교수였던 그는 정치에까지 진출했고, 결국 몇 번이나 수상을 역임하면서 하나님 나라의 실천을 온몸으로 보여 주었다.

교회를 하나님 나라와 동일하게 보는 경우, 기독교 교육은 교회교육 안에 갇히게 된다. 더군다나 오늘날 교회는 주일학교Sunday school 교육에만 관심을 기울일 뿐, 다른 일반 공교육에는 아무런 관심을 기울이지 않는다. 관심을 기울인다 해도, 단지 복음 전도를 위하여 미션스쿨을 만들고 유지하는 정도일 뿐, 학교에서 가르치는 학문에 하나님의 통치가 이루어지도록 하는 것에는 관심이 없다. 물론 학교 행정에 하나님의 통치가 이루어지게 하는 것에도 별 관

---

3. 임경근, 「한국 교회와 개혁신앙」, 『SFC 간사저널』 (2007년 겨울호), 3-8을 참조하라.
4. 그는 네덜란드 암스테르담에 1880년 사립으로 자유대학교를 세웠다. 이 대학교는 정부와 교회의 간섭으로부터 '자유'하고, 오직 하나님의 간섭만 인정하겠다고 했다. 그는 모든 삶에 그리스도의 주권이 미치도록 신학, 언어학, 법학으로 시작했고, 기독교 종합대학교로 발전시켰다. A. Kuyper, *Souvereiniteit in eigen kring: rede ter inwijding van de Vrije Universiteit den 20sten October 1880 gehouden, in het Koor der Nieuwe Kerk te Amsterdam* (Amsterdam, 1880).

심이 없다. 직장에서 성경적으로 일하고, 정치에서 기독교 세계관에 입각해 정의를 추구하는 것이 하나님 나라의 일이라고 생각하지 않는다. 오히려 세상은 세상 사람들이 알아서 할 영역이라고 생각한다. 이처럼 하나님 나라는 교회 안에 갇힌 채, 기독교인들이 6일 동안 살아가는 삶의 현장과는 상관없는 것이 되어 버린다. 그런데 이러한 현상의 배후에는 성과 속을 분리하는 이원론이 자리하는 것으로, 중세의 로마 가톨릭교회가 하나님 나라를 포로로 잡아 놓았던 것과 같은 꼴이다. 그러므로 지금 한국 교회가 시급히 회복해야 할 것은 하나님 나라 관점에서 교육에 눈을 뜨는 것이다.

교회는 하나님 나라를 확장하기 위한 전초기지이다. 그런데 현재 한국 교회는 모든 신앙생활이 교회 중심으로만 이루어진다. 성경은 '골방기도'와 '가정예배'를 가르치지만, 한국 교회는 교회에서 이루어지는 예배와 기도회만 강조한다. 교회는 가정 안에서 가족과 친지와 이웃을 섬기고 전도하도록 가르치기보다는 멀리 세계 선교를 위해 파송하는 것에만 열심이 있다. 교회의 온갖 예배와 기도회와 프로그램을 따르다 보면, 정작 하나님 나라를 위한 그리스도의 부르심을 등한시할 수밖에 없게 된다. 교회의 공적 모임만 해도 주일오전예배·주일오후예배·매일 열리는 새벽예배·수요기도회·금요철야기도회·금요일마다 모이는 구역목장·속회모임 등 엄청나다. 거기다 전도 집회나 특별새벽기도회, 그 외 각종 교육 프로그램에 참여하다 보면, 평생을 배우고 모임에 참석해도 시간이 부족할 지경이다. 듣고 배우는 내용은 너무 많은데 비해, 정작 실천은 너무나도 적은 것이 현실이다. 그러므로 한국 교회는 성도들의 신앙생활을 '교회 중심driven by church'에서 '가정 중심driven by family'으로 돌려 줄 필요가 있다.

기독교인은 하나님 나라가 교회의 울타리를 넘어서도 임하기를 기도해야 하지만, 나아가 이를 구체적인 개인의 삶 속에서 누리며 만들어갈 책임과 권리를 가졌음을 깨닫고 실천해야 한다. 이런 측면에서 자녀의 신앙교육도 교회의 주일학교에만 맡겨 놓을 수는 없다. 교회는 가정에서 부모가 자녀의 신앙교육에 최선을 다하도록 격려해야 하며, 또한 그들의 자녀가 학교에서 기독교적 시각으로 학문을 배울 수 있도록 도와야 한다. 즉, 교회는 하나님 나라 관점에서 기독교 학교를 설립하는 데 직·간접적으로 관여해야 한다. 교회가 기독교 교육을 교회 안에 붙잡아 놓은 적은 없지만, 그 관심을 세상 밖으로 내보내지 않음으로써 결국 기독교 교육을 교회의 포로로 만든 꼴이 되었다. 하지만 이제 기독교 교육은 교회의 포로에서 벗어나야 한다. 현재 교회의 목사는 교회에만, 즉 교인의 숫자를 늘려 교회를 부흥시키는 데만 집중하고 있다. 이것으로 그의 사역이 평가받기 때문이다. 그러나 이것은 결국 예수님께서 선포하신 하나님 나라의 임재를 늦추는 결과를 낳게 한다. 교회는 그 자체로 하나님 나라라기보다는 하나님 나라를 실현하기 위한 도구로 보아야 한다. 따라서 기독교 교육 또한 교회의 울타리를 벗어나 가정과 일반 학교의 영역에서도 이루어져야 한다.[5]

---

5. 박상진, 66~89.

3. 모세와 마태가 보낸 편지

　'문화명령'이니 '대위임령'이니 하는 용어는 신학적인 단어이다. 그러나 이 용어들은 기독교 학교와 관련해서 매우 중요한 기초 개념이기 때문에 부득이 이 용어를 사용할 수밖에 없다. 대체로 '대위임령'에 대해서는 많이 듣는 편이다. 보통 우리는 '대위임령' 마28:19~20을 전도와 선교의 측면에서 이해한다. 따라서 전도에 열심인 한국 교회는 대위임령을 매우 강조한다. 하지만 이에 비해 상대적으로 '문화명령' 창1:28은 소홀히 한다. '문화명령'은 기독교인의 삶에 대한 것으로, 기독교인이 세상에서 어떻게 살아야 할 것인가에 대한 중요한 지침이자 명령이라 할 수 있다. 이러한 문화명령은 기독교 학교와 밀접하게 관계된다. 여기서 질문 하나를 해보자. "당신은 기독교인은 영적인 전도만 하고 문화 활동은 불신자에게 맡겨도 된다고 생각하는가?" 대답하기가 쉽지 않을 것이다. 전자를 택하면 후자가 아쉽고, 후자를 택하자니 전자의 가치가 반감되는 것 같기 때문이다. 그래서 여기서는 이 부분을 좀 더 분명히 정리하고자 한다.

1. 문화명령

　문화는 삶이다. 우리가 살아가고 일하면서 경험하는 의식주·직장·정치·경제·사회·교육·군사·국제문제·환경문제 등 모든 삶의 양식이 문화이다. 그렇다면 기독교 문화란 무엇인가? 그것은 기독교인들의 삶의 양식이다. 기독교인의 삶의 형태가 기독교 문화를 결정짓는다. 그럼 기독교인의 삶의 형태는 무엇이 결정하는가? 당연히 성경이다. 성경이 제시하는 기독교인의 삶의 모양은 창세기 1장 28절에 잘 나타난다. 이것을 소위 신칼뱅주의자들Neo-Calvinists은 '문화명령Cultural Mandate'이라고 불렀다.[1] 교육과 학교는 문화를 전달하며 발전케 하는 원동력으로 이러한 문화명령과 밀접한 관계가 있다.

그렇다면 문화명령이란 무엇인가?

1) 문화명령의 본래 의도

하나님께서는 온 세상을 창조하시고 마지막에 인간을 만드시고 그에게 복을 주셨다. 이 사건이 창세기 1장 28절에 나온다.

> 하나님이 그들에게 복을 주시며 하나님이 그들에게 이르시되 생육하고 번성하여 땅에 충만하라, 땅을 정복하라, 바다의 물고기와 하늘의 새와 땅에 움직이는 모든 생물을 다스리라 하시니라.

하나님께서 인간에게 주신 복blessing은 인간이 생각하는 복, 곧 입신양명立身揚名의 복과는 다르다. 오히려 그 복은 바로 뒤에 연속해서 나오는 명령과 관계가 있다. 왜냐하면 최초의 복과 최초의 명령이 동격 접속사인 '그리고and'로 연결되어 있기 때문이다. 즉, 인간이 받은 복은 다름 아닌 하나님의 명령이었다. 명령 자체가 복이었던 것이다. 인간은 이 명령에 어떻게 반응하느냐에 따라 복을 받을 수도 있고 저주를 받을 수도 있다. 인간이 하나님의 말씀에 기쁜 마음으로 순종하면 복을 받게 되지만, 명령에 불순종하면 저주를 받게 된다. 그러므로 복된 인간의 삶은 명령에 순종하는 삶이다. 이는 우주만물과 그것을 다스리는 인간의 삶, 곧 문화생활 전체에 대하여 하나님의 주권을 인정하는

---

1. '문화명령'이라는 내용은 아브라함 카이퍼가 일반은총의 차원에서 많이 주장했지만, 그 용어는 끌라스 스힐더(K. Schilder)가 만들어 사용한 것으로 알려져 있다. 고재수, 『그리스도와 교회와 문화』(성약, 2008), 129~169.

것이다. 따라서 이 세상을 향한 하나님의 주인 됨과 세상과 인간을 만드신 본래 목적과 그 통치 원리를 분명히 알고 인정할 때, 올바른 기독교인의 삶이 시작될 수 있다.

삶이 문화라면 문화명령은 삶을 위한 명령 또는 삶에 대한 명령이라 할 수 있다. 인간의 삶의 모든 원리가 여기에서 출발한다. 기독교 문화란 다름 아닌 하나님의 말씀, 곧 명령에 순종하는 삶의 양식이다. 사실 창세기 1장 27절에 나오는 하나님의 형상 개념도 바로 이러한 문화명령과 관계가 있다. 본래 '문화culture'라는 단어는 라틴어 '콜레레colere, 짓다, 돌보다'에서 기원했다. 여기에서 '쿨투라cultura, 경작'라는 명사가 나왔고, 이 단어에서 영어 'culture'가 나왔다. 하나님께서 세상 만물과 인간을 지으시고 돌보시는 것처럼, 인간도 하나님의 형상으로서 땅을 정복하고 다스리는 문화적 활동을 해야 하는데, 이것이 곧 문화이고 그 결과가 문화유산이다.

창세기 1장 28절의 문화명령에 나타난 가장 기본적인 문화 활동은 가정을 이루고 자녀를 낳는 것이다. "생육하고 번성하여 땅에 충만하라"창1:28. 이 구절은 세 가지 동사로 구성되어 있지만, 그 내용은 너무나 분명하고 강력하다. 인간이 해야 할 첫 번째 의무이자 동시에 복이 되는 것은 '생육하고 번성하여 땅에 충만'하는 것이다. 즉, 자녀를 많이 낳는 것이다. 그런데 오늘날 사람들은, 심지어 기독교인들조차, 자녀를 낳는 것을 복으로 생각하지 않는다. 믿음의 눈으로 바라보지 않고 하나님의 명령에 순종하지 않기 때문이다. 하지만 성경은 분명히 선언한다. 가정을 이루고 자녀를 많이 낳는 것이 복이라고 말이다. 이러한 복과 명령은 인류의 문명이 아무리 발달하고 진보해도 변하지 않는 것이다. 과거에는 복이었던 것이 지금은 복이 아니라는 논리는 인간적인 판단일 뿐이다. 가정을 이루어 생육하고 번성하라는 명령은 개인적인 삶뿐만 아니라, 교회생활과 사회생활, 나아가 학교와 정부에까지도 적용되는 개념으로 이해할 수 있다.

문화명령에는 자녀를 낳는 것 외에 하나님의 창조세계를 정복하고 다스리는 것도 포함된다.[2] 성경이 말하는 문화명령은 정복이나 파괴가 아니라 청지기적 섬김의 차원을 말한다. 청지기적 섬김이란 피조물이 각자의 목적에 맞게 기능하도록 보존하고 관리한다는 의미이다. 이러한 인간의 통치를 통해 하나님께서 각 창조물에게 주신 본래의 목적이 드러날 경우, 하나님께 영광이 되고 인간은 행복해지는 것이다. 땅을 정복하고 다스리는 행위에는 구체적으로 농작물을 재배하는 것, 다리를 만들거나 새로운 도시를 건설하는 것, 컴퓨터를 개발하고 음악을 작곡하며 그림을 그리며 운동을 하는 것 등 모든 것이 포함된다.

문화명령은 하나님께서 인간을 만드신 목적이 무엇이며, 인간을 부르신 소명이 무엇인지 보여 준다. 이 소명은 하나님께서 인간에게 주신 복으로 좋은 선물Gabe이다. 하지만 동시에 그것은 감당해야 할 의무Aufgabe이기도 하다. 이러한 문화 활동은 하나님을 섬기는 것과 동일한 것이었다. 즉, 신앙과 문화가 분리되지 않았다. 문화 활동이 곧 예배적 행위였던 것이다. 아담이 이 명령에 복종하여 복을 받은 최초의 사건은 생물들의 이름을 지어준 것이었다창 2:19~20. 하나님께서 만드신 동물에게 아담이 이름을 지어주는 것은 대단한 특권이요 영광이며 복이었다. 이렇게 이름을 짓는 행위가 인간 최초의 문화행위였다창4:1, 25. 아담은 인간 최초의 동물학자요, 생물학자요, 교육학자였던 것이다. 하나님께서 그분의 영광을 위하여 만드신 피조물들을 정복하고 다스리는 일은 인간이 누릴 수 있는 가장 큰 영광이요 복임에 틀림없다. 인간은 땅과 동물들을 돌볼 뿐만 아니라 언어를 말하고, 연장을 만들고, 주물을 뜨고, 계약을

2. W. H. Gispen, *Genesis: Commentaar op het Oude Testament* (Kampen 1974), 79.

하고, 무용단을 조직하는 것 등의 일로 문화명령을 수행할 수 있다.[3] 교육 또한 이러한 문화명령 가운데 하나이다. 아담에게는 하나님의 명령을 자녀에게 가르쳐 지키게 할 의무가 있었다. 이것이 바르게 지켜질 때 하나님의 복은 부모에게만이 아니라 자녀에게도 주어진다. 여기에 교육의 중요성이 있다.

2) 문화명령의 왜곡

하지만 불행하게도 창조 때 주어진 복은 인간의 타락으로 인해 왜곡되고 말았다. 본래 순종하는 문화colere가 창조하는 것이라면, 불순종하는 문화는 파괴하는 것이다.[4] 하나님의 말씀에 순종할 때 주어지는 복을 인간은 불순종함으로 외면했다. 인간은 선악을 알게 하는 나무의 실과를 먹는 불순종의 길을 택했고, 이로써 영적으로는 하나님과의 관계가 끊어지고, 육적으로는 죽음이 임하게 되었다. 이후 인간은 스스로 살기 위하여 몸부림치게 되었다.

생육하고 번성하는 데 필요한 인간의 성性, Sex이 죄를 짓는 데 사용되기 시작했다. "하나님의 아들들이 사람의 딸들의 아름다움을 보고 자기들이 좋아하는 모든 여자를 아내로 삼는지라 …… 그들이 육신이 됨이라"창6:2~3. 성性을 하나님께 영광 돌리는 데 사용하지 않고 인간의 쾌락을 위한 도구로 만들어 버린 것이다. 노아 시대의 인간은 이러한 죄로 인하여 홍수 심판을 받았다창6~9장. 가인의 자손들은 나름 문화와 문명을 이룩했지만, 그것은 하나님이 없는 그들의 빈 공간을 채우기 위하여 온갖 발명과 기술의 진보를 추구한 것이었을 뿐이다. 오늘날에도 인간은 하나님이 없는 빈 공간을 과학과 기술의 개발로 채우려 한다. 하나님이 없으므로 불안해진 인간은 흩어지지 않으려고 도시 문화를 건설했으며, 기술을 개발하여 하늘에까지 닿는 탑을 쌓음으로 그들

---

3. C. Plantinga, 『기독 지성의 책임』 (규장, 2004), 71.
4. K. Schilder, Christus en cultuur (Franeker, 1977), 81.

의 이름을 내고 하나님과 동등한 위치에 이르려고 했다창11:1~4.

고대와 성경 시대, 그리고 현대까지의 모든 인간의 역사를 자세히 살펴보면, 이처럼 타락한 인간들이 이룩한 문명의 역사를 발견할 수 있다. 오늘날 학교의 교과목도 하나님을 왜곡시켜 우상으로 대체하거나 무신론적 관점에서 가르친다. 특히 오늘날 학교는 경제와 기술 만능주의가 우상화되어 있고, 이를 쟁취하기 위해 부모와 자녀들이 모든 희생을 불사하고 있는 추세이다. 이들에게 무엇이 옳고 그른지는 중요하지 않다. 하나님이 없는 빈 공간을 채워줄 수 있는 대상이라면 무엇이든지 상관없다. 타락한 인간은 하나님의 '정복하라'는 명령도 왜곡했다. 본래 히브리어 동사 '카바쉬כָּבַשׁ'는 피조물을 다스리라는 의미에서 '정복하다'이지만, 타락한 인간은 이 단어를 '짓밟다', '종속시키다', '속박하다', '억누르다', '침해하다'라는 의미로 사용했다.[5]

인간의 역사가 바로 지배와 피지배의 역사로 점철된 것은 타락한 인간이 이처럼 문화명령을 왜곡했기 때문이다. 혹자는 "인간의 역사는 전쟁의 역사이다."라고 말할 정도로 힘에 의한 정복은 지금도 계속되고 있다. '다스리다'라는 히브리어 동사 '라다רָדָה'도 타락한 인간에 의해 '부스러뜨리다', '지배권을 가지다'라는 전투적이고 공격적인 의미로 왜곡되었다. 따라서 서구 나라들이 식민지를 개척할 때 원주민들을 죽이고 땅을 빼앗은 것을 문화명령에 충실한 것이라고 정당화하는 것은 어처구니없는 적용일 뿐이다. 자연에 대한 정복도 마찬가지이다. 특히 오늘날 인간은 그 어느 때보다도 더더욱 하나님께서 만드신 자연을 파괴하고 짓밟고 있다. 이는 인간의 타락으로 인해 문화명령을 잘못 사용한 결과이다.[6]

---

5. The New Brown, Driver, and Briggs, *Hebrew and English Lexicon of the Old Testament* (Oxford London, 1981), 461.

6. 창조에서 문화명령에 대한 구절은 창세기 2장 14절에서 더 분명하게 기술된다. "여호와 하나님이 그 사람을 이

그러면 인간이 문화명령을 지킬 수 있는 힘은 저절로 생기는 것일까? 아니다. 그 힘은 하나님에게서 비롯된다. 자녀를 낳는 것이나 세상을 개발하고 관리하는 능력은 모두 하나님께로부터 온다. 이를 잊어버린다면 하나님께서 주신 문화명령을 왜곡하게 될 가능성이 많게 된다. 하나님께서 원하시는 문화명령은 마치 자신이 주인인 것처럼 세도를 부리는lording over 것이 아니다. 본래 문화명령의 의도는 하나님의 권위 아래서의 다스림lording under이었다.[7] 어떤 사람은 일을 귀찮고 힘들고 어려운 것이라 생각한다. 오히려 아무 일도 하지 않고 먹고 자고 쉬는 것이 최선이라고 생각하는 사람들이 있다. 그래서 그들은 일을 싫어하고 문화명령을 거부한다. 그러나 문화명령은 노예가 주인의 명령을 받아 억지로 하는 일과 같은 것이 아니다. 오히려 문화명령은 아버지가 아들에게 사업을 맡기는 것과 같이 신나고 즐거운 일이다. 문화명령은 힘든 노역이 아니라, 성경이 선언하듯이, 그 자체가 복이다.

하나님께서는 타락한 인간을 바로 멸망하도록 내버려두지 않으시고, 오히려 그들에게 은혜의 손길을 펼치셨다. 죄를 범한 아담, 하와, 뱀을 불러 심판하시는 중에 하나님께서는 뱀에게 이렇게 말씀하셨다. "내가 너로 여자와 원수가 되게 하고 네 후손도 여자의 후손과 원수가 되게 하리니 여자의 후손은 네 머리를 상하게 할 것이요 너는 그의 발꿈치를 상하게 할 것이니라 하시고"창 3:15. 이는 여자의 후손인 예수님의 탄생을 암시한다고 하여 '원시복음'이라 불린다. 그러나 이 본문은 일차적으로 하나님의 자녀가 사단의 자녀와 혼합되지 않고 구별되어 거룩한 삶을 살게 하려고 적대감을 심어 놓으셨다는 의미가 더

끌어 에덴동산에 두사 그것을 다스리며 지키게 하시고." 여기서 '다스리다'의 히브리어는 '야바드'인데, 이는 일하고 봉사한다는 의미이며, '지키다'라는 히브리어 '샤마르'는 지키고 보존한다는 의미이다. 이것은 하나님께서 인간을 지키고 보존하며 섭리하시는 사역과 같은 것이다. 인간을 하나님과 닮은 존재라고 하는 의미도 이 명령에서 찾을 수 있다. 피조물을 다스리고 돌보시는 하나님의 모습이 인간의 문화 행위에서 드러나는 것이다.
7. C. Plantinga, 「하나님에 대한 지적 사랑」, 『기독교대학: 신앙과 학문』 (백석기독학회, 2004), 25.

크다.[8] 더불어 사단과 하나님의 자녀 사이의 싸움은 결국 예수 그리스도의 오심으로 끝나게 될 것임을 보여 준다. 구약의 성도들은 바로 이러한 혜택을 누릴 수 있었다. 아브라함과 이삭과 야곱이 그러했고, 이스라엘의 열두 지파가 그러했다. 그들은 세상의 죄와 처절한 싸움을 싸워야 했다. 그리고 마침내 그 싸움은 앞으로 오실 예수 그리스도의 사역으로 그 빛을 보게 될 것이었다.

3) 문화명령의 회복

타락한 인간의 문제를 해결하기 위하여 예수님께서 이 세상에 오셨다. 예수님께서는 죄의 문제를 해결하시고 하나님과 인간의 관계를 회복하셨다. 왜곡되었던 문화명령 또한 이제 예수님 안에서 제대로 수행할 수 있게 되었다. 즉, 하나님의 말씀에 기쁘게 순종함으로써 하나님께서 인간에게 주신 복을 누릴 수 있게 된 것이다. 그러므로 문화명령은 구원받을 자들에게 회복을 위한 기쁜 소식이 아닐 수 없다. 이러한 기쁜 소식은 복음을 전하는 자들을 통하여 예수님께서 다시 오실 때까지 온 세계에 전파될 것이다. 이처럼 구원의 역사로 말미암아 창세기의 문화명령은 다시 회복되었다. '창조'의 복이 '타락'으로 사라졌다가, 예수님의 '구속'으로 인해 다시 회복된 것이다. 이제 예수님 안에서 새로운 피조물이 된 성도는 첫 사람 아담이 누렸던 복을 다시 누릴 수 있게 되었다.

그런데 이 복은 기독교인들이 이미already 누리고 있지만, 아직 완전히 이루어진 것은 아니다but not yet. 피조물도 완전한 형태의 구속이 이루어지기를 기다리고 있다롬8:19~21. 성도들은 에덴동산이 아니라 하나님 나라에 들어왔다. 그들은 하나님의 통치에 순종함으로써 복을 받을 것이다. 이처럼 문화명령은

---

8. 고재수, 『구속사적 설교의 실제』 (CLC, 1987), 7~15.

하나님 나라의 개념에서 새로운 의미를 갖게 되었다.[9] 즉, 이제 회복된 문화명령은 하나님 나라에서 하나님의 형상을 회복한 성도들을 통하여 왕성하게 일어날 것이다.

창조 때 하나님의 형상으로 만들어진 인간: **Formed man**
⇩
타락으로 말미암아 하나님의 형상이 왜곡된 인간: **De-formed man**
⇩
구속으로 말미암아 하나님의 형상이 회복된 인간: **Re-formed man**

문화명령에는 기독교인의 삶의 모든 측면, 즉 하나님께서 만드신 모든 피조물을 개발하고 보존하고 다스리는 모든 작업이 포함된다. 그런데 이러한 문화명령을 수행하기 위해서는 교육이라는 수단이 없으면 불가능하다.

예수님께서는 열두 제자들에게 모든 민족에게 복음을 전하며 다른 사람들을 제자로 만들라고 명령하셨다. "그러므로 너희는 가서 모든 민족을 제자로 삼아 아버지와 아들과 성령의 이름으로 세례를 베풀고, 내가 너희에게 분부한 모든 것을 가르쳐 지키게 하라"마28:19~20. 따라서 기독교인들은 제자를 만들어야 하는데, 제자는 세례를 주어 구원받게 하고 그 말씀대로 지키며 살도록 가르치는 단계를 통하여 이루어지는 것이다. 여기에서 교육의 중요성이 드러난다. 타락으로 인해 문화명령을 자의적으로 행할 수 없게 된 인간이 이제 예수님으로 말미암아 구원을 얻음으로 그 능력이 회복되었다. 물론 아직 완전하지는 않다. 타락한 죄성이 여전히 만만치 않게 우리를 공격하기 때문에 성령님의 도우심이 우리에게 절대적으로 필요하다. 그러므로 기독교인은 날마다 하나님께 기도해야 한다. 더불어 우리에게 남아 있는 옛 습관을 버리고 완전한 제자가 되기 위해 교육과 훈련을 받아야 한다. 하나님께서도 이스라엘 백성들에게 말씀으로 자녀들을 부지런히 가르치라고 하셨다. 따라서 대위임령은 왜곡된 문화명령을 다시 되돌려 놓는 것까지를 포함한다.

다시 한 번 말하지만, 문화명령의 이행은 교육을 통해 시작된다. 그런데 미션스쿨은 성경 시간과 채플 시간 외에는 하나님과 관계없이 학문들을 가르친다. 국어·수학·영어를 하나님과 연결 짓지 않는다. 이는 진정한 기독교 교육이라고 보기 어렵다. 기독교 교육에서는 모든 피조세계가 하나님의 학교이다. 그러므로 기독교 학교에서는 하나님의 모든 피조세계를 학생들에게 가르쳐야 한다. 물론 성경은 모든 학문의 기초와 지침이 되므로 학생들로 하여금 성경을 깊이 연구할 수 있도록 가르치는 것이 당연하다. 하지만 이와 더불어 성경적 세계관에 입각해 모든 교과목이 하나님의 영광을 선포하고 있음을 가르쳐야 한다.

4) 문화명령의 현대적 의미

기독교인으로서 이 세상에서 어떻게 살아야 하는가에 대한 문제는 신앙과 밀접한 관계가 있다. 스위스 라브리 공동체를 운영하던 프란시스 쉐퍼Francis Schaefer는 『그러면 우리는 어떻게 살 것인가?』[10]라는 불후의 명작을 남겼다. 그는 이 책에서 신앙과 삶이 이원론적으로 분리된 것이 아니라 통합된 개념이라는 것을 자세히 지적했다.

개혁신앙적 삶의 핵심은 '하나님의 절대주권'이라는 개념에 있다. 인간의 문화에서 주인이 인간이냐 혹은 하나님이냐의 문제는 오랜 인류의 역사에서 계속 논의된 주제이다. 이 질문은 창세기에서 요한계시록에 이르기까지 모두

---

10. 프란시스 쉐퍼(Francis Schaefer), 『그러면 우리는 어떻게 살 것인가?』(생명의말씀사, 1999).

를 총망라하는 신앙의 과제이기도 하다. 계시록에 나오는 수많은 비전들은 미래에 일어날 일을 말하는 것이 아니다. 오히려 우리가 살고 있는 지금 이 시대에서 기독교인들이 사단의 세력과 어떤 싸움을 싸우게 될 것인지를 말해주는 것이다. 그런데도 극단적인 종말주의자들은 세상을 등진 채 미래의 천국만 바라보고 있다.

세상에 존재하는 기독교적 삶의 양식을 다섯 가지 문화 유형회피, 수용, 지배, 대립, 변혁으로 나눈 사람들이 있다. 최초의 사람은 1900년대 초기 네덜란드의 헤르만 바빙크Herman Bavinck[11]였다. 이후 1950년대 리차드 니버Richard Niebuhr[12]가 시도했고, 1970년대에는 제임스 올티스James Olthuis,[13] 1990년대에는 알버트 월터스Albert Wolters[14]가 이를 주장했다.

위의 다섯 가지 문화 유형을 락Rock and roll 음악 축제에 대한 기독교인의 자세를 예로 들어 살펴보면 다음과 같다. 첫째회피, 가지 않는다. 그것은 사단으로부터 온 것이다. 둘째수용, 만약 그것이 좋은 공연이라면 문제가 없다. 가서 즐겁게 보낸다. 셋째지배, 참석한다. 그러나 콘서트에 참석하러 가기 전과 참석 후에 기도하고 죄를 고백한다. 넷째대립, 간다. 그러나 주일에 교회도 간다. 다섯째변혁, 조심한다. 행사 자체에 참석했을 때 하나님을 기쁘시게 하는 것인지를 스스로 물어본다. 여기서 앞의 네 가지 유형회피, 수용, 지배, 대립은 이원론적인데 비해, 마지막 유형변혁은 일원론적이라 할 수 있다. 개혁신앙은 마지막 유

---

11. J. Veenhof, *The relationship between nature and grace according to H. Bavinck* (Potchefstroom, Institute for Reformational Studies, Study Pamphlet no. 322, 1994 Oct.).

12. H. R. Niebuhr, *Christ and Culture* (New York, 1956).

13. James Olthuis, "Must the Church Become Secular?", John Olthuis, Hendrik Hart, Calvin Seerveld, and James Olthuis(eds.), *Out of Concern for the Church* (Toronto, 1970), 105~125.

14. Albert Wolters, "Christianity and the Classics: A typology of attitudes", Wendy E. Helleman (ed.), *Christianity and Classics* (U Press of America, 1990), 189~203.

형인 변혁의 입장을 수용한다.[15]

여기서 핵심은 기독교 문화란 타락 후에 나타난 신앙과 문화의 병행 또는 대립 관계가 아니라 창조 때 주어진 신앙과 문화의 조화에 근거한다는 것이다.[16] 이미 창조 때 하나님으로부터 문화명령을 받았기 때문에 은혜와 자연은 이원론적으로 대립되는 것이 아니다. 이것이 개혁신앙이 추구하는 문화관의 핵심이다. 그렇지만 타락한 세상에 살고 있다는 현실은 이원론적으로 살도록 우리를 유혹한다. 여기에 우리의 고민이 있다. 한국의 많은 기독교인들이 세속 문화를 회피·수용·지배·대립의 개념으로 이해하고 행동한다. 그래서 그들의 존재와 삶을 개인과 교회라는 '사적영역'으로 제한시키고 있다. 하지만 기독교인들은 신앙을 삶의 현장 가운데서 '공적영역'으로 당당하게 드러내야 한다. 이것이 우리가 취해야 할 문화 변혁적 삶의 자세요, 가장 성경적 관점이라는 데 이론의 여지가 없다.

그러나 엄밀히 말해 한국 개신교는 기독교 문화에서 변혁적 시도를 해 본 적이 없다고 말할 수 있다. 대부분이 이원론적 시도에 그쳤을 뿐이다. 교육 부분에서도 여러 가지 시도들이 있었지만, 진정한 의미에서 교육을 기독교적으로 변혁시켜 보겠다는 시도는 없었다. 교육을 위의 다섯 가지 문화 유형에 적용해 보자면, 첫째회피, 교육계는 썩었고 더럽고 악하고 기독교 신앙과 모순되기 때문에 기독교인은 어떠한 교육적 연관성에도 반대한다. 둘째수용, 기독교인의 입장에서 넓은 마음으로 일상적인 세속 교육을 수용한다. 훌륭한 교육이

---

15. 신국원, 「변혁주의 문화론의 신학적 근거」, 문화선교연구원, 『기독교 문화, 소통과 변혁을』(예영, 2005), 154. 신국원은 니버가 그리스도와 문화를 변혁의 관계로 보지 않고 대립으로 보고 있다고 의심한다. 신국원, 『신국원의 문화이야기』(IVP, 2002), 114~125. 이 부분에 대해서는 B. J. van der Walt도 니버의 다섯 번째 입장이 분명하지 않다고 평가한다. B. J. van der Walt, "The halmark of a radical reformatianal worldview", 고신대학교, 『칼빈주의와 한국 교회』(제5회 한상동 기념강좌, 2001. 10. 29), 18.

16. 이것은 네덜란드 끌라스 스힐더(Klaas Schilder)의 주장과 다르지 않다. K. Schilder, *Christus en cultuur* (Franeker, 1947).

곧 기독교적인 교육이다. 셋째지배, 기독교인은 당연히 세속적인 교육에 대해 우월적 위치에 있으며, 세속의 교육은 위로부터 세례를 받고 기독교화 됨으로써 완전하게 되어야 한다. 예를 들면, 목사가 성경 과목을 가르치고 예배를 드림으로써 학교와 교육을 하나님께 봉헌한다. 그러나 모든 교육 활동은 삶을 내적으로 변화시킬 수는 없고, 다만 외적이고 비본질적인 데 머물러 있을 뿐이다. 넷째대립, 기독교인이 되는 것과 교육을 행하는 것은 서로 관련이 없으며, 완전히 서로 다른 두 개의 소명이다. 파행적인 사교육을 아무런 비판 없이 따라하면서 신앙생활도 열심히 한다. 다섯째변혁, 기독교인이 교육과 직접 연관성을 가져야 한다고 가르치는 점에서 이전의 모든 것과 다르다. 정의Justice에 대한 하나님의 기준에 순종하기 위해 교육을 기독교적으로 갱신하고 변혁시켜야 한다고 가르친다. 이러한 기독교적 세계관은 내적으로 삶을 변혁시킨다. 예를 들면, 사교육과 멀티미디어를 어떻게 다룰 것인지 고민하고 하나님의 지혜를 구한 후에 결정한다.

이런 차원에서 기독교 학교는 다원화되고 인본주의적인 세상에서 하나님의 주권과 하나님 나라를 모든 과목 가운데 드러내기 위해 노력해야 한다. 세상을 배제하거나 수용하는 것이 아니라 변혁하는 기독교 문화관을 가질 때, 수학·과학·미술·음악·언어 가운데 하나님을 드러낼 수 있을 것이다. 인본주의에 빼앗긴 학문을 다시 하나님께로 돌려드릴 수 있을 것이다. 이것이 기독교 학교가 해야 할 과제이다.

2. 대위임령

선교사와 후원교회 성도와의 만남의 시간에서 한 성도가 이런 말을 했다.

"사실 저는 이 모임에 오는 것이 두려웠습니다. 왜냐하면 선교사님을 만나면 나도 선교사가 되어야 할 것 같았기 때문입니다." 보통 기독교인이라면 선교에 대한 부담감을 늘 가지고 있다. 그리고 선교사는 나와 다른 뭔가 특별한 사람들이라고 생각한다. 어떤 의사는 선교에 대한 부담감 때문에 병원에서 번 돈의 상당부분을 선교를 위해 사용하겠다고 결심한다. 그렇지만 그는 선교지의 선교사를 생각하면, 자신이 너무 편하게 살고 있는 것은 아닌지 자책한다. 또 어떤 청년은 절대로 영화를 보지 않는다. 선교사역을 위해 쓸 수 있는 돈을 어떻게 영화를 보는 데 쓸 수 있는가라고 생각하기 때문이다. 이들은 모두 마태복음 28장 18~20절의 대위임령에 대해 오해하고 있는 것이다.

예수님께서는 마태복음 28장 18~20절에서 제자들에게 마지막으로 명령하셨다. 이 말씀을 예수님의 '대위임령大委任令, The Great Commission' 혹은 '지상명령至上命令'이라고 부른다.

예수께서 나아와 일러 가라사대 하늘과 땅의 모든 권세를 내게 주셨으니 그러므로 너희는 가서 모든 민족을 제자로 삼아 아버지와 아들과 성령의 이름으로 세례를 베풀고 내가 너희에게 분부한 모든 것을 가르쳐 지키게 하라 볼지어다 내가 세상 끝 날까지 너희와 항상 함께 있으리라 하시니라.

사람들은 이 말씀을 전도와 선교를 위한 구절로만 해석하고 그렇게 믿고 있다. 그렇다. 대위임령은 전도와 선교에 대해 말한다. 하지만 그것이 전부는 아니다. 본문의 내용을 헬라어 원문으로 보면 흥미로운 사실을 발견하게 된다. 한국어 개역성경은 '가라', '제자로 삼으라', '세례를 주라', '가르쳐 지키게 하라'를 병렬로 연결하여 마치 네 개의 명령인 것처럼 번역하지만, 헬라어 원문 성경을 살펴보면 명령어는 하나뿐이다. 그것은 '마세튜사테*μαθητεύσατε*', 즉 '제자를 만들라'는 것이다. 예수님의 마지막 명령의 핵심은 '제자를 만드는 것'이다. 나머지 세 개의 명령은 헬라어 원문으로는 분사구문인데, 이는 부사구로서 본동사를 수식해 주는 역할을 한다. 즉, 제자를 만들기 위한 수단으로 행할 것들에 대한 것들이라는 것이다. 따라서 이 부분을 헬라어 원문을 따라 다시 번역하면 다음과 같다.

> 그러므로 너희는 가서 아버지와 아들과 성령의 이름으로 세례를 베풀고 내가 너희에게 분부한 모든 것을 가르쳐 지키게 함으로 모든 민족을 제자로 만들어라.

이 명령은 단순히 선교학적 관점에서만이 아니라 교회론적 관점에서도 보아야 한다. 왜냐하면 복음을 선포하고 교육하고 세례를 주고 가르치고 지키게 함으로 제자를 만드는 일은 교회의 사역이기 때문이다. 많은 사람들은 가서 세례 베푸는 것까지를 제자 삼는 최종 목표라고 생각한다. 그들은 '세례 받고 구원 받아' 기독교인이 된 것은 단지 시작에 불과하다는 것을 알지 못한다. 한국 교회가 성장하면서 선교와 전도 일변도로 달려 온 것도 바로 이 구절에 대한 오해 때문일 수 있다. 물론 교회의 수적·양적 성장을 추구할 때는 이 단계까지만 해도 충분하다. 그렇지만 예수님께서 명령하신 제자도를 이루기 위해서는 '예수님께서 분부하신 모든 것을 가르쳐 지키게 하는 것'에까지 나아가야 한다.

'가는 것 → 세례를 주는 것 → 가르쳐 지키게 하는 것'이 반드시 순차적으로 일어나야 하는 것은 아니지만, 대체로 이런 순서를 따르는 것을 부정할 수는 없다. 여기서 가르쳐 지키게 하는 것이 다름 아닌 '성화'의 단계이다. 그러면 가르쳐 지키게 할 내용은 무엇인가? 그것은 "내가 너희에게 분부한 모든 것"이다. 침례교파이면서 개혁신학자요 개혁신앙을 추구하는 목사인 존 파이퍼John Piper는 그의 책『예수님의 지상명령』[17]에서, 이에 대해 예수님께서 제자들과 함께 지내시면서 삼년 동안 가르치신 모든 것이라고 해석했다. 즉, 기독교인이 예수님의 모든 말씀을 지키며 살면 그는 예수님의 참 제자인 것이다.

예수님께서 세상에 오신 목적 중의 하나는 마귀의 일을 멸하기 위함이다요일3:8.[18] 따라서 우리는 예수님의 제자로 살아가는 삶의 현장에서 마귀의 일을 멸해야만 한다. 우리가 하는 일이 단지 생업을 위해 돈을 버는 것이 되어서는 안 된다. 그보다 그 일 자체가 마귀의 일을 멸하고 하나님 나라를 이루는 것이 되어야 한다. 기독교인이 세상에서 무엇을 위해 있는지, 어떻게 살아야 하는지, 왜 세상의 소금과 빛이 되어야 하는지에 대해 성경은 잘 말해준다. 따라서 이 내용을 가르치고 지키도록 해야 한다.

가르침은 행동에 영향을 미쳐 삶으로 연결된다. 이러한 가르침, 즉 교육은 성경 전체에서 반복적으로 얘기되고 있는 중요한 주제이다. 신명기 6장 4~9절의 말씀을 보면, 하나님께서 교육을 얼마나 중요하게 생각하셨는지 알 수 있다. 하나님의 언약의 백성이라는 증표로 할례까지 받은 그들에게 하나님께서 요구하신 것이 무엇인가? 그것은 '교육'이다. 당대와 다음 세대를 위해 교육하라는 것이다. 바로 이 교육을 통해 하나님의 뜻인 거룩함을 유지할 수 있고, 교육을 통해 세상을 보는 눈을 가질 수 있고, 하나님께서 기뻐하시는 삶을 살 수 있는 것이다. 만약 신앙으로 교육하는 일이 없다면, 사람들은 예수님을 믿고 난 후에도 여전히 세상에서 보고 배운 세속 철학과 세계관으로 살아갈

---

17. John Piper, 『예수님의 지상명령』 (생명의말씀사, 2007).
18. 랄프 윈터가 바로 이렇게 주장한다. "하나님의 아들이 나타나신 것은 마귀의 일을 멸하려 하심이니라."(요일 3:8)

것이다. 세례는 받았더라도 신앙교육과 훈련을 제대로 받지 않은 사람은 하나님을 영화롭게 하는 삶을 알지 못하며 제자로 성장하지도 못한다. 바로 이러한 차원에서 기독교 교육은 의미를 지닐 수 있다.

성도는 기독교 교육을 통해 가정과 학교에서 예수님의 명령인 제자 만드는 일에 동참해야 한다. 그런데 오늘날 많은 기독교인들이 이 부분에서 오해를 하고 있다. 즉, 예수님의 진정한 제자가 되지 않아도 기독교인이 될 수 있다고 생각하는 것이다. 때문에 달라스 윌라드Dallas Willard는 '대위임령The Great Commission'이 '대결핍The Great Omission'이 되었다고 애통해 한다.[19] 현대 기독교들은 예수님의 제자가 되기에 뭔가 크게 결핍된 부분이 있다는 것이다.

선교와 전도는 교육을 통한 삶의 실천으로 이어질 때 완전한 제자도로 열매를 맺는다. 교육을 통한 삶의 성화가 없는 선교와 전도는 거짓 제자, 곧 거짓 기독교인을 만들어 낼 것이다. 예수님께서는 산상수훈 마지막 부분에서 "좋은 나무는 그 열매로 안다"고 하셨다마7:15~20. 또 "주여 주여 하는 자마다 천국에 다 들어갈 것이 아니"라고도 하셨다21절. 마지막 심판 날에 주의 이름으로 선지자 노릇하고 귀신을 쫓아내고 많은 권능을 행했지만, 정작 그들은 불법을 행하는 자들이라는 평가를 받게 될 수도 있다22~23절. 그들에게 열매가 없기 때문이다. 이에 반해 예수님의 진정한 제자들은 예수님의 말씀을 듣고 행하는 자들이다.

모든 기독교인들이 말씀을 듣는다. 말씀을 듣는 것은 집을 짓는 것과 같다. 그런데 행함에 해당되는 집의 기초는 사람의 눈에 잘 보이지 않는다. 아무리 화려한 집을 지어도 그 기초가 튼튼하지 않으면 홍수가 날 때 무너져버릴 것이다. 집의 기초가 튼튼한 반석인지, 아니면 부실한 모래인지는 그 말씀대로

---

19. Dallas Willard, *The Great Omission*: 『잊혀진 제자도』 (복있는사람, 2007).

순종하며 사느냐에 달려 있다24~27절. 예수님의 씨 뿌리는 비유마13장에서 나타난 것처럼, 많은 사람들이 말씀을 받지만 길가와 돌밭과 가시밭에 떨어진 씨와 같이 열매를 맺지 못하는 사람들도 있다. 그러나 예수님의 제자가 되는 것은 전하고 듣는 것과 그 말씀대로 살아 열매 맺는 모든 과정이 이루어질 때 비로소 의미를 가진다. 그러므로 대위임령은 전도와 선교에만 국한된 명령이 아니다. 그것은 기독교인의 삶 전체에 관한 명령이요, 하나님 나라 시민의 삶에 관한 명령이다.

예수님의 관심은, 주기도문에도 나타난 것처럼, 하나님 나라가 임하는 것이었다. 대위임령 앞부분에 언급된 "하늘과 땅의 모든 권세를 내게 주셨으니"라는 선언이 바로 이러한 하나님 나라의 도래를 선포한 것이다. 온 우주에 대한 통치권을 지니신 예수님께서 이제 온 우주에 하나님 나라를 회복할 때임을 발표하신 것이다. 그리고 그 하나님 나라를 이 세상 가운데 이루기 위해 대위임령을 주신 것이다. 구원 받은 성도들이 '전도선교'와 '교육성화를 위한 훈련'을 신실하게 행할 때, 하나님 나라는 비로소 완성될 것이다. 그러므로 기독교 교육은 대위임령을 성취하는 중요한 방법이다. 이 일은 가정과 교회와 학교를 통해서 동시에 이루어져야 한다.

3. 문화명령과 대위임령의 패러독스paradox를 넘어서

선교를 위한 미션스쿨은 필요하다고 생각하면서도, 믿는 부모의언약의 자녀를 교육하기 위한 기독교 학교가 필요하다고 생각하는 목사는 찾아보기 힘들다. 한국 선교 초기에는 수많은 미션스쿨이 세워졌고 또 그 역할을 충실히 했다. 그런데 선교 100주년이 지난 지금 해외 선교사를 1만 5천명이나 파송하는 선교국가가 된 우리나라에 아직도 언약의 자녀를 성경적으로 교육하는 기독교 학교는 찾아보기가 어렵다. 이는 이원론에 익숙한 한국 교회가 전도는 영적인 것이지만 삶은 육적인 것이라고 생각하기 때문이다. 이들은 자신들이 살아가고 경험하는 문화를 기독교적 관점에서 하나님의 것으로 만드는 일에 별로 관심이 없다. 학교에서 배우는 수학적 지식이 기독교적인지 아닌지를 생각하거나 고민하지 않는다.

그럼 전도와 선교를 위한 미션스쿨에 비해 기독교 학교는 어떤 의의를 가지는가? 기독교 학교는 기독교 문화만을 위한 학교인가? 기독교 학교에서 기독교인의 자녀들을 교육시키는 것은 우물 안의 개구리로 기르는 것과 같은가? 자녀들이 기독교 학교에만 있으면 믿지 않는 자녀들과 접촉하지 못하고 결국 전도할 기회를 놓치는 것이 아닌가? 이러한 질문들이 자녀들을 미션스쿨과 공립학교에 보내면서 기독교 학교를 비판하는 부모들의 논리이다. 그리고 이런 논리로 많은 기독교인들이 자녀를 기독교 학교에 보내지 않는다. 그러나 이런 논리는 문화명령과 대위임령의 관계를 오해한 데서 생긴 것이다. 많은 사람들은 '대위임령'마28:18~20과 '문화명령'창1:28이 일치할 수 없다고 생각한다.

문화명령이 나오는 창세기 1장 28절은 두 부분으로 나눠져 있다. 첫째는 생육하고 번성하여 땅에 충만하라는 '생명'을 낳는 부분이요, 둘째는 정복하고 다스리라는 '사명'에 대한 부분이다. 이 두 가지가 동시에 이루어질 때 하나님께서 원하시고 기뻐하시는 사람이 된다. 그런데 마태복음 28장 19~20절의 내용도 두 부분으로 나눠진다. 첫째는 가서 세례를 주어 '생명'을 낳는 일이고, 둘째는 가르쳐 지키게 하는 '사명'에 관한 것이다. 예수님의 은혜로 구원받은 백성은 마태복음의 지상명령에 대한 순종 가운데서 결국 창세기 1장 28절에 나타난 문화명령을 완성하는 방향으로 나아가게 된다. 우리는 여기서 문화명령과 지상명령의 조화를 발견할 수 있다.

	생명(구원)	사역(성화)
문화명령(창1:28)	생육하고 번성	정복하고 다스림
대위임령(마28:19~20)	가서 세례를 줌	가르쳐 지키게 함

선교의 대가인 사도 바울은 선교하는 일과 가르쳐 지키게 하는 일을 동시에 했다. 바울이 쓴 편지의 대부분은 전반부가 복음을 정리한 교리에 관한 것이고, 후반부는 기독교인의 삶에 관한 것이다. 바울은 가서 전도하고 세례를 주고 가르쳐 지키는 일까지 완벽하게 행한 것이다. 바울에게는 전도도 중요했지만, 그 못지않게 '기독교인이 세상에서 어떻게 사느냐'도 중요한 문제였다. 즉, 성도가 세상에서 어떻게 자신의 구원을 두렵고 떨림으로 이룰 것인가_{빌2:12}하는 것이었다. 기독교인이 예수님의 형상을 닮아 가면 갈수록 하나님께서 더 많은 영광을 받으신다. 사도 바울이 하나님께 영광을 돌린 것은 단순히 선교의 열정이 아니라 그 마음속에 품고 있던 삶의 열매들 때문이었다. 그런데 오늘날 많은 교회들이 외면적 수단으로만 복음을 전하려고 한다. 물론 그것도 필요하다. 그러나 우리 내면의 질적 삶을 통해 복음을 전한다면 얼마나 더 효과적이겠는가! 바울도 믿지 않는 남편을 둔 여자들에게 권고하길 그리스도의 형상을 품은 마음에서 나올 수 있는 내면의 친절로 남편을 설득하라고 했다. 베드로도 "너희 마음에 그리스도를 주로 삼아 거룩하게 하고 너희 속에 있는 소망에 관한 이유를 묻는 자에게는 대답할 것을 항상 예비하되 온유와 두려움으로 하고"벧전3:14라고 권면했다.

선교와 인간의 문화적 행위가 별개의 것이라고 생각하는 것은 오해이다. 앞에서 살펴본 것처럼, 진정한 제자도는 하나님 나라를 위하여 어떻게 살아야 할 것인가를 성경에서 배우고 실천하는 과정에서 이루어진다. 성경의 말씀대로 생육하고 번성하여 땅에 충만할 뿐만 아니라 하나님께서 만드신 피조세계를 정복하고 다스리는 일이 신실한 기독교인들에게 맡겨져 있다.

대위임령의 전반부가 복음을 들고 죽어가는 영혼들을 찾아가 그들에게 복음을 전하고, 가르쳐 세례를 주고, 생명을 살려 하나님 나라의 백성으로 만드는 것이라면, 후반부는 창세기 1장 28절의 문화명령으로 다시 돌아온 것이다. 즉, 구원받은 백성이 되어야 비로소 문화명령을 제대로 행할 수 있다는 것이다. 그러므로 문화명령과 대위임령은 결코 대립되는 개념이 아니라 오히려 '창조·타락·구속의 개념'에서 논리적으로 자연스럽게 연결된다. 이 부분에 대해 신국원은 이렇게 말한다.

> 문화와 선교는 원칙적 면에서 갈등 관계가 아님이 분명하다. 문화가 창조 때 주어진 하나님의 계획을 성취하기 위한 소명이었다면, 선교는 죄로 상실된 세계에서 하나님을 영화롭게 하는 문화를 회복시키기 위한 기본적 진리의 선포이다. 따라서 문화와 선교는 둘 다 하나님 나라의 완성에 기여하여야 한다.[20]

그렇다. 하나님께서는 예수님의 사역을 통하여 하나님 나라를 회복하기 원하셨다. 예수님께서도 그분의 사역을 시작하시면서 하나님 나라의 도래를 선포하셨다. 이 하나님 나라의 대명제 속에는 선교뿐 아니라 문화도 포함되는 것이다. 물론 선교를 무시한 채 문화에만 치중하는 것은 옳지 않다. 문화를 너무 맹목적으로 따르는 것은 반드시 조심해야 한다. 고려신학대학원 신약학 교

---

20. 신국원, 143; 이승구도 이와 같은 견해를 지니고 있다. 이승구, 「기독교 학교의 정신」 (박은조, 『하나님이 기뻐하시는 학교』 [예영커뮤니케이션, 1999], 32~33.)

수인 변종길은 이 부분에서 한국과 상황이 반대인 네덜란드의 예를 들어 문화명령의 이행을 강조한 아브라함 카이퍼A. Kuyper의 문화적 낙관론을 비판하면서, 인간의 죄성을 생각하며 대위임령을 결코 무시해서는 안 된다고 주장했다.[21] 그는 이렇게 말했다.

> 우리는 이 땅에서 '나그네vreemdeling'와 '순례자pilgrim'로 살아간다. 그러나 단지 천국만 바라보고 이 땅에서 아무것도 하지 않는 '게으름뱅이 순례자'가 아니라 이 땅에서 주어진 사명을 충실히 감당하며 걸어가는 '일하는 순례자'이다.

말하자면, 우리는 한 손에는 성경을 들고 전도하며 다른 한 손에는 호미를 들고 밭을 갈면서 천국을 향하여 나아가는 순례자라는 것이다. 우리는 단지 "생육하고 번성하여 땅에 충만하라 땅을 정복하라"는 말씀만 기억하는 것이 아니라, 또한 "너희는 가서 모든 족속으로 제자를 삼으라"는 예수님의 명령을 기억해야 한다. 그럼으로써 죄 많고 타락한 세상 가운데서 우리에게 주어진 사명을 열심히 감당하는 '할 일 많은 순례자'로서 살아가야 한다.

이런 차원에서 기독교인으로 살아간다는 것은 단지 찬송 부르며 할렐루야를 외치고 기도만 하는 것을 의미하지 않는다. 일터에서 열심히 일하면서 그리스도의 법을 성취하고 더불어 복음을 전하는 전도자로서의 역할도 감당해야 한다. 그래서 네덜란드의 유명한 윤리학자인 다우마J. Douma는 문화에 대해 '겸손한 태도bescheidenheid'를 가져야 한다고 주장했다.[22] 하나님 나라가 이 땅

---

21. 변종길, 「클라스 스킬더의 문화관」, 『개교회의 정로: 허순길 박사 은퇴 기념 논문집』 (고려신학대학원출판부, 1999), 115~117.
22. J. Douma, *Algemene genade: Uiteenzetting, vergelijking en beoordeling van de opvattingen van A.*

이야기 셋_기독교 학교의 기초 119

에 이미 임했지만, 아직도 완전히 임하지 않았기 때문에 구원 받아야 할 죄인들이 많은 세상에서 전도와 문화를 조화롭게 이루기 위해 균형 있는 접근이 필요하다는 것이다. 여기에 기독교인의 지혜가 필요하며 성령님의 도움이 요구된다.

하나님의 구원의 범위는 창조의 범위와 같다. 창조에서 타락한 것들은 구속을 통해 다시 회복된다. 창조에서 귀한 것들은 구속에서도 중요하다. 그것이 로마서 8장에서 바울이 외친 절규이다.

> 피조물의 고대하는 바는 하나님의 아들들의 나타나는 것이니 피조물이 허무한 데 굴복하는 것은 자기 뜻이 아니요, 오직 굴복케 하시는 이로 말미암음이라. 그 바라는 것은 피조물도 썩어짐의 종노릇한 데서 해방되어 하나님의 자녀들의 영광의 자유에 이르는 것이니라. 피조물이 다 이제까지 함께 탄식하며 함께 고통하는 것을 우리가 아나니 이뿐 아니라 또한 우리 곧 성령의 처음 익은 열매를 받은 우리까지도 속으로 탄식하여 양자될 것 곧 우리 몸의 구속을 기다리느니라. 롬8:19~23

세상에서 인간의 삶은 예수님 안에서 구속받음으로써 종결되거나 해지되는 것이 아니다. 그 삶은 다시 새롭게 되어 본래대로 회복되어야 한다. 우리가 교회 안이나 바깥에서 일상생활을 하면서 행하는 모든 것은 우리 삶에 대한 하나님의 계획의 일부이다. 따라서 우리는 매일매일 일상생활 속에서, 기도와 프로그램과 놀이와 정치 속에서, 하나님의 구속 능력을 드러내는 삶을 살아야 한다. 그렇게 사는 것이 결코 쉬운 일은 아니지만 이것이야말로 기쁨이 넘치

Kuyper, K. Schilder en Joh. Calvijn over 'algemenegenade' (Diss.) (Goes, 1974), 349.

는 소명임에 틀림없다.[23] 결론적으로, 전도와 교육은 상충되는 개념이 아니라 하나님 나라 사역 가운데서 하나의 개념으로 통합되는 것이다.

---

23. Paul Marshall, *Heaven is Not My Home: Learning to Live in God's Creation* (Word Publishing, 1998): 『천국만이 내 집은 아닙니다』 (IVP, 2000), 63~64.

4. 천대까지 복을 받는 은혜

유아세례는 왜 받는가? 그것은 하나님의 언약 때문에 받는다. 네덜란드 유학시절, 나는 태어난 두 딸에게 한 달도 되지 않아 유아세례를 받게 했다. 정말 행복한 순간이었다. 유아세례 예배를 마친 후, 수백 명의 교인이 강단 앞에 서 있는 우리 가족에게 나와 악수하고 안아주면서 축하해 주었다. 가까이 지내던 친구들은 조그마한 선물을 주기도 했다. 우리 가족이 유학 시절에 다녔던 교회는 네덜란드 개혁교회였다. 이 교회에서는 유아세례를 가능한 빨리출산 후 몇 주 내로 받게 했다. 이것은 자녀가 하나님으로부터 받는 언약의 큰 복이기 때문에 늦출 이유가 없다는 것이었다. 때문에 그 교회는 거의 매주 예배시간에 유아세례를 베풀었다. 그만큼 아기들이 많이 태어난다는 뜻이기도 했다. 네덜란드 개혁교회의 성도들은 아이를 많이 낳는다. 자녀는 언약의 백성으로 하나님의 귀한 유산이라고 믿기 때문이다. 일곱 명의 자녀를 둔 가정도 흔하다.

유아세례는 예배 중 설교 전이나 혹은 설교 후에 진행된다. 목사는 꽤 긴 유아세례 예식문을 읽는다. 예식 때문에 예배 시간이 20분 정도 길어지지만, 누구도 지겹다고 생각하지 않고 오히려 감격하며 예식에 참여한다. 어린 아이들은 유아세례식을 보기 위해 자리에서 일어나 발꿈치를 들기도 하는데, 그 모습이 얼마나 사랑스러운지 모른다. 유아세례 예식문이 끝나면, 아빠가 아이를 안고 엄마를 비롯해 나머지 자녀들이 세례단 옆에 선다. 그러면 목사는 유아세례 단 위에 있는 물을 머리에 뿌리며 세례를 준다. "내가 아버지와 아들과 성령의 이름으로 ○○○에게 세례를 주노라!" 그러면 온 성도들이 웅장한 파이프 오르간 반주에 맞춰 찬양을 한다. 언약의 공동체에 새로운 일원이 들어온 날이다. 예배를 마치면 온 성도들이 앞으로 나와 줄을 서서 유아세례 받은 아기의 가족을 축하해 준다. 그날 저녁 그 집은 축하객들로 만원을 이룬다. 잔치가 벌어진다. 이들은 분명 유아세례에 포함되어 있는 언약의 의미를 확실히 믿고 있는 자들이다.

그런데 우리는 어떠한가? 이런 모습은 우리나라에서는 좀처럼 찾아볼 수 없다. 한국 교회에서는 유아세례를 자주 볼 수 없다. 그 이유는 아이를 많이 낳지 않기 때문이기도 하지만, 일 년에 두세 번 유아세례를 모아서 하기 때문이기도 하다. 이것 외에도 네덜란드 개혁교회와 한국 교회의 유아세례 풍습에는 근본적인 차이가 있다. 그것은 유아세례에 담긴 언약 신앙에 대한 생각이다. 과연 한국 교회의 성도들은 왜 유아세례를 하는지 알고 있을까? 아쉽게도 많은 성도들이 유아세례의 의미를 잘 알지 못한다. 아니 이런 것에 별로 관심이 없다. 이 점에서는 유아세례를 하나의 의식으로만 이해하는 로마 가톨릭교회와 크게 다를 바가 없다. 유아세례와 밀접한 연관이 있는 은혜 언약에 대해서도 잘 알지 못한다. 그런데 이런 현상은 비단 한국 교회만의 문제가 아니다. 유아세례를 베풀고 있는 전 세계의 장로교회가 다 비슷한 실정이다. 하지만 유아세례에 나타난 언약 신앙을 제대로 이해하게 되면, 언약의 자녀를 향한 신앙교육의 책임이 더 분명하게 드러나게 될 것이다. 따라서 이제 이러한 언약 신앙에 대해 살펴보기로 하겠다.

1. 유아세례는 은혜로운 언약의 표

고대 근동에서는 친밀한 연합과 지속적인 우정을 위해 언약이 체결되었다. 이때 희생의 피나 혹은 소금을 함께 먹기도 했다. 그런데 언약에는 권리도 있지만 감당해야 할 의무도 있다. 성경에 나오는 최초의 언약은 '행위언약'이라고 불린다. 이것은 아담과 하나님 사이에 이루어졌던 언약이다. "여호와 하나님이 그 사람에게 명하여 이르시되 동산 각종 나무의 열매는 네가 임의로 먹되 선악을 알게 하는 나무의 열매는 먹지 말라. 네가 먹는 날에는 반드시 죽으리라 하시니라"창2:16~17. 그러나 인간은 이것을 지키는 데 실패했다.

모든 인간은 행위언약에 실패할 수밖에 없다. 죄 때문이다. 그래서 이로 인해 '은혜언약'이 주어졌다. 그것은 죄로 인해 멀어진 하나님과 인간 사이를 연결하시려는 하나님의 무조건적인 은혜로서, 죄인을 향한 하나님의 엄청난 사랑에 기인한 것이었다. 우리는 그분의 아들 예수 그리스도를 통한 언약의 이행을 통해 그 사랑의 깊이와 넓이를 확인할 수 있다. 은혜언약은 일방적이다. 하나님께서 인간에게 일방적으로 복을 약속하신 것이다. 따라서 이 언약은 하나님께는 그분 스스로에게 부여하신 의무이지만, 피언약자인 우리에게는 약속이 된다.[1]

대표적인 것이 아브라함에게 하신 언약이다. "내가 내 언약을 나와 너 및 네 대대 후손 사이에 세워서 영원한 언약을 삼고 **너와 네 후손**의 하나님이 되리라. 내가 너와 네 후손에게 네가 거류하는 이 땅 곧 가나안 온 땅을 주어 영원한 기업이 되게 하고 나는 그들의 하나님이 되리라"창17:7~9. 이러한 하나님의 언약의 선물은 믿음으로 아브라함의 것이 된다. 그런데 여기서 주목할 것은 이 약속의 대상이 아브라함 혼자가 아니라 '너'와 '네 대대 후손'이라는 것이다. 할례는 이 언약의 복을 소유했음을 보여 주는 표시이다. 은혜언약의 수혜자는 성도와 성도의 자녀들이다렘11:10. "나는 너희 하나님이 되리라"출6:7; 고후6:16~18; 계21:3고 하는 하나님의 언약은 신약시대에도 여전히 유효하다. "이 약속은 너희와 너희 자녀와 모든 먼 데 사람 곧 주 우리 하나님이 얼마든지 부르시는 자들에게 하신 것이라 하고"행2:39. 그런데 이 언약의 약속이 신약시대에 와서는 세례로 표시된다. 믿음으로 말미암는 아브라함의 의가 신약시대 이후의 성도들에게도 유효한 것처럼갈3:7, 아브라함과 맺은 하나님의 언약은 신약시대의 성도와 그 자녀들에게도 여전히 유효하다. 따라서 아브라함이 자녀들에게 할례를 행함으로써 언약 백성임을 표시한 것처럼, 신약시대에는 믿음의 자녀들에게 유아세례를 행함으로써 하나님의 언약 백성임을 표시하는 것이다.

---

1. 유해무, 239.

하나님께서는 믿는 부모에게 놀라운 약속을 주셨다. 그들을 하나님 나라의 백성으로 삼아주셨을 뿐 아니라 그것의 상속자가 되게 하셨다. 하지만 이 약속은 부모에게만이 아니라 그들의 자녀들에게도 해당된다. 부모의 역할은 이 엄청난 은혜언약의 복을 자녀들에게 가르쳐 주고 전수하는 것이다. 부모는 자녀들에게 그들이 받은 엄청난 유산이 무엇이며, 그것에 어떻게 감사하고, 그것을 어떻게 사용할 것인가에 대해 자녀들에게 가르쳐야 한다. 그런데 오늘날 많은 성도들이 그리스도 안에서 이처럼 풍성한 복의 약속을 받았는데도 오히려 영적 빈궁의 상태에서 살고 있다. 이는 자신들의 영적 유산의 위대함과 고귀함에 대해 알지 못하기 때문이다.[2] 만약 그로 인해 자녀들이 무익한 종같이 자기들의 소유를 감추어 두고 썩혀버리거나 그것을 그릇된 곳에 낭비하게 된다면, 자녀들은 그 책임을 스스로가 져야 할 것이다.

하나님의 언약에는 풍성한 '약속promise'도 있지만, 동시에 분명한 '요구demand'도 있다.[3] 언약의 자녀들에게 요구되는 것은 다름 아닌 믿음이다. 믿음은 단순히 순간적인 결단이 아니다. 그것은 자신의 죄에 대한 깊은 회개이며, 예수 그리스도의 공로를 의지하는 것이요, 성령님의 지속적인 인도하심에 순종하는 것이다. 언약의 자녀는 믿음을 통해 성화의 단계로 나아가고미6:8; 딛2:12, 하나님 나라의 자랑스러운 백성으로 자라간다. 여기에 부모의 역할이 매우 중요하다. 부모는 자녀가 하나님의 은혜언약을 받아 누릴 수 있도록 교육

---

2. Louis Berkhof & Cornelius Van Til (Ed. by Dennis E Johnson), *Foundations of Christian Education: Adresses to Christian Teachers*; 루이스 벌코프/코넬리우스 반틸, 이경섭 역, 『개혁주의 교육학』(개혁주의신행협회, 1994), 147.
3. 네덜란드 개혁교회의 유아세례 문답 예식문에 이렇게 적고 있다. "셋째, 모든 언약은 약속과 요구라는 두 부분으로 이루어져 있기 때문이다. 우리는 하나님에 의해 또 세례로 부름을 받았고 새로운 순종의 의무를 지게 된다."(Ten derde: omdat elk verbond twee delen heeft, namelijk een belofte en een eis, worden wij door God in de doop ook geroepen en verplicht tot een nieuwe gehoorzaamheid. Gereformeerde Kerken in Nederland(vrijg.), "Formulier voor de bediening van de Heilige Doop aan de kinderen van de gelovigen.")

하며 도와야 한다.

2. 유아세례의 유익

그렇다면 유아세례를 통해 성도들이 얻게 되는 유익은 무엇인가? 유아세례를 받게 되면, 그 자녀들은 자동적으로 구원을 보장받는가? 그렇지 않다. 성인세례가 성인의 구원을 보장하지 않는 것처럼, 유아세례 또한 아이의 구원을 보장하지는 않는다.[4] 유아세례를 받은 자녀들이 믿음에서 떠나는 경우도 있다. 모든 유대인이 언약에 약속된 복을 보장받은 것이 아니라롬9:6~9, 오직 남은 자만이 그 약속을 보장받았다. 그렇다면 구원을 보장 받는 것도 아닌데 왜 유아세례를 받는가? 유아세례를 받은 자녀들을 어떤 존재로 간주해야 하는가? 이들을 '중생 받은 존재'로 여길 것인가, 아니면 '중생 받을 대상'으로 생각할 것인가에 따라 교육의 내용이 달라질 수 있다.

물론 로마 가톨릭교회에서는 유아세례가 구원과 직결된다고 가르치지만, 그것은 성경적이지 않다. 개신교인들 가운데는 유아세례를 받은 사람들을 '중생 혹은 구원 받을 대상'으로 간주해야 한다고 주장한 사람도 있다.[5] 이것을 '가정적 중생presumptive regeneration'이라고 부르기도 한다. 하지만 이것은 성경적 근거가 별로 없다. 중생했다면 구원 받은 자임이 분명하지만, 중생 혹은

---

4. 하이델베르크 요리문답(Heidelberg Catechism) 제72문, "물로 외적 몸을 씻는 것 자체가 죄를 씻어 줍니까?"에 대한 답은 "아닙니다. 오직 예수 그리스도의 피와 성령만이 우리의 모든 죄를 씻어 줍니다."라고 분명하게 적고 있다.

5. 대표적인 사람이 네덜란드의 아브라함 카이퍼(A. Kuyper)이다. 이에 대한 정보는 다음 자료를 보라. C. G. Bos & W. A. E. Brink-Blijdorp, *Nieuwe Nederlandse kerkgeschiedenis II* (Barneveld, 1994). 이 논쟁에 대해 노르만 E. 하퍼가 잘 논증하고 있다. 노르만 E. 하퍼, 이승구 역, 『그리스도의 제자 만드는 기독교 교육』 (토라, 2005), 61~68.

구원 받게 될 것이라는 예상으로 성도의 자녀를 언약의 자녀로 취급하는 것은 옳지 않다. 그러면 유아세례 받은 자녀들을 모두 구원과는 상관없는, 중생이 불확실한 존재로 보아야 하는가? 만약 신자의 어린 자녀가 중생하지 않은 자녀라고 생각한다면, 기독교 교육이나 훈련을 할 때 성경의 수많은 가르침과 지침들이 은혜가 없는 죽이는 율법조문과 같이 될 수 있기 때문에 오히려 그것은 역효과가 날 것이 뻔하다.

그런데 여기서 분명히 알아야 할 것이 있다. 그것은 유아세례가 구원이나 영생을 상속받는다는 의미가 아니라는 것이다. 유아세례는 구원받기 위한 것이 아니라 하나님의 명령이다. 하나님께서는 아브라함에게 약속하신 복을 그의 자손들에게도 주셨다. 아브라함은 자신의 몸에서 날 자녀가 하나님의 복을 받게 될 것이라는 언약을 확신할 수 있었다. 그렇다고 아브라함의 육체에서 나게 될 모든 자들이 자동적으로 복을 받는 것은 아니었다. 이스마엘은 비록 할례를 받았지만 이 복에서 멀어졌다. 에서도 할례를 받았지만 언약의 복에서 멀어졌다. 오히려 교활한 야곱이 언약의 복을 받았다. 성도의 자녀가 언약의 상속자로서 유아세례를 받는 것은 '구원을 상속하는 것'과는 다른 차원이다. 성도의 자녀가 유아세례를 통해 얻게 되는 것은 '**하나님의 언약을 상속받는 것**'이다. 이것은 매우 중요한 개념이다. 성도의 자녀는 자동적으로 구원을 얻는 것이 아니라, 하나님의 언약 가운데 있는 복에 대한 약속을 상속받게 되는 것이다.

우리는 이 땅에서 구원 받을 자가 누구인지 알지 못한다. 우리는 예수님의 명령대로 그저 (유아) 세례를 줄 뿐이다. 어떤 이는 아무것도 알지 못하는 자녀에게 세례를 베푸는 것보다 성인이 되어 성인세례를 받는 것이 더 좋다고 생각한다. 하지만 자녀들이 아담의 원죄에 대해 알지 못하지만 그 죄의 영향을 직접적으로 받는 것처럼, 예수님 안에서 은혜로 구원이 이루어진 것을 알지 못하지만 하나님의 자녀로 영접을 받을 수는 있다. 할례가 믿음으로 말미암는 언약의 표였던 것처럼, 유아세례 또한 새 언약의 표이다. 유아세례는 하나님의 은혜의 표시이기 때문에 받는 것이 좋다.

물론 침례교회 계열의 교회에서는 유아세례 대신 그에 상응하는 헌아식獻 兒式을 한다. 헌아식은 자녀가 태어나 처음으로 교회에 올 때 행한다. 헌아식은 순전히 부모를 위한 것이다. 부모로서 자녀에게 무엇을 전수해야 하는지, 무엇을 준비시켜야 하는지를 알게 하는 데 의미를 둔다. 그래서 부모는 헌아식을 통해 자녀를 하나님의 소유로 인정하고, 하나님의 말씀으로 양육하며, 신앙생활을 잘 하도록 양육하게 하겠다는 서원을 한다.[6] 이러한 헌아식의 의미는 사실 유아세례와 동일하다. 차이가 있다면 '유아세례'가 하나님으로부터 오는 은혜를 강조한다면, '헌아식'은 인간의 신앙적 결단을 강조하는 것이다.

3. 언약과 기독교 학교

유아세례식에서 부모는 언약의 자녀들을 신앙으로 가르칠 것을 서약한다. 자녀가 중생 받을 자인지 그렇지 않을 자인지 걱정할 필요가 없다. 그 영역은 하나님의 일이기 때문이다. 언약 안에 있는 자녀를 말씀으로 교육하는 근거는 그의 현재의 영적 상태에 있는 것이 아니라 하나님의 약속과 명령에 있다. 이것은 하나님의 작정에도 불구하고 전도를 해야 하는 이유와도 같다. 작정과

---

6. 침례교회의 '헌아식'에도 부모의 신앙 교육적 서약이 동일하게 강조된다. 첫째, 자녀는 자신의 소유가 아니라, 하나님의 것이며, 잠시 맡아 양육하라는 것을 알고 하나님의 뜻을 좇아 양육한다. 둘째, 자녀에게 모범이 되는 신실한 믿음의 부모가 된다. 셋째, 어릴 때부터 자녀가 교회생활과 신앙생활을 잘 하도록 밀어주고 기도하고 후원한다. 이런 점에서 '헌아식'을 하는 교회에서도 기독교 학교를 많이 설립한다.

예정 교리에 의하면, 하나님께서 구원하기로 작정하신 사람은 한 사람도 빠짐 없이 부르신다행13:48. 그럼에도 성도들이 복음을 전해야 하고 기도해야 하는 이유는 하나님께서 복음을 전하고 기도하라고 명령하셨기 때문이다. 마찬가지로 성도의 자녀가 언약의 자녀라고 해서 그들을 이미 중생 받은 성도로 생각할 필요는 없다. 물론 그들을 아직 구원 받지 못한 죄인으로 간주할 필요도 없다. 다만 믿는 부모의 자녀들은 태어나면서부터 은혜언약의 참여자들로서 고귀한 약속에 참여할 권리가 있으며, 하나님의 언약의 복에 속한 자이기에 말씀에 순종할 의무가 있는 것이다. 그리고 이를 위해 기독교 교육이 필요한 것이다.

유아세례를 통한 언약의 실제적인 적용은 가정에서 자녀에 대한 부모의 신앙교육으로 이루어진다. 가정에서 매일 드리는 예배를 통해 자녀들에게 하나님께서 주신 언약의 복을 선포해야 한다. 그들이 하나님을 잊지 않고 기억하며 그 유산을 자신의 것으로 누리도록 가르쳐야 한다.

한편, 유아세례 때 마지막 질문은 교회 공동체 전체를 향한 것이다. 따라서 교회의 모든 성도가 유아세례를 받는 자녀에 대한 신앙적 교육과 양육에 대한 사랑과 기도의 책임을 함께 져야 한다. 언약 공동체는 공동체의 일원에 대한 신앙적 양육에 공동책임이 있다. 신명기 6장 4~9절의 교육 명령은 사실 이스라엘 공동체 전체에게 주신 것이다. "이스라엘아, 들으라! ……" 이스라엘 백성 전체에게 언약의 자녀를 교육해야 할 책임이 있었다. 마찬가지로 신약시대의 교회 공동체 역시 언약의 자녀들을 함께 교육해야 했다. 그러므로 가정에서 부모가 자녀의 신앙 교육에 최선을 다해야 함은 물론, 교회와 학교, 사회 공동체 전체가 이에 함께 해야 하는 것이다.

현대인은 고대나 중세인과 달리 삶의 영역이 가정을 넘어서고 있다. 모든 것들이 세분화되고 전문화되었다. 과거에는 대부분의 질병을 가정에서 해결했지만, 요즈음은 병원이 생겨 전문 의사들이 책임을 진다. 교육도 전문가들의 손에 맡겨졌다. 부모의 손에서 학교의 교사나 학원의 강사에게로 넘어간 것이다. 교육이 가정에서 학교로 옮겨진 상황에서 학교의 운영이 기독교적인지 아닌지는 매우 중요하다. 학교라는 영역도 하나님의 통치가 필요하며, 하나님께서 영광을 받으셔야 하는 곳이다. 하지만 오늘날 학교에서는 하나님에 관해 말할 수 없는 것이 현실이다. 일반학교는 가치중립적인 지식을 가르친다고 하지만, 그것은 사실이 아니다. 일반학교는 결코 중립적이지 않다. 오히려 무신론적 또는 인본주의적인 철학과 종교가 가르쳐지고 있다. 이런 점에서 성도의 자녀들은 일반학교에서 반신앙적인 교육과 훈련을 받고 있는 것이라 할 수 있다. 때문에 오늘날 기독교 학교의 필요성이 더욱 절실하다. 단순히 미션스쿨이 아니라 모든 과목을 기독교적인 관점으로 접근하는 기독교 학교가 필요하다. 기독교 학교는 언약 신앙을 믿기 때문에 성도의 자녀만을 받아 교육한다. 이는 언약의 자녀를 교육하라는 하나님의 명령을 수행하기 위함이다.

이 일을 위하여 온 교회가 공동책임을 져야 한다. 교회 공동체는 유아세례가 행해질 때 신앙 교육에 대해 한 목소리로 서약한 것을 성실히 이행해야 한다. 주일날 시행되는 교회학교뿐만 아니라 초등학교·중학교·고등학교 과정도 기독교적으로 교육하기 위하여 노력해야 한다. 교회 목사와 지도자들은 성도들에게 자녀를 신앙으로 교육하고 훈련하라고 설교하며 가르쳐야 한다. 또한 가능하면 가정예배를 매일 드리라고 권고해야 하며, 나아가 좋은 기독교 학교를 만들도록 동기를 부여해야 한다. 선교국가로서 발돋움한 한국 교회는 이제 언약의 자녀를 하나님 나라의 일꾼으로 양육하고 교육하는 일에도 박차를 가해야 한다. 만일 가장 기본적이고 중요한 언약의 자녀를 신앙으로 교육하는 데 실패한다면, 한국 교회는 정체성을 잃게 됨은 물론 더 이상 미래가 없게 될 것이다. 반대로 언약의 자녀를 잘 양육하고 교육한다면, 한국 교회는 더 큰 미래와 희망을 가지게 될 것이다. 이를 위해 기독교 학교가 큰 역할을 감당할 수 있을 것이다.

5. 기독 안경점

사람들은 누구나 세상에 관해 나름대로의 생각을 가지고 있다. 그것을 우리는 '세계
관'이라 부른다. 한국 사람들은 숫자 '4'를 좋아하지 않는다. 아파트에 4층이 없거나, 은
행 창구에 4번이 없는 것은 이러한 세계관의 반영이다. 세계관은 사람들의 구체적인 삶,
즉 사회 문화와 종교적 배경과 무관하지 않다. 세계관이 어떠하냐에 따라 사람들의 삶
도 차이가 난다. 그래서 세계관이 매우 중요하다. 특히 기독교 학교는 당연히 기독교 세
계관으로 세워지고 운영되어야 하기 때문에 기독교 세계관이 무엇인지 아는 것이 당연
히 필요하다. 기독교인들은 기독교라는 안경을 끼고 세상을 바라본다. 이것을 '기독교
세계관' 혹은 '성경적 세계관'이라고 한다. 물론 기독교인들이라고 해서 모두 다 같은 세
계관을 지니고 있는 것은 아니다. 여기서는 개혁 신앙적 관점으로 형성된 기독교 세계
관이라는 안경을 쓰고 인간·세계·지식·가치·미에 대해 구체적으로 살펴보도록 하겠다.

모든 기독교인들이 바른 기독교 세계관을 가지고 있을까? 그렇지는 않다.
대부분 세속적 세계관과 기독교 세계관을 혼합해서 가지고 있는 경우가 많다.
기독교인으로서 살아가는 것은 생각처럼 쉽지 않다. 특히 오늘날처럼 복잡한
사회에서는 직장과 교회, 가정 속에서 긴장이나 갈등, 충돌이 만만치 않다. 어
떤 경우는 세속적 세계관이 너무 강해 기독교인들조차 이 세계관에 의해 지배
당하게 된다. 교육의 영역이 그중 하나라 할 수 있다. 사실 세상 속에서 기독교
세계관으로 신앙적 가치를 해석하고 행동으로 옮기는 것은 거의 불가능해 보
인다. 그래서 많은 기독교인들이 좌절하거나 세속적 가치관과 타협한다.

어떤 사람들은 기독교 세계관 혹은 기독교 철학적 접근은 탁상공론에 불과하다고 비난한다. 즉, 이론과 실제의 괴리가 너무 크다는 것이다. 1980년대부터 시작된 기독교 세계관 운동은 '기독교대학설립동역회'를 만들어냈다. 그러나 그들은 아직까지 기독교 대학을 하나도 설립하지 못했다. 기독교 세계관 운동의 관점을 키우는 데만 힘썼지, 그것을 실제로 행하는 단계까지는 나아가지 못한 것이다. 물론 당시 성장만을 추구하던 한국 교회로서는 균형 잡힌 기독교적 세계관에 관한 생각은커녕 아예 들어보지도 못했기 때문에, 이에 관한 관점을 갖게 하는 것만으로도 큰 의미가 있었다. 하지만 기독교 세계관은 관점을 갖는 것으로 끝나는 것이 아니다. 미국의 칼뱅주의자들Calvinists은 본래 기독교 세계관을 '기독교 세계관과 삶christian world view and life'이라고 했다. 왜냐하면 세계관은 삶과 동떨어질 수 없는 것이기 때문이었다. 세계관은 삶으로 증명되고 열매가 맺힐 때 의미가 있다. 그러므로 삶이 없는 세계관은 죽은 것이요, 세계관이 없는 삶 또한 허무한 것일 뿐이다.

1. 인간관

인간이 누구인가라는 질문은 인간을 어떻게 교육할 것인가와 밀접한 관계가 있다. 학교가 학생을 어떻게 보며, 부모가 자녀를 어떻게 보느냐는 그 교육의 목적과 방법에 직접적으로 영향을 미친다. 인간은 의인인가, 죄인인가? 기독교인은 한 번 중생하면 더 이상 죄와 상관이 없는가? 자녀는 부모의 소유인가? 세상은 하나님께 속하는가, 사단에게 속하는가? 자녀에게 십계명을 가르치고 지키도록 요구해도 되는가? 이런 질문에 우리는 대답해야 한다.

전통적으로 인간은 스스로를 긍정적으로 보았다. 인간은 본래 선하지만, 사회 환경이 악해서 악한 행동을 할 뿐이라고 믿었다. 특히 17~8세기 계몽주의 자들은 인간에게서 무한한 가능성을 보았다. 그것은 15세기 문예부흥과 그리스-로마 문명에서 비롯된 개념이었다. 본래 '교육education'이라는 라틴어 단어는 'educare에두카레'인데, 이 뜻은 '끄집어내다'이다. 인간은 선하고 무한한 능력을 내면에 소유하고 있기 때문에, 교육이란 이 잠재력을 끌어내는educare 역할만 하면 된다고 믿었다. 하지만 기독교는 정반대의 견해를 가졌다. 인간은 선하게 창조되었지만, 타락으로 말미암아 죄인이 되었다. 따라서 인간의 본성은 죄로 가득 차 있다고 생각한다. 이런 이유로 기독교는 교육을 예수님의 십자가의 복음으로 죄를 해결하는 것으로 본다. 그리고 구속받은 백성이라 할지라도, 계속해서 하나님의 말씀이 그의 삶을 지배하도록 교육하고 훈련해야 한다고 생각한다.

물론 기독교 안에서도 인간을 보는 시각에 조금씩 차이가 있다. 어떤 사람은 인간이 완전히 타락하지는 않았다고 믿는 데 반해, 어떤 사람은 전적으로 부패했다고 믿는다. 어떤 교회에서는 자녀들을 양육하고 교육할 때 계속적인 회개에 초점을 맞춘다. 그들은 하나님께서 복을 주신 부모의 신앙이 자녀들에게도 복이 된다는 언약 신앙에 대한 이해가 약하다. 따라서 자녀는 언약의 수여자가 아니다. 언약의 자녀에 대한 기독교 교육보다 그들을 전도의 대상으로 보고 선교를 위한 교육을 강조하는 이유가 여기에 있다. 미션스쿨이 이런 생각의 결과이다.

그러나 언약의 자손은 하나님께 속한다. 따라서 세상에서 구별되게 살도록 가르쳐야 한다. 이러한 구별된 언약의 자손에 관한 이해가 없는 기독교인들은 '구별'보다 '연대'가 더 중요하다고 본다. 학교 교육도 세상과 이웃의 연대를 강조하게 된다. 기독교는 이런 굳건한 연합을 위한 도구일 뿐이다. 자유주의 신학·민중신학·해방신학 등의 부류가 이에 속한다.

하나님과 자녀가 언약의 관계에 포함된다고 믿는 것과 그렇지 않은 것은 차이가 매우 크다. 우리는 하나님께서 개입하지 않으시면 하나님과 인간 사이가 좋아질 수 없음을 안다. 왜냐하면 우리는 태어나면서부터 죄를 가지고 있기 때문이다. 하나님께서는 죄를 미워하시고 죄를 지은 인간에게 노하신다. 죄인은 하나님 나라의 시민이 되지 못한다. 따라서 인간은 새로 시작해야 하고 다시 태어나야 한다. 그런데 하나님께서 예수님을 통해 이를 위한 길을 만드셨다. 이제 예수님을 믿는 자들은 새롭게 태어날 수 있다. 그 징표로 성부와 성자와 성령의 이름으로 세례를 베푼다. 이는 예수님께서 우리의 죄를 깨끗하게 씻었음을 나타낸다.

그러면 이러한 세례를 통해 아버지 하나님께서 우리에게 하신 것은 무엇인가? 성부 하나님께서는 우리와 언약을 맺으시고 우리를 그분의 자식으로 입양하신다. 그리고 자녀가 된 우리를 보호하기 원하신다. 성자 예수님께서는 무엇을 하시는가? 성자 하나님께서는 우리를 깨끗하게 씻어주길 원하신다. 그리하여 우리를 그분의 몸의 일부분으로 만드시길 원하신다. 성령님께서는 무엇을 하시는가? 성령 하나님께서는 우리 가운데 살기 원하신다. 그리고 우리에게 새로운 삶을 주신다. 또한 우리를 거듭나게 하시며 영생을 주신다.

유대인은 13세가 되면 성인 대우를 받는다. 13세가 되는 순간 모든 것을 스스로 결정하도록 하는데 하나님과의 관계도 마찬가지이다. 12세까지는 부모가 훈련을 통하여 지도하지만, 13세가 되면 스스로 하나님 앞에서 결단해야 한다. 자녀들은 나이가 들면서 자신의 견해가 강해지고 스스로의 길을 걷기 시작한다. 그러면 자녀로 하여금 하나님과의 삶을 통해 스스로 책임 있게 결정할 수 있도록 어떻게 도울 것인가? 이것은 매우 실제적인 질문이다.

하나님께서는 그분의 자녀에게 무엇을 요구하시는가? 이 답이 기독교 교육의 내용이 되는데, 그것은 바로 하나님을 두려워하고 경외하는 삶이다. 물론 이는 하나님의 은혜로만 가능하다.

> 모든 사람에게 구원을 주시는 하나님의 은혜가 나타나, 우리를 양육하시
> 되 경건치 않은 것과 이 세상 정욕을 다 버리고 신중함과 의로움과 경건
> 함으로 이 세상에 살고, 복스러운 소망과 우리의 크신 하나님 구주 예수
> 그리스도의 영광이 나타나심을 기다리게 하셨으니, 그가 우리를 대신하
> 여 자신을 주심은 모든 불법에서 우리를 속량하시고 우리를 깨끗하게 하
> 사 선한 일을 열심히 하는 자기 백성이 되게 하려 하심이니라.딛2:11~14

우리는 유아세례를 베풀면서 자녀가 하나님을 두려워하고 경외하는 삶을 살기를 바라며, 또한 이를 위해 교육의 책임을 지겠다고 결심해야 한다. 자녀는 하나님의 소유이면서 동시에 부모에게 돌보도록 맡겨진 존재이다. 따라서 믿는 부모의 자녀는 하나님의 언약 안에 있으며, 믿는 부모는 자녀가 어릴 때 세례를 받게 하면서 하나님의 자녀로 양육할 것을 약속해야 한다. 이들이 가정과 교회와 학교에서 기독교적으로 잘 교육받을 경우, 하나님을 잘 섬기는 제자로 자라게 될 것이다. 그런 의미에서 기독교 교육은 성령 하나님의 도구라고도 볼 수 있다. 기독교 교육을 통해 자녀는 삶에서 하나님을 사랑하고 이웃을 섬겨야 함을 배워야 하고, 세상 속에서 기독교 세계관으로 불신자들과 함께 일하는 것을 배워야 한다.

기독교 세계관으로 볼 때 자녀는 거룩한 자요, 하나님의 눈에 기쁨이 된다. 기독교 교육은 이러한 자녀들에게 하나님께서 누구시며, 무엇을 요구하시는지 알게 하는 것이다. 또한 하나님 앞에서 스스로 선택한 삶에 대해 책임을 지도록 가르치는 것이다. 이때 성령 하나님의 역사하심에 의존하는 법을 함께 가르쳐야 한다. 이로써 자녀들의 삶은 그리스도의 편지로서 예수님을 닮아가

게 된다. 그러므로 부모가 자녀에게 해 주어야 할 가장 중요한 일은 사회적으로 훌륭한 존재로 만드는 것보다 자녀들 스스로 하나님에 대해 확신에 찬 믿음을 가지게끔 하는 것이다.

2. 세계관

세계에 대한 성경적 견해는 두 가지가 있다. 먼저 성경은 세상을 하나님의 선한 창조물이라고 말한다. 하나님께서는 지금도 세상을 통치하시며 유지하고 계신다. 그러므로 우리는 세상을 하나님의 창조물로 인식하고 가치 있게 받아들여야 한다. 하지만 성경은 인간의 범죄로 인하여 세상이 악에게 점령당하고 하나님과 멀어지게 되었다고도 말한다. 땅은 하나님으로부터 저주를 받았다. 세상은 여전히 하나님의 것이지만, 세상의 왕, 곧 공중의 권세 잡은 자에 의해 점령당한 것처럼 보인다. 때문에 예수님께서 죽으시고 부활하심으로써 사단에 대해 결정적으로 승리하신 것이다. 이로써 모든 권세가 그리스도께 주어졌다마28:18. 그러므로 우리는 예수님의 죽음과 부활로 말미암아 치명적인 결정타를 날린 'D-day'와 결정적인 승리의 날인 'V-day'사이에 있는 역사의 마지막 단계에 살고 있는 것이다.

그러면 기독교인은 이 혼잡한 세상에서 어떻게 살아야 하는가? 먼저 기독교인은 세상을 탐닉하지 말아야 한다. 그는 하나님 나라의 시민이요, 천국으로 가는 도중에 있다. 그의 삶은 세상의 순례자요 여행자로서, 잠시 머무는 이방인으로서 믿지 않는 사람과 구별된 삶을 살아야 한다. 물론 기독교인 역시 세상에서 평안하고 행복하게 살 수 있다. 하지만 잊지 말아야 할 것은 하나님께서 평안한 삶을 허락하실 때 더더욱 세속에 물들지 않아야 한다는 것이다. 세상의 것들은 모두 상대적이고 일시적일 뿐이다.

세상에 대한 개혁신앙적 관점은 다른 관점과 비교할 때 더욱 분명해진다. 근본주의자들과 경건주의자들은 세상을 악한 것이라고 생각한다. 부패한 세상은 멸망할 것이며, 문화가 발전하는 것은 기울어가고 있는 경사면에 불과하다고 생각한다. 이들은 문화를 회피하는 '문화 금욕주의자들'로서 세상과 문화에 대해 부정적이다. 하지만 상대적으로 보수적 제도는 좋아한다. 많은 경우 그들은 과거로부터 물려받은 조상들의 믿음과 제도를 고수하려 한다. 그것 역시도 문화의 일부분일 뿐인데 말이다. 교육의 목적도 과거의 것을 본받는 것에 그친다. 이러한 관점은 세상을 이원론적으로 보게 함으로써, 세상이 하나님의 통치 가운데 있다는 사실을 간과하게 한다.

이와 반대로 '문화 신봉론자'들도 있다. 이들은 천국에 대한 소망보다 세상을 좀 더 좋게 만드는 것에 관심을 둔다. 복음도 상황에 맞도록, 특히 세상의 평화와 정의를 위해 변화해야 한다고 주장한다. 민중신학·해방신학·흑인신학·여성신학 등이 바로 그러한 이상을 추구한다. 그들은 이 불의한 세상에 메시아의 왕국을 세워야 한다고 생각한다. 따라서 그들에게 학교는 신앙의 교리를 가르치는 곳이라기보다 세상을 변화시킬 영감 있는 인간을 양성하는 곳이다. 그들은 하나님과 하늘나라에 대한 것보다 이 땅에서 어떻게 살 것인가에 초점을 맞춘다. 학교는 전쟁에 대항해 평화를 위해 싸우고, 인종 차별에 대항해 평등법을 만들고, 기아와 소유의 균형적 분배에 기여하도록 교육해야 한다고 믿는다.

이에 반해 개혁신앙의 성도들은 신앙을 자신의 영혼이나 교회에 제한시키지 않고 한 걸음 더 나아간다. 그의 믿음의 지평은 모든 삶의 영역으로 뻗어나간다. 이는 마치 누룩이 가루 전체에 영향을 미치는 것과 같다. 그들은 하나님께서 모든 창조물과 화해하기를 원하시며, 나아가 그것들을 재창조하고 새롭게 하기를 원하신다고 믿는다. 그러므로 개혁신앙을 지닌 자들은 한편으로는 죄를 멀리하면서도, 문화 금욕주의자들과는 달리 세상의 문화에 대한 가치를 적극적으로 인정한다. 하지만 이처럼 세상을 등지는 문화 금욕주의자들을 거부하면, 자칫 세상에 탐닉하는 세속주의에 빠지는 것은 아닐까? 아니다. 왜냐하면 개혁신앙적 세계관은 영혼과 교회에만 관심 있는 좁은 근본주의적·경건주의적 시각도 거부하지만, 동시에 교회와 세상을 무비판적으로 혼합하는 문화 신봉론자의 세속주의도 거부하기 때문이다.

개혁신앙적 세계관을 지닌 사람들은 불신자들이 생각하지 못하는 더 큰 영역에서 살아간다. 이 땅에서의 일은 더 큰 전체의 한 부분일 뿐이다. 시간은 영원과 연결된다. 건전한 기독교적인 세계관은 땅과 하늘, 현재와 미래를 모두 포함한다. 하나님과의 관계뿐만 아니라 세상에서 함께 살아가는 사람과 피조물과의 관계도 중요하다. 불신자들과 신자들이 똑같은 일을 하고 있는 것처럼 보이지만, 내적으로는 엄청난 차이가 있다. 신자는 그 곳에서 하나님을 보고 섬기지만, 불신자는 다른 데 관심이 있다. 이로 인해 신자들의 삶과 일은 불신자들과 전혀 다른 관점에서 이루어진다. 이 땅에서 기독교인의 삶은 하나님을 섬긴다는 한 노선만 있을 뿐이다. 그러한 삶은 모두 가치 있으며, 더 좋은 천국에서 사는 삶의 시작이다. 궁극적으로 우리에게 약속된 하나님 나라에서는 죄가 우리를 더 이상 방해하지 못할 것이다.

결론적으로 개혁신앙을 가진 신자는 언약 안에서 하나님과 굳건한 관계에 있음을 믿고 하나님께서 주신 역할을 기쁘게 감당한다. 왜냐하면 하나님께서는 구주savior이실 뿐만 아니라 세상의 왕king이시기도 하기 때문이다.

3. 지식관

학교는 지식을 전달하고 배우는 곳이다. 현대인들이 생각하는 지식의 개념은 계몽주의 이후 생겨난 것으로, 대체로 과학적 지식을 의미한다. 과학적 지식은 경험적으로 측정 가능한 것으로 제한된다. 프란시스 베이컨Francis Bacon은 삶의 의미와 목적에 대한 사색은 그만두고 단순히 사실만을 추구하라고 말했다. 존 듀이John Dewey 역시 과학적으로 증명할 수 있는 것이 진리이며, 절대적 진리란 없다고 말했다. 이처럼 지식과 진리는 과학적 방법 또는 발견에 의해 얼마든지 변할 수 있게 되었는데, 이런 생각이 오늘날 교육계에 공통된 인식론으로 자리 잡고 있다. 측정 가능한 사실만이 과학 또는 지식으로 인정되는 것이 현대의 상황이다. 그래서 일반학교에서는 검증 불가능한 종교적 내용이나 가치에 대해서는 다루지 않는다. 지식과 가치, 객관과 주관은 분리되었다. 가치의 영역은 종교와 개인의 영역에 가둔 채, 지식의 객관적 영역만 인정하는 시대가 되었다. 한국 문화를 지배하는 지식관도 이와 다르지 않다. 현재 학교에서 가르치는 지식관을 보면 쉽게 알 수 있다. 학생들의 능력은 국어·영어·수학·과학 등 교과목의 시험점수로 평가 받는다. 이는 학교에서 가르치는 지식이 단지 머리로만 아는 지식임을 말해준다.

그런데 오늘날 기독교인들은 이런 지식을 전달하는 교육이 종교적으로 중립적이라는 신화를 믿는다. 때문에 미국, 유럽, 그리고 오스트레일리아 등의 대부분의 기독교인들이 아무 거리낌 없이 자녀를 공립학교에 보내고 있다. 미국은 신자의 자녀 8~90% 정도가 공립학교에 간다고 한다. 아마 한국은 그 비율이 더 높을 것이다. 리차드 애들린Richard Edlin은 그의 책 『기독교 교육의 기초』2장에서 공립학교 교육의 중립성을 주장한 교육학자들이 전혀 중립적이지 않음을 증명한다.[1] 신앙이 없는 학문은 존재할 수 없다. 공립학교에서 가르치는 지식은 무신론과 인본주의에 바탕을 둔 것이다. 저명한 로이 클라우저Roy Clouser,[2] 토마스 쿤Thomas Kuhn,[3] 마이클 폴라니Michael Polanyi,[4] 파커 팔머Parker Palmer 같은 학자들은 이 부분에서 한 목소리를 내고 있다. 즉, 모든 학문은 독립적이지 않고, 다른 학문과 관련되어 있으며, 나아가 종교적인 것과도 직접적으로 관련이 있다는 것이다. 사람들은 과학이 객관적이라는 신화를 믿고 있지만, 사실 개인적인 선입견이 가미되지 않은 과학적 연구란 있을 수 없다고 토마스 쿤과 마이클 폴라니가 주장했다. 이들의 주장이 최근 과학계에 큰 도전이 되고 있다.[5]

히브리서 11장 3절은 우리에게 지식과 신앙의 문제를 분명하게 규정해 준다. "**믿음으로** 모든 세계가 하나님의 말씀으로 지어진 줄을 우리가 **아나니**……". 중세 영국 캔터베리의 주교였던 신학자 안셀무스가 "알기 위해 믿는다credo ut intelligam"라고 한 것처럼, 우리는 믿음으로 하나님과 그분께서 하신 일을 알게 된다. 신앙과 지식은 분리할 수 있는 것이 아니다. 어떤 학문을 하든 종교적 입장을 선택할 수밖에 없음을 인정한다면, 이제 우리에게 남은 과제는 '어떤 신앙으로 지식에 접근하느냐' 또는 '그 지식이 어떤 신앙으로 인도하느냐'가 된다. 여기서 기독교인의 지식에 대한 관점, 곧 기독교적 인식론이 무엇이냐 하는 문제가 등장한다.

기독교적 지식관은 단순한 정보의 축적을 의미하지 않는다. 지식은 단순

---

1. Richard J. Edlin, *The Cause of Christian Education*, 기독교학문연구회 교육학분과, 『기독교 교육의 기초』(그리심, 2004), 51-69.
2. Roy Clouser, *The Myth of Religious Neutrality: An Essay on the Hidden Role of Religious Belief in Theories* (Univ. of Notre Dame, 2005).
3. Thomas Kuhn, *The Structure of Scientific Revolutions* (Univ. of Chicago Press, 1996).
4. Michael Polanyi, *Personal Knowledge: Towards a Post-Critical Philosophy* (Taylor & Fransis, 2007)
5. Richard J. Edlin, 156.

한 도구가 아니다. 그것은 모든 만물을 창조하고 경영하시는 살아계신 하나님과의 관계에까지 나아간다. 하나님을 안다는 것은 그분과 관계를 맺는 것이다. 또한 지식은 궁극적으로 사랑하는 것이다. 앎의 행위는 곧 사랑의 행위이다. 즉, 다른 사람의 실제 속으로 들어가 그것을 포용하는 한편, 다른 사람으로 하여금 자신의 실제 속으로 들어와 그것을 포용하도록 하는 행위이다.[6] 지식의 또 다른 의미는 지식이 인격적이라는 점이다. 지식은 인격이 없는 컴퓨터에 저장된 단순한 정보가 아니다. 성경은 하나님을 경외하는 것이 지식의 근본잠1:8이라고 했다. 하나님께서는 참 지식을 인간이 되신 예수 그리스도를 통해 우리에게 주셨다. 성육신하신 예수님께서는 하나님이시지만 동시에 인간이셨다. 우리는 인간이신 예수님을 보면서 하나님의 인격적인 모습을 본다. 또한 예수님께서는 하나님의 지혜요 지식의 보고인 말씀이셨다. 이 말씀을 통해서만 우리는 하나님을 알 수 있다. 하나님을 알고 사랑할 때에야 비로소 우리는 참 지식을 얻을 수 있다. 이런 의미에서 지식은 정보의 축적이 아니라 인격적인 것이다. 세상의 모든 피조물과 그와 관련된 모든 지식은 인격적이신 하나님을 반영한다. 그러므로 지식이란 추상적이거나 이론적인 것이 아니라 구체적이고 실제적인 것이다.

또 다른 지식에 대한 관점으로는 통합적 지식과 분석적 지식이라는 것이 있다. 통합적 지식이란 지식이 여러 조각으로 나뉘어져 있지 않고 통합되어 있다는 것이다. 우리가 기독교인으로서 경험하는 다양한 것들의 통합이 바로 지식이라는 말이다. 이에 비해 분석적 지식이란 하나님께서 우리에게 주신 통합된 다양한 지식을 논리적으로 분석할 수 있다는 것이다. 이것을 과학적 지식이라 부를 수도 있다. 그런데 분석적 지식만을 추구할 경우, 잘못하면 하나

---

6. Parker J. Palmer, *To Know As We Are Known: Education As a Spiritual Journey*, 이종태, 『가르침과 배움의 영성』 (IVP, 2006), 55.

님의 통합적 지식에 이를 수 없게 된다. 물론 거듭난 기독교인으로서 하나님을 사랑하고 경외하는 마음으로 분석적 지식을 과학적으로 다룬다면, 우상에 빠지지 않고 의미를 찾을 수 있을 것이다. 기독교 학교는 이러한 통합된 지식과 분석적 지식을 균형 있게 가르치는 곳이어야 한다.

세상에 순수하게 객관적인 지식이란 있을 수 없다. 개혁신앙인은 세상의 모든 지식이 하나님의 것이라고 믿는다. 인간이 스스로 만든 지식은 없다. 인간은 이 지식으로 하는 일에 대해 분명한 책임을 져야 한다. 지식을 사용하는 사람은 기계가 아니라 이성과 감성과 감각을 지닌 인격체이다. 여기에 중립적인 태도는 있을 수 없다. 그러므로 "나의 지식과 능력으로 무엇을 할 것인가?"라는 질문이 기독교 학교에서 가르쳐야 할 중요한 덕목이다. 학교는 단순히 머리의 지식과 손 기술을 가르치는 데 그치지 않고 따뜻한 가슴을 지닌 책임 있는 기독교인을 양육하는 것을 목표로 해야 한다. 수업 전에 성경을 읽고 기도하게 하는 것도 중요하지만, 보다 중요한 것은 하나님에 대한 지식이 세상 가운데서 어떤 의미가 있고 어떤 역할을 해야 하는지 가르치는 것이다.

이런 점에서 기독교 학교는 각 개인이 기독교 세계관으로 학문과 세상을 바라보는 시각을 형성하도록 도와야 한다. 또한 인생과 세계에 대한 전체적인 시야를 형성하도록 가르쳐야 한다. 이런 시각이 형성되지 않으면, 오늘날 정보의 홍수 속에 살아가는 젊은이들은 길을 잃어버리고 말 것이다. 따라서 기독교 교육은 아름다운 보석을 제공함과 더불어 그것을 꿸 수 있는 줄을 주는 것과 같다고 할 수 있다. 학생들이 배우는 세상의 모든 지식과 기술이 보석이라면, 이 보석들을 꿸 수 있는 줄은 기독교 세계관으로 무장된 믿음이다.

4. 가치관

이 시대를, 과학적 지식을 진리라고 믿던 모더니즘과 달리, 객관적이고 절대적인 진리를 믿지 않는 포스트모더니즘 시대라고 부른다. 이런 현상은 계몽주의가 낳은 사실과 가치의 분리에서 유래했다. 즉, '가치'는 개인적이고 상대적인 반면, '사실'은 공적이며 절대적이라고 믿는 것이다. 사람들은 어떤 가치를 따를 것인가, 무엇이 옳은가, 무엇이 의미 있는가에 대해서는 각 개인이 판단할 문제라고 여긴다. 따라서 어떤 사람에게는 옳은 것이 다른 사람에게는 그렇지 않을 수도 있다.

이처럼 세상의 교육은 개인이 무엇을 진리라고 생각하든 상관없지만, 학교에서 공적으로 가르치는 지식에는 종교적 내용을 담을 수 없음은 물론, 무엇이 옳고 무엇이 틀린지조차 다루면 안 된다고 가르친다. 물론 그들이 가치 자체의 존재를 부정하는 것은 아니다. 단지 사실을 규명하는 것처럼, 과학적 방법으로 가치를 증명하거나 다룰 수 없기 때문에 가치는 개인적이고 사적인 영역에 속한 것이지 그것을 공개적으로 또는 공적으로 가르칠 수는 없다고 생각한다. 그런데 기독교인들조차 이런 흐름에 동조해 기독교적 가치에 대해 공적으로 말하기를 포기했다. 레슬리 뉴비긴Lesslie Newbigin은 그의 여러 책[7]에서 기독교가 공적인 자리에서 사적인 구석으로 밀려났다고 지적하고 있다.

그러면 성경도 가치를 단순히 개인적인 영역으로 제한하고 있는가? 그렇지 않다. 리차드 애들린은 이에 대해 다음과 같이 말한다.

---

7. Lesslie Newbigin, *The Gospel in a Pluralist Society*, 허성식 역, 『다원주의 사회에서의 복음』 (IVP, 1998); *Foolishness to the Greeks* (Wm. B. Eerdmans Pub. Co., 1986), 홍병룡 역, 『헬라인에게는 미련한 것이요』 (IVP, 2005); *Truth and Authority in Modernity* (Trinity Press, 1996), 김기현 역, 『포스트모던 시대의 진리』 (IVP, 2005); *Living Hope in a changing world* (Alpha International, 2003), 이혜림 역, 『변화하는 세상 가운데 살아 숨쉬는 소망』 (서로사랑, 2006).

성경적 관점에서 가치란 존재하며 그것은 절대적인 것이다. 가치는 하나님에 의해 창조되었으며, 우리 일상의 모든 영역과 경험 속에서 존재한다. 가치는 실제의 어떤 면으로부터 분리될 수 없다. 이 세상에 스스로 존재하는 것은 아무 것도 없고, 하나님의 말씀에 의해 모든 것은 존재한다.골1:17; 히1:3[8]

세상에 존재하는 모든 지식과 사실들은 결코 중립적이지 않다. 사실 모든 것들은 결국 하나님과 관련되어 있다. 우리가 할 수 있는 것이라고는 사실과 가치를 하나님과 관련지어 하나님께서 주신 대로 바르게 알고, 나아가 깊은 경외심으로 하나님 앞에 서서 감사와 찬양을 올려 드리는 것뿐이다. 하나님께서는 세상을 창조하신 후, '좋았더라'는 말씀으로 그것에 가치를 부여하셨다. 따라서 하나님께서 만드신 창조세계에는 의미 없는 것들이 없다. 우리는 그 속에서 하나님의 법칙을 확인하고 실현해야 한다. 그러나 우리에게는 죄로 인해 그것을 정확하게 보지 못할 뿐만 아니라, 안다고 해도 하나님께 영광을 돌리기보다 자신의 영광을 추구한다는 한계가 있다.

기독교 학교가 해야 하는 일은 세상의 지식 가운데 포함되어 있는 의미와 가치를 회복하는 것이다. 즉, 학문의 회복이다. 지금까지 학문은 객관적·과학적으로 연구한다는 명목 아래 하나님과 성경적 가치를 제외하는 것이 옳다고 생각했다. 현실적으로 공립학교는 단순 지식을 전달하기만 해도 최고의 교육을 했다고 자위한다. 하지만 기독교 학교는 학문 속에 포함된 진정한 가치를 회복하도록 도와야 한다. 그것은 세속적인 지식관으로 왜곡된 가치를 성경적인 참 지식으로 회복하는 일이기도 하다. 그래서 기독교 학교는 학문 활동

---

8. A. E. Green, Jr., *Reclaiming the Future of Christian Education* (ACSI, 1988) 현은자 외 역, 『기독교세계관으로 가르치기』 (CUP, 2000).

을 통해 지식을 전달할 뿐만 아니라 그 학문 활동의 영역에 포함된 가치를 발견하도록 노력해야 한다. 지식과 가치는 상호적으로 영향을 끼치는 분리할 수 없는 긴밀한 관계에 있다. 이에 대해 브루멜른Harro van Brummelen은 가치를 도덕 이상이라고 보면서, 모든 교육과정 가운데 성경에 기초한 가치들이 어떻게 긴밀하게 연결되어 있는지를 다음의 표처럼 잘 정리했다.[9]

교과목의 영역	성경적 가치
영성	믿음, 헌신, 경건, 거룩
도덕	정직, 성실, 진리에 대한 존중, 책임감
정치/법	권위 존중, 준법, 정의, 평화, 개인적·공동체적 권리와 책임의 균형
경제	책임 있는 청지기 정신, 가난한 자와 장애인에 대한 긍휼
사회	타인 존중, 협력, 신뢰하고 이타적 관계, 친절, 신뢰성, 거룩한 언약으로서 견실한 결혼과 가정
언어/커뮤니케이션	진정성, 의미성, 명료함
분석/논리	타당성, 분별력, 지성적 삶의 존중
미학	창의성, 표현력, 미
심리	정서적 균형, 타인에 대한 민감함, 자기 조절, 인내, 분별 있는 용기
건강/신체	신체적 건강, 활력, 근육 운동의 협응(coordination)
생물/물리	생명과 물질에 대한 존중과 감사, 관찰의 정확성, 해석에서의 바른 판단
수학	정확성, 정밀성, 수와 공간의 책임 있는 활용

결론적으로 가치에 나타나는 것들은 대부분 인간의 태도 및 성품과 관련된

---

9. Harro van Brummelen, *Steppingstones to Curriculum*, 이부형 역, 『기독교적 교육과정 디딤돌』(IVP, 2006), 72~90.

다. 성품이나 인성교육에서 다룰 수 있는 가치들을 단순히 한 교과목에 불과하다고 제한하는 것은 가치의 기능을 너무 축소시키는 것이다. 기독교 학교는 성경이 성경과목과만 관계있다고 생각하지 않는다. 가치 역시 마찬가지이다. 교과목과 삶과 가치는 분리될 수 없고 상호 긴밀하게 연결된다. 비단 학교뿐만 아니라 가정에서도 그러하다. 그렇지 않을 경우, 학교에서 가르치는 교육과정은 학생들의 행동, 가치, 헌신에 도움이 되기는커녕 오히려 혼돈을 초래할 수 있다. 물론 학교와 가정에서 가르치는 가치가 교회에서 설교되는 가치와 분리되지 않아야 한다는 것은 당연하다.

5. 미학

오늘날 일반학교에서 예체능 과목은 미운오리새끼가 되었다. 대학 입시에서도 예체능 전공자가 아니면 거들떠보지도 않는다. 음악과 미술은 취미생활 정도로만 취급될 뿐이다. 전통적으로 개신교회에서도 미술의 영역은 그렇게 발전하지 못했다. 이원론적 세계관에 있어서 예술의 미적 부분을 즐기고 기뻐하는 개념은 저급한 것이었기 때문이다. 음악이 어느 정도 예외였던 것은 교회 음악 때문이다. 이처럼 성聖과 속俗의 이원론은 세상의 아름다움은 최소화하면서 영적이고 하늘에 속한 것들에만 관심을 기울이도록 했다.

인간은 죄로 인해 피조세계 가운데 있는 하나님의 형상을 발견하지 못하고 누리지 못한다. 오히려 자신의 위대함과 아름다움만 추구하며, 피조물을 자신의 쾌락, 권력, 소유욕, 그리고 영광을 위해 자기 마음대로 이용한다. 하나님께서 주신 아름다움과 기쁨을 하나님의 영광이 아닌 자신의 영광을 위해 사용함으로써 그것을 우상으로 만들어 버린다. 그러나 성경은 죄로 인해 잃어버린

미적 영역을 다시 회복할 수 있다고 말한다. 웨스트민스터 소교리 제1문답 역시 이렇게 말한다. "인간의 제일 되는 목적은 하나님을 영화롭게 하고 그분을 영원토록 즐거워하는 것입니다." 하나님을 영화롭게 하고 그분의 형상이 새겨진 피조물을 즐거워하는 것은 너무나 당연하다. 구약의 여러 시편은 이 점을 더 분명하게 노래한다.

> 여호와의 영광이 영원히 계속할지며 여호와는 자신께서 행하시는 일들로 말미암아 즐거워 하시리로다. 그가 땅을 보신즉 땅이 진동하며 산들을 만지신 즉 연기가 나는도다. 내가 평생토록 여호와께 노래하며 내가 살아있는 동안 내 하나님을 찬양하리로다. 나의 기도를 기쁘게 여기시기를 바라나니 나는 여호와로 말미암아 즐거워하리로다.시104:31~34

이 시편에서 하나님께서는 그분의 창조와 통치 사역을 기뻐하신다. 동시에 시인도 그러한 하나님 때문에 즐거워하며 찬양한다. 여기에서 기독교적 미학의 의미를 발견할 수 있다. 하나님의 피조세계가 그려내는 각종 소리와 장면들은 하나의 거대한 예술 작품이다. 하나님께서 이것을 기뻐하고 즐기신다면, 하나님의 형상으로 창조된 인간이야 말해 무엇하랴. "내가 그 곁에 있어서 창조자가 되어 날마다 그의 기뻐하신 바가 되었으며 항상 그 앞에서 즐거워하였으며 사람이 거처할 땅에서 즐거워하며 인자들을 기뻐하였느니라"잠8:30~31. 기독교를 금욕적 종교로 여기고 미적인 것을 즐기지 말아야 한다는 생각은 잘못된 생각이다.

한편, 기독교적 미학은 단순히 외면에 드러난 것만을 의미하지 않는다. 미학은 윤리적 가치와 결합될 때 그것의 진정한 의미가 살아난다. 사람은 외모를 보지만 하나님께서는 그 중심을 살피신다삼상16:7. 성경은 거룩의 아름다움을 노래한다. "아름답고 거룩한 것으로 여호와께 예배할지어다"시96:9. 거룩이란 구별된다는 것으로, 이는 하나님을 따르지 않는 세상 사람들과 구분된다는 의미이다. 세상의 우상과 관계하지 않고 오직 하나님과만 교제하는 기독교인은 아름답다. 예수님의 십자가는 결코 아름다운 것이 아니었다. 그렇지만 그것은 가장 거룩한 것이었고, 따라서 세상에서 가장 아름다운 것이었다. 비록 세상적으로 대단해 보이지 않더라도, 겉으로 드러나지 않는 마음속 깊은 곳에서 우러나는 하나님을 향한 열정과 간절함만으로도 아름다울 수 있다. "하나님이여 주는 나의 하나님이시라. 내가 간절히 주를 찾되 물이 없어 마르고 곤핍한 땅에서 내 영혼이 주를 갈망하며 내 육체가 주를 앙모하나이다"시63:1.

그러면 기독교 학교는 기독교적 미학을 어떻게 적용할 수 있을까? 우선 기독교 학교에서는 모든 교과목을 통하여 피조세계의 오묘함과 아름다움을 발견하도록 도울 수 있다. 국어에 나타난 언어의 아름다운 표현들을 통해 하나님께서 만드신 언어의 아름다움을 노래하며, 시와 산문과 글을 통해 하나님께 영광을 돌릴 수 있다. 또한 피조물 가운데서 발견되는 수학적 구조의 아름다움을 즐길 수도 있다. 과학과 생물을 배우면서도 마찬가지이다. 밤하늘의 별과 우주의 광대함을 보면서도 하나님의 영광을 노래할 수 있다. 미술과 음악적 표현을 통해 하나님께서 주신 재능을 드러내고, 그것으로 하나님께 영광을 돌릴 수도 있다. 물론 기독교 학교는 성경을 통해 믿음의 증인들의 아름다운 삶을 가르칠 수도 있다. 나아가 예수님의 희생적 십자가의 삶이 지닌 아름다움도 가르칠 수 있다. 이처럼 외적 아름다움뿐만 아니라 내면의 아름다움을 함께 추구하도록 가르치는 것이 기독교 학교의 큰 특징이 되어야 한다.

6. 악인에게도 해와 비를

앞에서는 기독교 세계관에 대해 살펴보았다. 하지만 많은 경우 기독교인은 세속적 세계관과 기독교 세계관을 혼합적으로 소유하고 있다가 상황에 따라 편한 쪽으로 생각하고 행동한다. 예를 들어, 일터에서는 세속적 세계관으로 살아가지만, 교회에서는 기독교 세계관으로 행동하는 것이다. 어떤 사람은 기독교 학교가 세상 속에 있으면 세속화되기 쉽기 때문에 산 속 깊은 곳에 세워 수도원 생활을 하도록 해야 한다고 생각하기도 한다. 또한 비기독교인이 만든 세속적 교재는 기독교 학교에서 절대 사용해서는 안 된다고 말하기까지 한다. 어찌 보면 매우 신앙적인 것처럼 들릴지 모르지만 결코 그렇지 않다. 이는 세상에 존재하는 모든 것이 하나님의 것이라는 사실을 간과하는 것이다. 하지만 세상에 존재하는 모든 것이 하나님의 것이다. 다만 사단과 죄인이 그것을 왜곡시키고 있을 뿐이다. 하나님께서는 신자나 불신자를 불문하고 비와 햇빛을 내리시는 인자하신 분이다. 이것을 우리는 '일반은혜'라고 부른다.

기독교 학교를 시작하려는데 어떤 교재를 사용할 것인가는 매우 중요한 문제이다. 일반적으로 기독교 학교를 시작하는 분들은 기독교적 교재를 사용해야 한다고 생각한다. 국정 교과서는 인본주의적 관점에서 만들어졌기 때문에 기독교 학교에서는 사용할 수 없다는 것이다. 충분히 이해할 수 있는 논리이다. 그러나 우리나라에는 아직 기독교적으로 개발된 교재가 없다. 그렇기 때문에 이어지는 결정은 울며 겨자 먹기 식으로 미국에서 만든 영어 기독교 교재를 사용하는 것이다. 어떤 학교는 독자적인 기독교 교과과정을 만들기 위해 많은 시간과 노력과 재정을 투자하기도 한다. 물론 기독교 교재를 개발하는 것은 의미가 있다. 앞으로 좋은 기독교 교재들이 많이 나와야 한다. 하지만 그 작업은 단 기간에 한 집단이 할 수 있는 일이 아니다. 수준 있는 기독교 교재들을 만들기 위해서는 좋은 인력과 시간, 재원이 필요하다. 그런데 지금 한국적 현실에서는 이 모든 것이 불가능에 가깝다. 그렇다고 한국이라는 교육의 장에서 미국에서 만든 교재를 사용하는 것도 바람직하지는 않다. 그러면 기독교 학교는 꼭 구별된 기독교 교재만을 고집해야 하는가? 기독교 학교는 국정 교과서를 사용할 수 없는 것인가? 결론은 '가능하다'이다. 이 부분은 신학 용어인 '일반은혜'와 관계가 있다.

종교개혁 시대에 재세례파[1]는 이 세상은 전부 악하며 악마가 장난하는 것 외에 아무것도 없다고 믿고 이 세상에서 은둔하려고 했다. 즉, 세상은 단지 다시 오실 예수님에 대한 갈망을 제외하면 아무 의미가 없다는 비관론적 세계관을 가지고 있었던 것이다. 반대로 초대 이단이었던 펠라기우스와 그의 교리를 따르는 로마 가톨릭교회는 이 세상의 과학과 예술과 공업은 아직도 타락한 인간에게 남아 있는 신의 선물이라고 믿어 세상을 낙관적으로 바라보았다. 그러나 전통적으로 칼뱅의 신앙을 따르는 칼뱅주의자들의 생각은 이와 달랐다. 그들은 이교 사회나 불신자 세계에서 발견되는 과학과 예술과 문화의 우수한 발전을 인간의 선함으로 해석하지 않았다. 인간은 근본적으로 타락했고 그로 인해 세상도 저주 속에 고통하고 있다. 하지만 그렇다고 인간이 선한 행동을 전혀 할 수 없다는 말은 아니다. 타락한 인간도 위대한 과학의 발견과 아름다운 예술과 문학 작품 활동을 할 수 있고, 병원과 구호 재단을 설립할 수도 있다. 때문에 기독교 문화가 아닌 곳에서도 좋은 풍습과 전통을 발견할 수 있는 것

---

1. 재세례파는 스위스와 독일을 거쳐 흘러가는 라인강이 바다와 만나는 네덜란드 지역에서 많이 활동했다.

이다. 어떤 면에서 그것들은 기독교 국가에서 일어나는 제도나 습관보다 더 좋아 보이는 경우도 있다.

이처럼 칼뱅주의자들은 인간의 전적타락을 믿지만, 동시에 일반은혜도 믿는다. 인간은 전적으로 타락했지만, 하나님께서는 여전히 죄인들을 향해 은혜를 베푸신다는 것이다. 하나님께서는 '종교의 씨'와 같은 '양심', 곧 '정치적 질서의 씨'[2]라는 것을 주심으로써 인간으로 하여금 멸망으로 치닫지 않도록 죄를 억제하고 계신다. 이것은 성령 하나님의 역사이다. 칼뱅주의자들은 이 열매를 하나님의 은혜로 인정하고, 또 이런 것들이 하나님 나라를 위한다고 믿는다. 그러므로 기독교인들은 재세례파처럼 이 세상을 떠나거나, 로마 가톨릭처럼 이 세상과 짝하지 않는다. 오히려 그들은 세상 속에서 하나님의 영광과 그분의 나라를 건설하기 위하여 하나님의 일반은혜를 사용하도록 도전받는다. 그러므로 선해 보이는 인간의 열매들은 인간의 선함 때문이 아니라 하나님의 은혜 때문이다. 인간이 근본적으로 선하기 때문에 선을 행하는 것이 아니라, 하나님께서 악을 억제하는 수단으로 일반은혜를 주셨기에 선을 행할 수 있는 것이다.

학교에서 가르치는 모든 지식은 하나님의 것이다. 따라서 일반 공립학교에서 가르치는 내용 또한 하나님의 통치와 권위 아래 있다고 할 수 있다. 이런 차원에서 일반학교를 위해 개발한 교재를 기독교 학교에서도 사용할 수 있다. 다만 교사가 기독교적으로 해석한다는 전제가 필요하다. 가르침의 방법론에 '기독교'라는 단어가 들어있지 않더라도 얼마든지 일반은혜의 차원에서 사용할 만하다. 특별한 기독교적 교수 방법론을 찾기란 어렵다. 각종 아동발달에 관한 이론들도 마찬가지로 하나님의 것이다. 일부 어떤 기독교인들은 특정 방

---

2. C. Plantinga, 108.

법론만을 기독교적이라고 주장하기도 하지만, 그것은 하나님을 제한하는 태도일 뿐이다. 하나님께서는 인간이 만든 어떤 지식과 방법론에도 얽매일 수 없다. 교육과정에 있어서도 마찬가지이다. 어떤 시대에는 이런 과정이 적합하고 다른 시대에는 다른 과정이 적합할 수 있다. 굳이 어떤 것이 더 기독교적이라고 말할 수는 없는 것이다. 왜냐하면 하나님께서는 일반 비기독교 세계에서도 왕으로 역사하시는 분이기 때문이다. 그러므로 기독교 학교는 비기독교인들이 발명하고 발견해 놓은 물건과 지식을 하나님의 것으로 알고 감사함으로 사용할 수 있다. 수학 공식이 비록 비기독교인에 의해 발견되었다 할지라도, 그것 역시 하나님의 지식이다. 일반은혜의 영역에서 역사하는 하나님의 지식인 것이다.

많은 기독교 학교 담당자들이 기독교적 방법론을 발견했다고 주장하며, 다른 이론에 대해 너무 쉽게 기독교적이지 않다고 판단하는 경향이 있다. 미국 칼빈대학교 조직신학 교수인 존 볼트는 기독교 교육에 관한 '기독교적' 위협에 대해 다음과 같이 진술했다.

뚜렷한 기독교 교육이 이루어지지 못하게 하는 주요 장애물 중 하나는 동일시와 수용, 즉 특정한 교육철학이나 교과 내용, 또는 교수법을 교육에 대한 기독교적 접근법과 동일시하려는 경향이다. 이렇게 해서 우리는, 예를 들면, 초등학교 단계의 읽기 교육에서 발음 중심의 어학교수법이 혹은 전체적 접근법이 기독교적이라는 모순된 주장들과 마주치게 된다. 어떤 사람들은 중세의 고전 교육 모델이야말로 그리스도 중심적 교육과정을 구축하는 방법이라는 주장을 제기해 왔다. 열린 교육과 협동학습, 첫 단계학습 등에 대해서도 비슷한 주장이 제기되어 왔다. …… 우리는 특정 철학 또는 교수법을 성급하게 기독교적 접근법과 동일시하고,

그로 인해 필요한 논의를 일찌감치 닫아 버리지 않도록 많은 주의를 기울여야 한다.[3]

하나님의 일반은혜를 통하여 사람들은 좋고 선한 지식들을 얻을 수 있게 되었다. 그렇지만 비기독교인은 하나님의 선하심 때문에 허용된 수많은 세상적인 지식들을 버려지 형상과 썩어질 우상으로 만들어버렸다. 그들은 지혜와 지식을 자신들의 것이라고 생각하기에, 그것을 주신 하나님을 인정하지 않고 그분께 합당한 영광과 찬송을 돌리지도 않는다. 그들은 지식 및 그것을 얻는 방법과 결과가 하나님으로 말미암은 것임을 인정하지 않고, 오히려 그것들을 자신들이 만든 우상의 영광을 위하여 사용한다. 그러나 기독교인들은 비기독교인들이 만들어 놓은 일반은혜의 지식과 물질을 하나님의 영광을 위하여 사용한다. 물론 조심하고 주의하며 경계하는 자세는 필요하다. 왜냐하면 프로그램이나 방법론에도 고유의 철학이 묻어있기 때문이다. 기독교 학교는 복음도 가르쳐야 하지만, 모든 학문을 성경적 세계관으로 가르쳐야 한다. 뿐만 아니라 학생들이 장래에 시민사회에서 살아갈 수 있도록 일반적 지식과 삶을 교육하고 훈련시켜야 한다.[4]

실제로 미국의 기독교 학교들은 굳이 기독교 학교 단체에서 만든 교재를 사용하지 않는 경우도 많다. 미국에는 수많은 기독교 교재들[5]이 출간되어 있다. 그렇지만 미국의 전통 있는 기독교 학교들은 일반학교에서 사용하는 잘

---

3. John Bolt, *The Christian Story and the Christian School* (Grand Rapids, 1993), 이정순 역, 『이야기가 있는 학교』 (IVP, 2006), 103~104.

4. A. Kuyper, *Pro lege: het koningschap van Christus 3dedl* (Kok, 1912), 182~183.

5. 샘물기독학교, 『미국 내 기독교 홈스쿨링 및 기독교 학교 커리큘럼』 (기독교 학교교육 연구소: 비매품) 참조. 이 책은 미국의 각종 교재출판사들을 조사하여 분석한 것을 엮은 것으로 무려 37종의 기독교 관련 교재가 개발되어 있는 것으로 파악되고 있다.

개발된 교재들을 사용하기도 한다. 기독교적 교재가 따로 있는 것이 아니라 교사가 그것을 어떻게 기독교적으로 해석해 가르치느냐가 더 중요하기 때문이다. 네덜란드 개혁교회의 기독교 학교들은 아예 교재 개발 자체를 시도하지 않는다. 오히려 일반교재를 사용하면서 교사들이 만든 부교재를 활용해 기독교적인 접근을 시도한다. 물론 학교의 역사가 깊기 때문에 이미 만들어진 좋은 보조교재출판된 것이 아님가 많다. 네덜란드 기독교 학교 연합회에는 '개혁교육연구소Gereformeerd Pedagogisch Centrum'[6]가 있다. 하지만 이 연구소는 교재를 만드는 데 에너지를 투입하지 않는다. 오히려 기독교적 교수 내용과 방법론에 더 많은 관심을 기울인다. 나아가 기독교 학교 연합회에 속한 학교에서 제기되는 수많은 문제들을 학문적으로 연구하고 실제적인 도움을 주는 역할을 감당하고 있다.

---

6. 'Gereformeerd Pedagogisch Centrum'은 1972년에 설립된 교육연구소로 30여명의 교육·심리 전문학자들로 구성된 제법 규모가 큰 연구소이다. 전국적 규모로 볼 때에도 10위 안에 드는 교육연구소로 자리매김하고 있다.

7. 기독교 학교, 과거에도 있었나?

    미션스쿨과 다른 개념의 기독교 학교가 최근에야 비로소 나타난 것이라고 인식하는 사람도 있는데, 그렇지 않다. 한국에는 아직 기독교 학교가 많이 없고 생소하지만, 서구의 여러 나라들은 이미 수백 년의 기독교 학교의 역사와 경험을 가지고 있다. 그러한 과거의 역사를 잘 알면 한국의 기독교 학교가 어디에 서 있으며 어느 방향으로 나아가야 할지 판단할 수 있을 것이다. 따라서 이제 기독교 교육과 기독교 학교의 역사를 살펴보도록 하겠다.

1. 기독교 교육의 초기 형태

    유대인에게 있어서 교육은 공동체에서 자연스럽게 이루어졌다. 족장들은 종교적 절기와 예배 행사를 자녀들에게 교육했다. 학교라는 제도가 따로 없었다. 물론 구약성경에는 선지자들을 위한 학교가 존재했음을 보여주는 구절들이 있다삼상10:5,10; 왕하2:3,5,7,15. 제사장과 레위인의 역할 중에도 백성들에게 율법을 가르치는 것이 있었다레10:11; 신33:10; 대하17:7; 스7:10. 공식적인 학교의 형태는 바벨론 유수 이후 활성화된 유대교 회당에서 나타난다. 사도들의 시대에는 이러한 유대교 회당 외에도 초등학교 형식의 학교가 세워진 것으로 보인다.[1]

---

1. 쉐릴에 따르면, AD 64년 유대법령에 따라 각 구역과 도시마다 초등학교를 설립하여 율법과 전통의식을 가르쳤다고 한다. Werner C. Graendorf(ed.), 김국환 역, 『복음주의 기독교 교육론』 (기독교문서선교회, 1992), 51.

이때 이미 교육을 '가정'과 '회당'과 '학교'에서 이루어지는 개념으로 정리했다는 사실이 매우 흥미롭다. 유대인의 전통에 의하면, 어린 아이들은 유대교 회당 학교에 설치된 정규 과정에서 교육을 받았던 것 같다.[2] 예수님 당시와 초대교회 시대에도 회당은 가르침을 위한 좋은 장소였다. 그렇지만 서신서에 보면, 이 외에도 공식적인 교육 수단이 있었음을 짐작할 수 있다. 또한 이를 위해 특별한 교사들이 부름 받았음을 알 수 있다고전12:28. 특별히 초대교회가 성장하게 되자, 교회는 교리문답교육을 통해 믿음의 자녀들을 교육하기 시작했는데, 초대교부였던 클레멘트Clement, 150~215년는 최초의 교육학자로 불리기도 했다. 중세 때는 교회가 점점 화석화되어가자 이에 대한 반발로 수도원 운동이 시작되었고, 기독교 교육은 이러한 수도원을 통해 명맥을 유지해 갔다.

2. 중세의 기독교 교육

중세에 기독교 교육은 크게 발전하지 못했다. 평신도 교육은 건축물과 예술을 통한 상징으로 대체되었고, 성경은 일부 성직자들의 전유물이 되었다. 일부 존재했던 교육도 큰 교구 교회와 수도원에만 그 흔적이 남아 있을 뿐이다. 12세기 이전의 중세 교육은 수도원 교육이 전부였다. 그곳에서는 예배와 기도와 청빈한 삶을 통해 교육했다. 12~3세기에 와서 교회는 제대로 된 성직자를 길러낼 만큼 경제적으로 부유해졌다. 이에 주교들은 큰 교회에 학교를 세워 사제를 길러내기 시작했다. 그 교회에서 세운 학교는 교회법·교회행정·회계·논리학·설교를 위한 웅변을 가르쳤다. 교회 학교에는 대체로 선생님이 한

---

2. Henry Morris, 이갑만 역, 『기독교교육 개요』 (생명의말씀사, 1977), 38.

명만 있었다. 그나마 진행된 중세 후기의 대학교육 운동에서는 로마 가톨릭의 교리적 시각으로 진행되었지만, 단순히 성경만을 가르치지는 않았고 그리스-로마의 문화를 이어 받아 삼학과Trivium: Grammer → Logic → Rhetoric와 사과목Quadrivium: Arithmetic, Geometry, Music, Astronomy을 체계적으로 가르쳤다.[3] 이 과정은 신학을 위한 예비 과정으로서, 현대 대학에서 '교양 과정Liberal Art'이라 불리는 것이다.

이러한 중세 교육의 암흑시대에 항거하며 생겨난 왈도Waldo 교회나 공동생활형제단은 기독교 교육에 대한 관심이 높았다. 특별히 네덜란드 지역에서 시작된 공동생활형제단의 시조인 헤라르트 흐로우터Gerard Groote, 1340~1384년는 공동체 내에서 성경을 자국어로 번역하여 가르치고 교리들을 교육한 것으로 유명하다. 종교 개혁의 불꽃을 피운 마틴 루터M. Luther, 1483~1546년도 이 학교에서 배웠으니 그 영향력이 매우 컸다고 할 수 있다

3. 종교개혁 시대의 기독교 교육

중세 사회는 교회를 중심으로 형성되었고, 최고 가치는 종교적으로 성공을 거두는 것이었다. 당시 최고 엘리트는 수도원으로 들어가 사제가 되었고, 성직자들은 당대의 최상위 계층이요 선망의 대상이었다. 여자가 성공하는 최고의 직업도 수도원이었다. 그래서 많은 유능한 여성들이 수도원에서 수녀로 한평생을 지냈다. 사회적 분위기도 가정을 이루는 것보다 혼자 사는 것이 더 거

---

3. 'Trivium(트리비움)'은 문법학, 변증학, 수사학을 말하고, 'Quadrivium(쿠아드리비움)'은 기하학, 천문학, 음악, 산술을 말한다. 교양과목을 '자유의 과목'이라고 이름 붙인 것은 직업을 위한 구체적인 학문에 구속적인 부분이 있다는 점을 의식한 표현이다. http://en.wikipedia.org/wiki/Liberal_arts

룩한 삶이라고 생각하는 분위기였다. 중세의 가톨릭교회는 결혼 생활을 30배의 결실, 이혼한 후 재혼하지 않고 혼자 사는 것을 60배의 결실, 혼자 독신으로 평생 사는 것을 100배의 결실이라고 가르쳤다. 이에 반해 종교개혁은 남자와 여자를 가정으로 되돌려 놓았다. 때문에 여성들은 수도원에서 가정으로 돌아오게 되었고, 남자들도 가정의 중요성을 깨닫게 되었다. 종교 개혁가들 역시 독신주의를 버리고 가정을 이루었다. 천대받던 가정생활은 이제 교회와 수도원 생활과 차별 없이 대우받는 시대가 열리게 된 것이다.

독일 비텐베르크Wittenberg에서 루터에 의해 시작된 유럽의 종교개혁은 교회와 사회와 국가에 엄청난 변화를 불러일으켰다. 종교 개혁가들은 교회가 하나님과 사람 사이에 중매 역할을 할 필요가 없다고 생각했다. 교회의 학교를 좋아하지 않았던 인문주의자들은 학문적 독특성이 존중받는 교육을 실시했다. 부유한 개인신흥 상인계급이나 관리들은 학교를 세워 고전을 연구하도록 했다. 루터 또한 교회 중심의 교육을 떠나 정부 중심의 교육을 강조하였다.

종교 개혁자들은 '오직 성경으로Sola Scriptura'라는 정신으로 성경적 근거 아래 세상을 보는 시야를 가졌다. 그들은 또한 교육에도 관심을 가졌는데, 특히 칼뱅J. Calvin, 1509~1564년은 모든 어린이들을 위한 교육을 추구했다. 칼뱅은 제네바에 학교를 만들었다. 그 이름은 제네바 아카데미Geneva Academy였는데, 한때 학생이 3천명에 육박했다고 한다. 이후 이 아카데미는 유럽의 개신교인들에게 큰 영향을 미쳤다. 또한 세계개혁교회가 학교를 만드는 데 모델 역할을 하기도 했다.[4] 특별히 네덜란드 도르트레흐트Dordtrecht에서 모인 국제개혁교회총회1618~1619년에서는 어린이들을 위한 학교를 세워 줄 의무가 있다고 공포하기에 이르렀다. 교사들에게 월급도 제대로 주어야 한다고도 결정했다. 이는

---

4. Henry Lederle, "Christian Education in South Africa"(*Semper Reformanda 1417 → 1967 → Parousia*: International reformed bulletin, Nr. 31. 10th year oct. 1967), 31.

네덜란드 개혁교회가 기독교 교육에 대해 처음부터 특별한 관심이 있었음을 알 수 있게 하는 부분이다. 사실 교육에 대한 이러한 강조는 로마 가톨릭의 교리교육에 대한 반작용이기도 했다.[5] 개신교는 17세기 초기에 이미 신앙교육의 '거룩한 트라이앵글' 개념을 얘기하고 있었다.

> 신앙교육은 세 가지 방법으로 해야 한다. 그것은 부모들을 통해 집에서 이루어져야 하고, 교사를 통해 학교에서 이루어지며, 목사를 통해 교회에서 이루어져야 한다.[6]

나아가 교육의 일차적인 책임이 가정에서 부모에 의해 이루어져야 함을 분명하게 정리했다는 점이 눈에 띈다. 이러한 교육에 대한 칼뱅의 견해는 현대까지도 모든 개혁교회 성도들의 교육에 대한 일반적인 입장이기도 하다.

4. 네덜란드 개혁교회의 기독교 학교

네덜란드는 종교개혁 시기에 태동되었다고 해도 과언이 아니다. 본래 신성로마제국에 속해 있다가, 16세기 중엽에는 당시 최고의 나라인 스페인의 지배 하에 있었다. 종교개혁이 시작되면서 유럽은 사회적·국가적으로 새로운 틀을

---

5. 이그나티우스 로욜라(Ignatius Loyola, 1491~1556)가 예수회를 창설하여 가톨릭교회의 교리교육을 실시하면서 운동을 성공적으로 이끌었다. 그 열매는 프란시스 사비에르(Francis Xavier, 1506~1582)를 통해 맺게 되었다. A. Moerkerken, "E. Van catechismusprediking tot boeken censuur"(Dr. W. van 't Spijker (ed.), *De Synode van Dordrecht in 1618 en 1619*, Den Hertog B. V., (Houten, 1994), 160.
6. A. Moerkerken, 160. "Drieerlei wijze van catechiseren, nl. in de huizen door de ouders, op de scholen door de onderwijzers en in de kerken vooral door de predikanten."

짜기 시작했다. 종교와 사회가 밀접하게 연결되어 있었던 중세 사회는 국가적 이익과 종교개혁의 열정이 각 나라마다 달랐다. 따라서 종교개혁 역시 나라별로 다른 양상을 보였다. 프랑스의 종교개혁은 초기에 엄청난 영향을 미쳤지만, 정치적 파워를 가지고 있던 로마 가톨릭의 박해로 결국 실패하고 말았다. 이에 반해 독일과 스위스는 각 주별로 독립적인 정치를 하고 있었기 때문에 영주가 종교를 선택할 수 있었고cuius regio eius religio,[7] 그 결과 종교개혁이 비교적 수월하게 이루어진 나라였다. 네덜란드 지역 또한 스페인이 개신교도들에게 종교적 박해를 시작하자 위트레흐트Utrecht를 중심으로 7개의 주가 동맹을 이루어1572년 칼뱅주의자였던 빌럼 판 오란여Willem van Oranje를 중심으로 스페인의 정치적 세력과 로마 가톨릭의 영향력을 막아내는 데 성공했다. 이렇게 하여 네덜란드는 정치적 세력이 칼뱅의 신앙을 지지함으로써 종교개혁의 후손들로 지금까지 이어져 오고 있다.

현대 기독교 학교의 역사는 네덜란드 개혁교회 성도들에 의해 시작되었다 해도 과언이 아니다. 네덜란드뿐 아니라 호주, 뉴질랜드, 미국, 캐나다, 남아프리카 공화국 등으로 이민 간 성도들이 공립학교의 무신론적 교육에 불안을 느끼고 기독교 학교를 설립하기 시작했다. 이것은 네덜란드 개혁교회의 개혁신앙과 밀접한 관련이 있다. 칼뱅주의 신학의 영향을 깊게 받은 네덜란드 개혁교회는 언약의 자녀들에 대한 신앙교육을 매우 중요하게 생각했다. 그들은 언약신앙을 바탕으로 교회와 학교에서의 교육에 관심을 가졌고, 약 430년 전부터 기독교 학교를 세웠다.

네덜란드는 572년 위트레흐트Utrecht에서 7개의 주 정부 연합이 스페인으로부터 독립하였고, 1648년 베스트팔렌Westfalen 조약으로 정식 국가로 출범하면

---

7. 영주가 어떤 종교를 택하느냐에 따라, 그 지역의 종교가 결정된다는 뜻이다.

서 개혁교회를 국가의 종교로 선택하였다1588~1795년. 개혁교회란 칼뱅의 신학적 노선과 교회 정치를 따르는 교회를 말하는 것으로, 로마 가톨릭교회나 재세례파는 인정되지 않았다. 네덜란드는 종교 개혁가들의 생각에 따라 학교를 세우고 학생들을 신앙으로 교육하려 했고, 교회는 정부가 말씀대로 학교를 세우고 운영하는지 감시하고 인도하는 역할을 했다. 학교에서는 아침 시작기도·점심 식사 전 기도·식사 후 기도·오후 기도가 시행되었다. 그리고 주기도문·십계명·죄의 고백·교리문답 교육이 이루어졌고, 주일 오후 교리 설교 시간에 학교 학생 중 두 명이 교리의 문답을 청중 앞에서 크게 외우도록 가르쳤다. 매일 성경을 1~2장 읽었고, 공부 시작과 끝에 시편 찬양을 불렀다특히, 시편 6, 23, 25, 51, 103, 119편을 많이 불렀다. 네덜란드 개혁교회는 예배 찬송으로 150편이나 되는 전체 시편에 음률을 붙여 찬양했다. 학교 교사들은 3개의 신앙고백벨기에 신앙고백, 하이델베르크 요리문답, 도르트 신조에 동의한다고 서명해야 했다1631년부터. 이처럼 당시 학교들은 특별히 기독교 학교라고 부를 필요가 없었다. 왜냐하면 당시 네덜란드의 모든 학교가 기독교 학교였기 때문이다.

그러다가 1795년, 프랑스의 나폴레옹이 네덜란드를 점령하면서 네덜란드 개혁교회의 특권은 사라졌다. 국가의 통제를 받는 기독교 학교는 개혁교회적 기독교 학교의 특징을 잃기 시작했다. 나폴레옹의 독재는 네덜란드 법을 프랑스 혁명의 정신에 의거하여 자유·평등·박애의 관점에서 새롭게 개혁했다. 계몽주의Enlightenment; Aufklärung; Verlichting 바람이 거세게 불던 시기에는 어떤 특정 종교개신교를 위한 교육이 아니라 모든 사람들다양한 종교를 가진 자들이 혜택을 볼 수 있는 시민을 만드는 교육이 대세였다. 따라서 교육은 중립을 지켜야 했고, 학교는 인간의 유익을 위한 도구로서 이성적이고 합리적으로 경영되고 가르쳐져야 했다. 물론 여전히 기독교적인 영향이 남아 있었지만, 점점 더 그 고유의 성격을 잃어가기 시작했다. 성경과 하이델베르크 교리문답 교육이 학교에서 완전히 사라진 것은 아니지만, 이성적으로 이해가 되지 않는 하나님의 예정론이나 영혼 불멸 같은 개념들은 학교에서 더 이상 가르쳐지지 않았다.

1806년에 만들어진 교육법에서부터 학교는 공립학교Openbaar school 형태의 기독교 학교와 특별학교Bijzonder school: 소위 '사립학교'로 구분되었다. 전자는 국가가 지원하는 학교였고, 후자는 개인이 수업료를 지불해야 했다. 로마 가톨릭 학교가 후자에 속했고, 개혁교회는 전자였다. 교육의 목표도 '사회적 그리고 기독교적 덕'헌법 교육법 제2조, "학생들에게 사회적이고 기독교적 덕성을 교육하기 위해 적절하고 유용한 방법을 사용해야 한다."을 함양하는 것으로, 일면 기독교 교육을 하는 것 같이 보이지만 실상은 형식적 수준에 그쳤을 뿐이다. 물론 여전히 학교에서는 성경을 읽고 찬송을 부르도록 허용했다.

그러나 1830년 이후부터 국가는 학교가 종교적으로 중립적인 위치에 있어야 한다고 규정하면서 학교에서 성경을 읽고 가르치는 것을 금지시켰다. 이러한 분위기에서 신실한 개혁교회 성도들은 무늬만 기독교 학교일 뿐, 정부의 지원과 간섭을 받는 공립학교 교육의 비기독교적 요소들에 대항하기 시작했다. 1816년부터 네덜란드 국왕이 영국 교회의 경우와 마찬가지로 교회의 최고 통치권자로 군림하기 시작했는데, 네덜란드 개혁교회의 상당수가 이에 강력하게 저항했다. 교회의 머리는 국가의 왕이 아니라 하나님이시라고 믿었기 때문이다. 이 때문에 1834년에 적지 않은 기독교인들이 네덜란드 국가 개혁교회Nederlandse Hervormde Kerk로부터 그 유명한 '분리Afscheiding'를 감행해 떨어져 나왔다. 그들은 새로운 교회를 시작하면서 이름뿐인 공립 기독교 학교에 자녀들을 보내지 않고 자신들이 세운 새로운 기독교 학교에 자녀들을 보내기 시작했다. 기독교 학교를 다시 세우는 것은 쉬운 일이 아니었지만, 이런 흐름은 이내 전국적으로 퍼져 나갔다. 그리스도인 부모들은 자녀들을 하나님의 말씀으로 가르치기 위하여 기독교 학교를 세웠고, 비용이 많이 들었지만 생활비를 아껴 교사를 모집하고 학교 건물을 구입하였다. 이런 기독교 학교는 로마 가톨릭 학교와 마찬가지로 특별학교로 분류되었다. 물론 공립학교에 그대로 남아 있는 사람들도 많았다.

어쨌든 흐룬 판 프린스터러Groen van Prinsterer가 1837년에 『쪼개진 교회에 대한 조치를 정부 법의 기준에 맞추어 보다De maatregelen tegen de afgescheidenen aanhet staatsregt getoetst』Leiden, 1837라는 책을 출판하면서 본격적으로 정부를 향해 기독교 학교의 권리특히 재정적 지원를 찾기 위한 소위 '학교투쟁'이 시작되었다. 처음에 정부는 부모들이 사립 기독교 초등학교를 세워도 인정하지 않고 재정적으로도 지원하지 않았다. 부모들은 자신들이 돈을 내어 학교 건물을 짓고 많은 등록금을 내야 했음에도 신앙의 교육을 위해 헌신하고 희생했다. 이러한 상황은 1888년에 부분적 재정 지원이 되기까지 계속되었다. 그리고 1917년에 이르러서야 비로소 기독교 학교는 공립학교와 똑같이 재정적 지원을 받게 되었다. 이것은 기독교 학교로서는 세계 최초라고 할 수 있다.[8]

현재 네덜란드 기독교 학교는 오스트레일리아와 함께 국가로부터 재정적 지원을 받는 몇 안 되는 나라 가운데 하나이다. 이에 비해 미국 기독교 학교들은 사립학교이기 때문에 지금도 국가의 지원을 받지 못하고 있다. 네덜란드 기독교 학교는 교사의 채용과 학생의 선발, 교과 과정과 그 방법까지 자유롭게 선택할 수 있다. 2003년에 네덜란드 정부는 기독교 학교에서도 소수 민족과 그룹의 통합을 위하여 과학·정치·미디어·사회 등을 모두 가르칠 것을 결정했다. 현재 네덜란드 학교의 60%가 기독교 학교가 포함된 특별학교이다. 안타깝게도 현재 네덜란드 교회의 세속화 바람은 기독교 학교의 세속화를 부추기고 있다. 단지 소수의 기독교 학교만이 옛 전통을 고수하며, 가정·교회·학교

---

8. 물론 특별학교에 속하는 로마 가톨릭 학교와 재세례파 학교들도 이런 혜택을 받을 수 있게 되었다.

가 일체가 되어 기독교 교육에 힘쓰고 있다.

네덜란드 기독교 학교에 대한 정부의 재정지원이 진정한 의미의 기독교 교육에 긍정적인 영향을 주었는지는 평가해 볼 부분이 있다. 정부의 재정지원은 언제나 교육행정과 교육내용의 통제를 불러오기 마련이기 때문이다. 현재 우리나라의 기독교 학교가 정부의 재정지원을 받지 못하고 있는데, 이것이 무조건 기독교 교육을 위해 불리하다고 단정할 수는 없을 것 같다. 뿐만 아니라 네덜란드의 기독교 학교는 부모주도형 학교인데, 이는 우리나라에서 기대하기 어려운 환경임을 인정해야 할 것이다.

5. 미국의 기독교 학교

미국 초기의 학교 형태는 중앙정부가 아니라 개인이나 혹은 지방이 관리하는 형태였다. 1776년에 미국이 독립전쟁을 통해 영국으로부터 독립하고 각 주들의 권한이 상당히 중앙집권화 되는 가운데서도 교육의 문제는 변하지 않았다. 이때만 해도 학교들은 대개 성경을 가르침은 물론, 모든 교과목을 성경적 관점에서 교육하는 기독교 학교였다. 미국으로 이민 온 사람들은 성경을 최고로 여기고 성경을 중심으로 살려는 종교 개혁자들의 후손들이었다. 그들은 성경을 학교에서도 자녀들에게 가르치는 것이 자연스러웠다. 그러나 1835년부터 교육의 주도권이 개인과 지방에서 주 정부로 넘어가게 되었다. 이 변화가 미국 사회에 엄청난 결과를 가져오게 될 줄을 당시 사람들은 알지 못했다. 물론 지금도 공립학교 역사 가운데 이 사건은 그렇게 중요하게 취급되지 않는

다. 그러나 기독교 학교 역사에서는 매우 심각한 변화였다.[9]

그 결과 1837년에 인간의 원죄 교리를 믿지 않는 유니테리언Unitarian인 호레이스 만Horace Mann이 매사추세츠 교육위원회 서기로 임명되면서 주 정부가 책임지는 공립학교가 시작되었다. 이 결정은 미국 각 주로 퍼져나갔고 학교는 세속화되기 시작했다.[10] 미국이 교육을 지방 정부가 책임지는 공립학교 운동을 시작한 것은 대륙의 프러시아Prussia 공립학교교육을 모방한 것이었다. 프러시아 공립학교 제도는 종교 교육을 포함하고 있었다. 그러나 미국은 종교 교육을 빼고 공립학교 교육 시스템만 가져왔다. 이것은 미국 정부의 종교의 자유에 대한 헌법과 무관하지 않았다. 이후 여러 주에서 성경을 학교에서 가르치지 못하게 하는 일들이 생겼다. 결국 1963년 6월 17일에 미국연방 대법원은 공립학교에서 성경 읽기와 기도를 요구하는 것은 연방 헌법이 금지하는 것이라고 결정했다. 이 결정 이후 미국의 공립학교는 기독교 학교로서의 기능을 완전히 상실했다. 그리고 지금은 오히려 기독교가 역차별을 받고 있는 상황이다. 학교 교실에 코란이 있는 것은 문제가 되지 않지만, 성경이 있는 것은 법으로 금지되는 실정이다.

19세기 중엽 공립학교가 시작될 때, 사립학교에 자녀를 보낸 기독교인들도 있었다. 그들은 대체로 교회나 교구에서 설립한 기독교 학교에 자녀를 보냈다. 물론 그들은 정부의 지원을 받지 못했기에, 교회나 교구의 지원을 받는 사립학교로 운영되었는데, 그 전통이 현재까지 이어지고 있다. 사립 기독교 학교

---

9. The National Union of Christian Schools, *Course of Study for Christian Schools*(Illinois 1947), 375.
10. 1872년에 신시내티(Cincinnati) 주 교육위원회는 공립학교에서 성경을 읽히는 것을 금했다. 1890년에 위스콘신(Wisconsin) 주 대법원은 공립학교에서 성경을 읽어주는 것을 금했고, 네브라스카(Nebraska), 일리노이즈(Illinois), 루이지애나(Louisiana) 주 대법원도 1902~1915년에 공립학교에서 성경 읽기와 찬송하는 것을 그들 각 주의 헌법과 상충된다고 선언했다. J. 에드와드 헤익스 편, 정정숙 역, 『기독교 교육학 개론』(성광문화사, 1979), 451~452.

가운데는 교회나 교구가 지원하는 학교 이외에도 개인들이 지원하는 형태의 학교도 있었다. 개인들이 지원하는 학교 가운데에는 뜻있는 몇몇 개인들이 다른 부모의 자녀들의 교육을 지원하는 형태도 있었지만, 대부분이 부모가 자기 자녀들을 교육하기 위해 만든 기독교 학교였다.

부모가 주도해 설립한 기독교 학교 운동은 네덜란드에서 이민 온 개혁교회의 교인들에 의해서 시작되었다.[11] 19세기 중반 네덜란드 이민자들은 자신들의 신앙적 정체성을 유지하기 위하여 교회의 적극적 지원 속에 성도들이 주축이 되어 초등학교부터 기독교 학교를 만들었다. 당시 기독교 학교는 일반 공립학교와 구별하기 위하여 '주중학교Dayschool'라고 불렀다. 이처럼 세속화된 공립학교를 떠나 경제적 부담이 큼에도 불구하고 기독교 학교를 설립하고, 비싼 등록금을 내면서 기독교 학교에 보내기 시작하는 가운데 기독교 교육은 발전해 갔다.

19세기 말과 20세기 초 네덜란드의 유명한 칼뱅주의 신학자인 아브라함 카이퍼A. Kuyper의 영역주권 사상은 기독교 학교의 필요성과 설립을 더욱 가속화시켰다. 이것은 주로 부모가 학교를 설립하고 경영하는 기독교 학교Parent Controlled School였다. 1920년에는 기독교 학교 연합체인 '전국 기독교 학교연합NUCS: National Union of Christian School'이 설립되었고, 이를 중심으로 서로 돕고 격려하며 여러 가지 정보들을 나누며 발전을 도모했다. 이 단체는 1979년부터 '국제기독교 학교연합CSI: Christian Schools International'으로 발전하여 국제적 기구로 성장했다. 이곳에서는 기독교 학교 교사를 교육하며, 학부모에게 교육 정보

---

11. 어떤 사람들은 현대적 의미의 기독교 학교가 제2차 세계대전 이후에 생겨났다고 본다. 이것은 개혁교회와 개신교 몇 그룹에서 이미 미국 이민 역사와 함께 시작한 것과는 비교가 안 될 정도로 수적으로 급속하게 성장한 시기를 고려한 것일 것이다. Paul A. Kienel, "기독교 학교"(Werner C. Graendorf, 『복음주의 기독교 교육론』 [기독교문서선교회, 1992], 467.)

를 제공하며, 월간지를 제작하고 교재를 제작하며, 교육과정을 개발하고 있다.

미국에서는 60년대 이후 기독교 학교 운동이 급속하게 성장하기 시작했다. 그 첫째 이유는 공립학교가 자녀들에게 신앙적인 교육을 행하지 않았기 때문이고, 둘째 이유는 공립학교가 자녀들의 인격 훈련을 책임지지 못했기 때문이며, 셋째 이유는 1960년 중반 이후로 공립학교의 학문적 수준이 쇠퇴했기 때문이다.[12] 당시 기록에 따르면, 캘리포니아 주 안에 기독교 학교는 1967~1972년 사이에 24개가 신설되었는데, 다음 5년1973~1978년 동안에는 53개나 신설되었다.[13] 1978년에 3개의 기독교 연합 단체가 합병하여 출발한 '국제기독교 학교협의회'ACSI: Association of Christian Schools International는 현재 미국 국내뿐만 아니라 전 세계적으로 5,300개의 회원학교를 둔 채 기독교 교육을 지원하고 있다. 그 외 여러 기독교 종파순복음교회, 감리교회, 침례교회, 장로교회 등들도 기독교 학교를 만들어 다양한 철학과 동기에 의해 운영하고 있다.

6. 캐나다의 기독교 학교

캐나다의 상황도 미국과 비슷하다. 19세기 말엽과 20세기 초기에 네덜란드에서 이민 온 사람들이 캐나다 서부인 브리티시 콜롬비아British Colombia 주변에 정착하여 기독교 학교를 설립해서 오늘에 이르고 있다. 캐나다에서도 19세기에 융성하기 시작한 공립학교 교육이 자유주의적 신학의 영향과 함께 전통적 기독교 학교를 약화시키기 시작했다. 이에 따라 19세기 말엽 네덜란드 이

---

12. Paul A. Kienel, 474~476.

13. 이 수치는 1950년에 결성된 캘리포니아 기독교 학교 협회(California Association of Christian School: CACS) 안에서 일어난 변화이다.

민자들은 공립학교 교육과 세속화된 기독교 학교에 만족할 수 없어 새로운 그들만의 기독교 학교를 세웠다. 성도들은 언약의 자녀를 신앙으로 양육하기 위하여 시간과 재물을 아끼지 않고 헌신했다. 제2차 세계대전 이후 이민자들이 늘어나면서 기독교 학교는 더욱 발전했다. 지금은 브리티시컬럼비아에 기독교 학교 연합SCSBC: Society of Christian Schools in British Columbia, www.scsbc.ca을 만들어 기독교 교육의 발전을 도모하고 있다.

7. 호주의 기독교 학교

백인사회가 정착하기 시작한 200년 전쯤, 호주는 기독교 국가였기 때문에 공립학교에서 기독교적 정신으로 교육했다. 그러나 호주 역시 사회의 세속화와 함께 공립학교도 종교적 특성을 잃어가기 시작했다. 이는 경건한 기독교인들의 신앙 양심에 도전이 되었다. 결국 1962년에 네덜란드에서 이민 온 사람들은 학교와 가정과 교회가 일체가 되어 모든 세계가 하나님의 것임을 가르치는 진정한 의미의 기독교 학교를 처음으로 시작했다. 이 학교는 개혁교회와 직접적으로 관계가 있지만, 그 설립과 운영은 여러 기독교 종파의 배경을 가진 기독교 학부모들과 함께했다. 그것이 '기독 학부모에 의해 운영되는 학교 Christian Parent Controlled School'였다.

1970년에 정부로부터 재정 지원을 얻어내면서 기독교 학교 운동은 가속화되었다. 1997년 당시에는 74개의 학교에서 2만여 명의 학생들이 교육을 받았다. 이 기독교 학교는 '국립기독교교육연구소NICE: National Institute of Christian Education'라는 대학을 설립해 교사를 양성하고 교육과정과 교재들을 개발하고 있다. 호주 안에는 침례교를 중심으로 하는 기독교 학교 단체인 '기독교 공동체 학교CCS: Christian Community School'가 있는데, 이 단체는 자녀교육의 책임이 부모에게 있지만 동시에 교회 공동체의 책임도 큼을 인식하고 교회가 학교를 설립하여 운영하는 형태를 띠고 있다. 이는 1974년에 침례교 목사 로버트 프리스켄Robert Frisken과 피터 헤스터Peter Hester가 일반학교에서 자녀들을 빼내어 새로운 학교를 만들면서 시작되었다. 그들은 지역 교회의 건물을 빌려 교실로 사용하고 가정과 협력한다면, 교회와 가정을 아우르는 멋진 학교를 만들 수 있다고 생각했다. 2년 동안의 준비 기간을 거친 후, 1976년에 14명의 학생으로 시작한 것이 후에 기독교 학교의 한 흐름으로 자리 잡게 되었다. 1999년에는 121개의 학교에서 22,500명의 학생이 교육을 받았다. 이들은 '제3의 기독교교육연구소ICTE: Institute of Christian Tertiary Education'를 설립하여 학문적 연구, 교사 훈련, 그리고 교육과정을 개발하고 있다.

8. 남아프리카 공화국의 기독교 학교

남아프리카 공화국에도 칼뱅의 영향으로 기독교 교육이 꽃을 피웠다. 남아프리카 공화국은 1652년에 네덜란드 이민자들이 정착하면서 네덜란드 개혁교회가 발전시켰던 학교 운동의 영향을 그대로 받아들였다. 국가가 학교를 관리하고, 교회는 부모들에게 자녀를 학교에 보내도록 격려하며, 교사들의 신앙을 보증하는 형식이었다. 그렇지만 대륙에서 불어온 계몽주의적 인본주의 영향이 학교에서의 종교 교육에 위협을 가하기 시작했고, 또 때마침 네덜란드인들이 영국의 점령으로 인해 국가 권력에서 밀려나게 되었다. 상황이 이렇게 되자 1865년에 네덜란드인들은 그들만의 새로운 사립학교를 세우기 시작했다. 물론 재정적 부담도 스스로 감수했다. 하지만 곧 영국인이 지배하는 연방으로

편입되면서 그들이 세운 기독교 학교 또한 국가에 귀속되었다. 그럼에도 그들은 계속해서 사립학교 형태의 기독교 학교를 세웠다.

　남아프리카 학교 시스템은 처음에는 교회가 학교를 세웠지만, 차츰 교회와 국가가 반반으로 책임지는 학교로 발전하다가 나중에는 모두 국가의 통제 하에 있게 되었다. 하지만 이는 학부모 대표로 구성된 학교 운영위원회에 의해 운영되도록 하는 형태였다.[14] 그러다가 1994년에 평화적으로 정권 이양이 이루어진 후, 남아프리카 공화국의 정치와 사회전반에 걸쳐 기독교 문화는 상당히 위축되었다. 더불어 인본주의와 민주적 국가통제는 민주주의·다인종·다문화라는 명분과 국가의 재정적 지원을 근거로 기독교 고등교육기관 및 국공립의 초·중등학교에서의 기독교 교육의 특성을 크게 위축시켰다.[15]

---

14. Henry Lederle, 30~40.

15. 조성국, 『기독교 세계관과 기독교 학교 교육』 (고신대학교 부설 기독교 교육연구소 연구 시리즈 20, 2003), 12~15.

이야기 넷

기독교 학교의 실제

지금까지 우리는 기독교 학교의 정체성과 필요성, 그리고 그 기초가 되는 여러 가지 관점을 살펴보았다. 사실 기독교 학교의 기초는 곧 기독교 학교의 철학이라고 할 수 있다. 따라서 이 내용을 잘 요약하면, 기독교 학교의 교육철학으로 사용할 수 있을 것이다. 그러면 이제부터는 기독교 학교를 구체적으로 어떻게 세워갈 것인지, 그리고 기독교 학교를 세워서 운영하는 과정에서 어떤 일들이 일어나는지에 대해 살펴보려고 한다. 우리나라는 지금까지 기독교 학교를 실제로 경험한 적이 거의 없다. 이런 상황에서 기독교 학교를 시작하려면 많은 시행착오가 불가피하다. 그렇지만 기독교 학교를 세우고 운영하는 데 필요한 기초와 중요한 원리들을 잘 알고 시작한다면, 실수들을 많이 줄일 수 있을 것이다. 하지만 여기서 모든 부분을 다룰 수는 없기 때문에, 몇 가지 중요한 것들만 선별했음을 이해해 주기 바란다.

1. 교육철학, 꼭 있어야 하나?

기독교 학교를 설립하려면 무엇이 가장 중요할까? 여러 가지 중요한 것들이 많이 있겠지만, 무엇보다 '생각'이 가장 중요하다. 생각이 행동을 낳기 때문이다. 건물을 지으려는 사람은 먼저 어떤 목적으로 무슨 집을 지을 것인지를 생각한다. 그리고 그 목적에 근거해 집을 짓는다. 마찬가지로 기독교 학교를 설립하기 위해서는 기독교적 생각, 곧 기독교 교육철학이 필요하다. 어떤 학교를 만들 것인가는 그 학교의 교육철학에 의해 결정된다. 반대로 이미 만들어진 학교는 그 학교의 모습을 보면 그 학교의 교육철학을 유추할 수 있다.

어떤 사람은 기독교 학교는 교육철학이 중요하지 않다고 주장한다. 언젠가 미국에서 오랫동안 기독교 학교를 경험하고 실무적인 경험까지 있다는 교육가를 만난 적이 있다. 한 시간 정도 얘기를 나누는 동안 난 내 귀를 의심하지 않을 수 없었다. 그는 기독교 학교에서 중요한 것은 학교의 경영이지 교육철학이 아니라고 말했다. 사실 미국적 상황에서는 교육철학에 대한 고민이 더 이상 필요하지 않을 수 있었다. 미국의 기독교 학교의 교직원이나 학부모는 더 이상 교육철학에 대해 고민하지 않을 수 있다. 이미 모두가 공감하는 교육철학이 있기 때문이다. 그런 그들에게 주요 관심사는 교육과정과 운영이다. 그러나 기독교 학교의 씨를 뿌리는 우리나라의 상황에서는 전혀 반대이다. 우리나라에서는 기독교 학교가 처음 시작하는 단계이기 때문에 기독교 교육철학이 더더욱 굳건하고 분명해야 한다. 기독교 교육철학이 없으면 영혼 없는 몸과 같은 격이다. 그러면 학교가 시작되고 나면 기독교 교육철학은 별로 중요하지 않게 되는가? 결코 그렇지 않다. 기독교 교육철학은 학교를 시작할 때뿐만 아니라 그 후에도 가장 중요한 요소이다.

또 어떤 사람은 기독교 학교를 만들기 위해서는 신앙만 있으면 된다고 생각한다. 그러면서 교육철학을 인본주의적인 것이라고 비난하기도 한다. 이런 생각은 철학에 대한 오해에서 출발한다. 바울은 골로새 교회에 보낸 편지에서 "누가 철학과 헛된 속임수로 너희를 사로잡을까 주의하라. 이것은 사람의 전통과 세상의 초등학문을 따름이요 그리스도를 따름이 아니니라"골2:8고 했다. 그런데 많은 기독교인들이 이 말을 문자 그대로 이해해서 철학에 대한 부정적인 태도를 보이거나 심지어 철학을 싫어하는 경향까지 지니게 된다. 물론 사고하고 생각하는 것이 어렵기 때문에 철학을 싫어하는 기독교인들도 있다.[1]

그러나 철학은 그 자체가 죄성을 지닌 것이 아니다. 신앙을 가진 기독교인들도 생각을 한다. 이 생각의 체계를 철학이라고 부르고, 기독교인이 생각하는 것을 기독교 철학이라고 부른다. 따라서 기독교인이 성경적 관점에서 교육을 생각하는 체계를 정리한 것을 기독교 교육철학이라고 부를 수 있다. 기독교인으로서 우리는 성경적인 교육철학을 개발하여, 헛되고 속이는 철학에서 벗어나 참된 의미의 기독교 교육철학을 세워가야 한다. 사람들의 의식 속에는 여러 가지 세계관이 잠재해 있고 그것이 사람들의 삶을 형성하고 지배한다. 그것들을 의식의 수면 위로 끌어올려 사고의 체계로 만들 때 하나의 교육철학이 형성되는 것이다.[2]

기독교 교육철학은 학교를 세우기 전에 반드시 생각해야 하는 것이다. 물론

---

1. Albert E. Greene, Jr., *Reclaiming the Future of Christian Education* (ACSI 1998), 『기독교 세계관으로 가르치기』 (CUP, 2000), 99.
2. James W. Breley, 한국기독교교육진흥원 역, 『기독교 학교를 어떻게 시작할 것인가?』 (CUP, 2006), 39.

눈에 보이는 것도 손에 잡히는 것도 없는 단계에서 시작된 기독교 학교의 교육철학을 정리한다는 것이 결코 쉬운 일은 아니다. 하지만 이것이 없이는 학교를 세울 수 없다. 기독교 교육철학은 특별한 무엇이 아니라, 학교를 세우려는 사람들이 생각하는 생각의 단편들을 모아 정리한 것이다. 보통 그것은 단순한 교육철학이 아니고 기독교 교육철학이기 때문에, 기독교적 신앙고백과 밀접하게 관련되어 있다. 결국 신앙의 색깔이 기독교 교육철학을 만든다고 볼 수 있다.

만약 기독교 교육철학을 분명하게 설정하지 않고 학교를 시작하게 된다면, 나중에 많은 문제에 직면하게 될 것이다. 학교를 설립할 당시에는 생각이 같은 줄 알았는데, 나중에 보면 서로 생각이 다르다는 것을 여러 영역에서 발견하게 되는 경우가 있다. 이것은 기독교 교육철학을 정확하게 공유하지 않았기 때문이다. 따라서 학교를 시작하기 전에 먼저 어떤 기독교 교육철학 위에 학교를 건축할 것인지 충분히 고민해야 한다. 단지 말로만 하는 것으로는 부족하다. 그 내용을 분명하게 글로 진술하는 것이 필요하다. 물론 구체적인 상황이 없는데 상세한 부분까지 얘기하기는 어렵다. 그러나 큰 줄기를 잡는 것은 매우 중요하다.

지금까지 이 책에서 다룬 주제들이 모두 기독교 교육철학에 해당된다고 볼 수 있다. 왜 학교를 세우려고 하는지, 그 신학적인 기초는 무엇인지, 그리고 대위임령을 선교학적 관점에서 다루는지, 아니면 교회론적 관점에서 다루는지가 기독교 학교의 성격을 결정짓게 될 것이다. 또한 교육의 기본 주체를 가정으로 보느냐, 학교로 보느냐, 아니면 교회로 보느냐에 따라 기독교 학교의 방향이 결정될 것이다. 여기에 한국 개신교의 문제를 어떻게 진단하느냐, 그리고 기독교 학교와 국가와 교회와의 관계 설정을 어떻게 하느냐 역시 중요하게 고려해야 할 사항이다. 이것들이 모두 기독교 교육철학과 관련된다.

기독교 교육철학은 교사를 채용하거나 학생을 선발하는 데도 결정적인 영향을 미친다. 만일 이 교육철학이 확고하지 않으면, 학교의 방침은 상황에 따라 쉽게 바뀔 가능성이 많게 된다. 기독교 학교가 그 고유한 사명으로부터 벗어난다면, 제대로 목표에 도달해 보지도 못한 채 문을 닫게 되는 경우가 생길 수 있다.[3] 교육철학에는 반드시 학생, 교사, 가족, 교과과정, 기독교 교육의 기초 등에 대한 분명한 진술이 있어야 한다. 제임스 브랠리는 그가 편집한 책 『기독교 학교를 어떻게 시작할 것인가?』CUP 2006에서 구체적인 교육철학의 한 가지 실례를 소개한다.

○○학교는 모든 진리가 하나님의 진리이고, 성경은 영감에 의해 기록되었으며, 이 진리를 포함하는 절대 무오한 하나님 말씀이라는 하나님 중심의 관점에 그 기초를 두고 있다. 하나님께서는 모든 것을 창조한 분이시고, 그 피조물들은 그분에 의해 유지된다. 따라서 우주와 인류는 역동적으로 하나님과 관련되어 있고, 그분의 영광을 드러내야 하는 목적을 지닌다. 인간은 근본적으로 죄인이기에 자신의 힘으로는 하나님을 알지 못하고 그분께 영광 돌리지 못한다. 사람은 그의 아들을 통해 주시는 구원이라는 거저 주신 선물을 선택함으로 그분께 영광을 돌릴 수 있고, 이로써 그의 전 삶을 주인인 예수 그리스도께 헌신할 수 있게 된다.

우리의 사회적 목표는 삶과 세계에 대한 기독교적 관점을 나타내는 것이다. 이 기독교적 관점은 균형 잡힌 인격과 안목을 가지게 하며, 집, 일터, 놀이터, 그리고 예배에서 삶에 대한 각자의 역할을 이해하고 받아들일 수 있게 해 준다. 이 모든 일은 '사랑'을 바탕으로 이루어진다. 이러한

---

3. 전광식, 『기독교 대안교육과 대안학교: 그 원리와 실제』 (독수리교육공동체, 2005), 119.

교육철학은 최고의 통합된 교과 과정과 자료를 사용하여 학생들이 창조적이고 비판적 사고의 기술을 익힐 수 있게 도와주며 …… 학생들에 대한 우리의 책임은 영적, 정신적, 지적, 육체적, 사회적, 그리고 감정적 영역까지 포괄한다. 이것들은 분리될 수 없고 …… 우리가 교실 또는 학교 프로그램에서 사용하는 활동들은 우리의 기본 원리들을 촉진시킬 수도 있지만, 반대로 부정적 영향을 미치는 부분도 있다. 분명한 사실은 영적 부분은 모든 영역에 퍼져 있어야 한다는 것이다. 그렇지 않으면 교육과정은 학생 중심이 아닌 교과서 중심이 될 것이다.

이 교육철학은 학생 성장의 영역에서 부모들과 긴밀히 협조하여야 하며, 항상 기독교 학교의 목적에 대해 이해하도록 도와야 한다는 것을 명시한다.

기독교 교육철학에는 기독교 교육과 관련된 기본 원리들이 포함되어 있다. 어떤 학교는 기독교 교육철학 대신 사명 선언문, 비전 선언문 혹은 교육목적 선언문 형태로 서술하기도 한다. 이것도 짧게 서술하는 것과 길게 서술하는 경우가 있는데, 대개 교육철학이 다른 곳에 분명하게 진술되어 있을 경우 짧은 형태의 사명 선언문을 채택한다. 그러나 특별한 교육철학에 대한 진술이 없는 경우에는 사명 선언문의 문구가 길어질 수도 있다. 한국의 경우, 대부분 사명 선언문이 짧게 되어 있지만, 외국의 경우에는 좀 더 길게 진술되어 있는 경우가 많다. 아래에 이 두 가지 경우를 소개해 보겠다.

<샘물기독학교 비전 선언문>
샘물학교는 성경적 세계관을 기초로 한 기독교 교육을 통하여 언약의 자녀를 그리스도의 '섬기는 제자'로 만들어, 하나님과 이웃을 사랑하고, 학

문과 문화를 회복하여, 하나님 나라의 신실한 일꾼이 되도록 한다.

<은혜샘물유치원.초등학교/ 샘물중고등학교/ 더샘물학교 사명 선언문>
성경적 세계관을 바탕으로 한 영성, 인성, 실력을 통합한 기독교 교육을
통하여 성도의 자녀들이 그리스도를 섬기는 예수제자로서의 자긍심과
정체성을 확립하여, 은사를 받은 대로 선한 청지기로 서로 봉사하며 세
상문화를 변혁하여 하나님 나라를 확장시켜가는 신실한 일꾼이 되도록
한다.

<쉐마학교>
우리는 하나님만 섬긴다. 말씀을 붙잡는다. 선한 능력을 갖춘다. 작은 예
수로 성장한다. 세상을 깨운다. 쉐마교육은 기독교 세계관을 기반으로
전인교육, 통합교육, 맞춤교육을 지향한다.

<독수리교육공동체>
우리의 사명은 청소년들이 하나님을 경외하고 이웃을 섬기며 하나님의
비전을 이룰 수 있는 신앙과 인격, 지식과 열정을 겸비한 그리스도의 제
자가 되게 하는 것이다.

<전인기독학교>
기독교 세계관 중심으로 최고의 가치 있는 교육과 훈련을 통하여 개개인
의 소질을 계발하고(성·지·정·의·체) 실력을 갖춘 영향력 있는 글로벌
지도자를 양성하여 세상과 문화를 변화시켜 하나님을 영화롭게 하는 삶
을 살게 한다.

<높은뜻씨앗스쿨>

오직 하나님만을 주로 섬기고, 하나님의 식과 법을 준행하여 이 땅에서 하나님 나라를 회복시키는 언약의 자녀를 길러냄으로 믿음의 세대를 이어가는 교육사명을 다할 것이다.

<광성드림학교>

광성드림학교는 기독교 세계관으로 겨레와 세계, 그리고 미래사회를 변화시키기 위하여 하나님이 주신 비전을 가지고 봉사, 헌신을 실천하는 세계를 섬기는 지도자를 기른다.

<꿈의학교>

인격과 비전과 실력을 겸비한 하나님의 사람을 양육하여 선교자원의 못자리판 역할을 감당하며, 궁극적으로는 하나님 나라의 꿈을 이루기 위해 설립되었다.

그런데 실제 교육현장에 가보면, 이렇게 분명히 선언된 기독교 교육철학이 있는데도 불구하고, 정작 교실에서 교사들이 수업하는 방법과 그 교육내용은 그것과 전혀 다른 경우도 있다. 이는 교사들이 실제로 보고 듣고 배우고 경험한 것이 학교의 교육철학과 다르기 때문이다. 조금만 방심해도 교사는 어느새 자신에게 익숙한 방식과 내용을 아이들에게 가르치게 된다. 그러므로 기독교 교육철학은 설립 초기에 잠깐 관심을 가지고 끝낼 수 있는 것이 아니라, 지속적으로 관심을 가지고 교육현장에 적용하려고 노력해야 하는 것이다.

이를 위해 교직원들은 기독교 교육철학을 정기적으로 함께 읽으며 그 정신을 공유해야 한다. 교육과정을 계획할 때나 학교의 규칙을 정할 때, 행정적인 조치를 취할 때, 모두 교육철학에 따라 결정해야 한다. 만약 그렇게 하지 않으면 모든 것이 뒤죽박죽되어 목적 없는 백화점식 학교가 될 수 있다. 교육과정은 항존주의적 철학을 취하는 한편, 교육방법은 진보주의적 방법을 선호하고, 교육목적은 실존주의적 입장을 선택한다면 뭔가 문제가 있는 것이다. 학교는 교육철학에 의해 교육목표와 내용과 방법과 분위기가 결정되어야 하는데, 그렇지 않고 여러 가지 교육철학이 혼용되어 있다면 학교의 운영에 혼란을 불러일으키게 될 것이다. 따라서 기독교 학교의 안정적인 운영을 위해서라도 분명한 기독교 교육철학이 학교의 모든 결정과 운영에 적용되도록 하는 것이 중요하다.

교육철학의 중요성은 학부모에게도 마찬가지이다. 초기 설립에 함께했던 학부모들이 떠나고 새로운 멤버들로 구성될 경우, 본래의 철학은 구호로만 남은 채 실제 교육현장은 전혀 다른 길로 가는 경우가 종종 발견되기 때문이다.

교육철학에 근거해 교육목표를 설정하고, 교육철학을 교육과정으로 실현하며 교육철학에 따라 교육결과를 평가할 수 있어야 한다. 이렇듯 교육철학은 기독교 학교의 터와 같다.

2. 기독교 학교에 보내는 진짜 이유

분명한 기독교 교육철학을 가졌다 하더라도, 구체적으로 자녀들을 어떤 아이로 키우길 원하느냐는 또 다른 차원의 문제이다. 누구나 부모이면 자녀가 공부도 잘하고 신앙도 좋기를 바란다. 하지만 둘 가운데 하나만을 선택하라고 한다면, 어느 것을 택하겠는가? 기독교인이라면 당연히 신앙을 선택할 것이다. 우리는 이것을 우선순위라고 말한다. 그러나 사실 문제는 그리 간단하지 않다. 많은 경우 기독교인들은 신앙은 기본이고 그 위에 좋은 실력도 소유하길 바란다. 즉, 신앙이 좋으면서 실력도 좋아야 한다고 생각한다. 때문에 실력을 추구하게 되는데, 안타깝게도 그 와중에서 신앙을 희생시키는 경우가 많다. 그러면 하나님께서는 이에 대해 어떻게 보실까? 실력의 문제는 하나님께서 우리 각자에게 주시는 다양한 은사와 관련되어 있다. 이러한 은사는 다양할 뿐만 아니라 같은 은사의 경우에도 그 정도에서 차이가 있다. 그러므로 모든 자녀에게 좋은 대학교에 들어가야 한다거나 그 분야에서 최고가 되어야 한다고 요구하는 것은 욕심일 뿐이다. 때문에 기독교 학교는 이런 점에서 학교의 목적을 분명히 하지 않으면 그 정체성을 유지하는 데 어려움을 겪을 수 있다. 여기서는 이 점에 대해 좀 더 깊게 다루어 보도록 하겠다.

어떤 기독교인은 기독교 학교를 선교사 양성학교 혹은 목사 양성학교로 생각하기도 한다. 이는 기독교 학교를 구약의 선지학교와 비슷한 개념으로 이해하는 것이다. 실제로 어떤 기독교 학교는 이름을 사관학교라고 붙이기도 한다. 또 어떤 사람들은 기독교 학교의 졸업생들은 타 문화권에 가서 복음을 전하는 선교사가 되어야 한다고 생각한다. '선교사'는 영어로 'missionary'인데, 이 단어는 라틴어 'missio미시오'에서 기원했다. 'missio'는 '보냄', '파견', '사명'이라는 뜻을 가지고 있다. 'Mission impossible'이라는 영화가 있는데, 여기서 'mission'이라는 단어는 선교와 관계없이 수행해야 할 어떤 임무 혹은 사명을 뜻한다. 어원적으로 볼 때, 'missionary'는 '어떤 임무를 위하여 파견 받은 자'란 뜻이다. 그런데 영미권에서는 'missionary'를 오직 타국에 복음을 전하는 사람에게만 사용한다. 우리말로도 '선교사宣敎師'는 종교를 널리 전하는 사람인데, 특별히 기독교에서는 외국에 나가 복음을 전하는 사람을 일컬을 때 이 말을 사용한다. 그렇지만 사실 'missionary'는 '사명자' 혹은 '보냄을 받은 자'에게 모두 붙일 수 있다. 그러므로 영미 세계와 우리나라에서는 '선교'와 '선교사'의 본래 의미가 잘못 쓰이거나 좁은 의미로 사용되고 있다고 말할 수 있다.

그렇다면 왜 영어권에서 이 단어가 단지 복음을 위하여 보냄을 받은 자로만 사용되었을까? 이는 아마도 교회 내에 존재하는 현대판 영지주의인 이원론적 세계관 때문에 생겨난 것이 아닌가 싶다. 이런 세계관은 영적 영역은 거룩한 것이고 물질적 영역은 세속적인 것이라고 생각하는데, 이는 초대교회 이단에만 있었던 것이 아니라 지금도 여전히 교회 가운데 존재한다. 이런 세계관에서는 복음을 직접적으로 전하는 일은 사명자의 일인 반면, 정치가, 의사, 교사, 어머니로서 사역하는 것은 사명자의 일이 아니라고 생각하게 된다. 하지만 개혁신앙에서는 모든 성도들을 하나님 나라의 일을 위해 하나님으로부터 부름받은 자들이라고 믿는다.

칼뱅은 직업에 대한 분명한 소명을 강조했다. 그는 부름 받은 자를 '소명자 the called'라고 부르기도 했다. 하나님께서는 각 기독교인에게 은사를 주시고 그 분량대로 사명을 맡기셨다. 따라서 주님께 부름 받고 사명을 받은 모든 성도는 '사명자'이다. 사명자는 선교사들이 모든 것을 포기하고 복음 전파를 위하여 헌신하는 것처럼, 자신의 직업 가운데서 하나님께서 부르신 사명을 전심으로 감당해야 한다. 적당하게 돈도 벌고 명예도 얻으면서 사명도 행하겠다는 것은 사명자로서의 자세가 아니다. 그보다 자신의 영역에서 목숨을 바쳐 헌신하겠다는 자세가 필요하다. 하나님께서는 모든 기독교인들에게 온전한 헌신을 요구하신다. 때문에 기독교인은 세상 가운데서 선교사와 같이 온전히 헌신하는 삶을 살아야 한다. 자신이 속한 영역 또는 직장을 선교지로 생각하고 순교할 마음으로 희생하며 섬기고 소금과 빛의 삶을 살아야 한다. 이를 위해 기독교 학교는 학생들에게 앞으로 가지게 될 직업 가운데 '사명자'로 부름 받았음을 잊지 말도록 가르쳐야 한다. 그러므로 이렇게 사명을 위하여 사는 사람에게 '선교사', 'missionary'라는 호칭이 붙여져야 마땅할 것이다.

그러면 기독교 학교는 어떤 인간을 만들기 위해 교육하는가? 곧, 교육의 목적은 무엇인가? 이 질문은 매우 중요하다. 왜냐하면 교육목적이 무엇이냐에 따라 교육과정과 평가기준이 결정되기 때문이다. 그런데 최근 기독교 대안학교들이 기독교 학교라는 이름을 걸고 명문 대학에 진학하기 위한 교육을 하는 경우가 종종 있다. 졸업생들이 명문 대학에 많이 진학하면 좋은 대안학교 혹은 좋은 기독교 학교라는 평가를 받게 될 것이라고 생각한다. 만약 기독교 학교가 이러한 목표와 평가 기준에 의해 움직인다면, 그 속에서 참된 기독교 교육은 실현될 수 없을 것이다.

많은 기독교 학교가 '신앙과 실력'을 모두 갖추겠다고 한다. 그런데 신앙과 실력을 고루 균형 있게 교육할 수 있을까? 과연 '탁월한 영성과 뛰어난 지성'이라는 두 마리 토끼를 모두 잡을 수 있을까? 성경이 그런 자를 훌륭한 예수님의 제자라고 제시하고 있는가? 성경은 탁월한 영성과 지성을 모두 갖춘 자만을 뛰어난 기독교 인재라고 보지 않는다. 오히려 하나님께서는 모든 인간에게 각각 다른 은사를 주셨고, 그 은사만큼 자신의 재능을 개발하고 사용하도록 하셨다. 따라서 좋은 예수님의 제자가 되기 위해서 무조건 남들보다 뛰어나야 할 필요는 없다. 좋은 신앙은 반드시 소유해야 하지만, 그렇다고 반드시 뛰어난 지성까지 필요한 것은 아니다. 물론 뛰어난 지성과 좋은 신앙을 모두 가지면 좋겠지만, 그렇다고 그것이 학교의 목표가 되는 경우 진정한 의미의 기독교 교육을 놓치게 될 가능성이 많다. 학생의 지적 실력을 중요하게 생각하면 자연스럽게 학습의 효율성을 높이는 쪽으로 교육과정과 프로그램이 만들어질 수밖에 없다. 즉, 학습 효과 면에서 학력수준이 비슷한 사람들을 선발해 가르칠 뿐만 아니라, 가능한 성적이 우수한 학생을 뽑는 것이 뛰어난 기독교 인재를 양성하는 데 유리하다는 결론에 이르게 된다.[1]

최선을 다했는데도 좋은 성적이 나오지 않으면 학습 방법에 문제가 있을 수 있다는 것은 매우 단순한 생각이다. 하나님께서 지적 은사를 적게 주셨는데, 무조건 기도하고 노력하기만 하면 된다고 가르치는 것은 결코 기독교적인 접근이 아니다. 이런 교육에 의해 고통당하는 쪽은 학생들이다. 부모들 또한 이런 생각 때문에 자녀들에 대한 욕심을 버리지 못한다. 이러한 교육은 자본주의적 효율성에 근거한 엘리트 교육과 크게 다르지 않다. 이에 반해 기독교 교육은 지적 성취도가 다양한 학생들이 함께 공동체를 형성하고 서로 돕고 관계를 맺으며 사랑하는 가운데 배우는 것을 추구한다. 그러므로 뛰어난 지성을 탁월한 영성과 함께 배우도록 하겠다는 목표는, 영성 없이 지식만 추구하는 일반학교의 병폐를 해결하기 위한 대안인 것은 분명하지만, 이룰 수 없는 과욕의 함정에 빠질 수 있음도 부정할 수 없다.

'탁월한 지성'만이 아니라 '탁월한 영성'을 기독교 학교의 교육목표로 삼는 것도 교회와 학교의 역할을 생각할 때 좀 혼란스럽고 어려운 문제이다. 교회는 성경만을 가르치지만, 학교는 그 성경으로 기독교 세계관을 형성해 모든

---

1. 전광식, 86.

세상의 학문을 가르쳐야 한다. 어떤 사람은 기독교 학교가 피교육자를 예수님께 돌아오게 하는 중생 교육을 먼저 해야 한다고 주장한다. 그러나 기독교 학교가 이 모든 것을 할 경우, 부모 입장에서야 좋을 수 있겠지만, 교회와 학교의 역할이 불분명하게 될 수 있다. 만약 학교가 교회가 해야 할 역할까지 짊어진다면, 그것은 중세의 수도원 학교와 같아질 것이다. 즉, 학교는 부흥회를 정기적으로 개최해야 할 것이고, 매일 예배와 기도회를 여는 수도원과 기도원 같은 분위기를 연출해야 할 것이다. 이런 경우 학교가 교회인지 혼돈스런 경우가 발생할 수 있다.

기독교 학교는 신앙교육을 다 감당할 수 없다. 부모들이야 학교가 자녀들의 신앙을 증진시키기 위해 필요한 프로그램들을 시행하면 좋아할 수도 있겠지만, 그렇게 하는 것은 학교의 역할을 넘어서는 것이다. 오히려 자녀의 신앙교육의 일차적인 책임은 부모가 져야 하고, 나아가 교회가 이를 위해 많은 역할을 해야 할 것이다. 그런 다음 학교는 신앙으로 모든 학문을 가르치는 일을 해야 한다. 물론 이들 교육의 세 주체가 함께 신앙적 교육을 위하여 힘쓸 것이지만, 학교의 일차적 목표는 자녀들을 중생시키는 것이 아니다. 기독교 학교는 신앙교육의 한 측면을 담당하는 교육의 한 주체일 뿐이다. 그러므로 가정·학교·교회가 하나의 신앙과 교육철학 아래 각자의 고유한 역할을 담당할 때, 균형 잡힌 신앙교육이 가능할 것이다.

기독교 교육의 목적에 대한 진술은 다양할 수 있다. 그렇지만 그 목적에 필수적으로 내포되어야 할 내용은 웨스트민스터 소교리문답 제1문에 나오는 "인간의 제일 되는 목적이 무엇인가?"에 대한 대답에서 발견할 수 있다. 인간의 제일 되는 목적은 "하나님을 영화롭게 하고 그를 영원토록 즐거워하는 것"이다. 그러므로 하나님께 영광을 돌리며 그분을 즐거워하는 인간으로 교육하고 훈련하는 것이 기독교 학교의 목적이 되어야 할 것이다. 물론 학교의 연령과 단계에 따라 그 목표가 달라질 수 있겠지만, 이 기본적인 목적에서는 벗어나지 않아야 한다.

3. 교실 창문 들여다보기

다소 추상적으로 보일 수 있는 기독교 학교의 교육철학과 목적을 보다 분명하고 구체적인 것으로 드러내는 단계가 교육과정을 개발하거나 만드는 과정이다. 교육과정이 어떻게 구성되어 있는지를 보면, 그 학교가 어느 방향으로 가고 있는지 알 수 있다. 교육과정에는 무엇을 가르칠 것인가에 대한 내용이 담겨 있고, 따라서 그 학교의 교육철학이 반영되어 있기 때문이다. 그러므로 교육과정은 기독교 학교에 있어 가장 중요한 요소 중 하나로, 마치 기차의 엔진과도 같다고 할 수 있다.[1] 따라서 여기서는 학교에서 무엇을 가르치고 배우는지 교실 창문을 들여다보려 한다. 다시 말해, 기독교 학교의 교육과정에 대해 살펴보고자 한다.

기독교 학교는 어떤 교육과정을 사용해야 할까? 그 독특성은 무엇일까? 우선 기독교 학교 교육과정 위원회는 교육과정을 결정하기 전에 학교의 교육철학이 무엇인지 이해하고 점검해야 한다. 교육철학을 분명히 하는 일에 대부분의 시간을 보내야 한다. 그만큼 교육과정은 교육철학과 밀접하게 연결되어 있다. 기독교 학교는 학생들로 하여금 하나님을 경배하고 하나님께서 창조하신 세계를 배움으로써 세상 속에서 하나님과 이웃을 사랑하며 섬기도록 해야 한다. 이를 위해 성경을 가르치는 것은 필수적이다. 성경을 통하여 하나님과 인간과 세상에 대해 알 수 있기 때문이다. 그리고 이러한 성경의 뿌리 위에 각 과

---

1. Richard J. Edlin, 191.

목들을 정리해야 한다. 즉, 모든 교과목을 성경으로 통합하는 것이다.

그런데 대부분 미션스쿨의 교육과정은 똑같이 성경을 강조하지만, 정작 성경이 다른 과목을 가르치는 데는 아무런 영향을 미치지 못한다. 과학 과목과 성경이 상충되어도 문제의식이 전혀 없이 수업을 진행하곤 한다. 이에 반해 기독교 학교의 교육과정은 성경이 모든 과목과 유기적 관계를 가지며 그 중심에 위치한다.[2] 일반학교에서는 국어·수학·사회·과학·음악·미술·체육·영어가 거의 무신론적 관점에서 가르쳐진다고 할 수 있다. 물론 미션스쿨이라고 해서 별로 다를 바는 없다. 미션스쿨에서는 교과목들이 성경과 별개로 가르쳐지기 때문이다. 이 점에서 기독교 학교의 교육과정은 세속교육이나 미션스쿨과 커다란 차이가 있다.

기독교 학교의 교육과정에서는 모든 교과목을 하나님의 피조 영역으로 본다. 어떤 사람들은 수학의 '10+10=20'이라는 수식이 어떻게 성경과 관련되는지를 가르치기 위해 욥의 고진감래苦盡甘來를 예로 들기도 한다. 즉, 욥은 사단의 장난으로 인해 자식 10명을 잃었지만, 다시 10명의 자녀를 얻었고 결국 자녀가 20명이 되는 갑절의 복을 얻었다는 것이다. 그러나 수학을 이렇게 설명하는 것이 기독교적이요 성경적이라고 생각하는 것은 유치한 발상이다. 성경에는 수많은 숫자와 수학이 등장한다. 그런데 성경에 등장하는 수를 통해서만 수학을 기독교적으로 가르칠 수 있다는 생각은 기독교적 통합의 개념이나 하나님의 피조세계에 대한 이해의 부족을 드러내는 것일 뿐이다. 또한 수학 시험을 보기 전에 기도했다는 것이 기독교적 공부라고 말할 수도 없다. 그보다 기독교적 교육 과정이란 모든 과목의 지식이 하나님의 살아계심과 그분과의 교제 가운데 있음을 보여주는 것이다. 유명한 칼뱅주의 신학자로 미국 웨스트

---

2. H. Bavinck, *Paedagogische Beginselen* (Kampen), 110~112.

민스터신학교의 변증학 교수였던 코넬리우스 반틸의 말을 빌리자면, 이 지식은 시간과 공간 속에 나타나는 모든 사실과 법칙들이다.[3] 따라서 교육과정은 시간과 공간에서 발생하는 모든 사실과 법칙들을 포함해야 한다. 달리 말하자면, 기독교적 교육과정이란 모든 교과목의 지식을 하나님의 통치 아래 놓는 것이라고 말할 수 있다.

이신론理神論, Deism이 말하는 것처럼, 하나님께서는 시계를 만드는 장인이 자신이 만든 시계의 태엽을 돌려놓고 무관심하게 던져 놓듯 창조세계를 방치하지 않으신다. 오히려 하나님께서는 지금도 창조세계를 관리하시며, 그분의 택하신 자들을 돌보고 계신다. 또한 기독교 학교는 이원론二元論, Dualism이 주장하는 것처럼, 종교적 활동과 과학적 지식을 분리하지도 않는다. 우리는 습관적으로 영적 삶과 일상적 삶을 분리하려 하지만, 기독교 학교는 이 둘을 통합한다. 즉, 모든 교과과정을 통하여 하나님과의 지속적인 만남을 이루고, 하나님의 사랑을 배우며, 하나님께 영광을 돌리도록 가르친다. 이것이 알버트 그린 박사가 말한 대로, 기독교 학교의 교과과정이 살아계신 하나님과 관계를 맺기 위한 통로가 되는 것이다.[4]

아무리 좋은 교육목적과 목표가 있고 좋은 교사를 준비했다 하더라도, 정작 무엇을 가르칠 것인가에 대한 고민이 없다면 교육은 사상누각이 될 수 있다. 그럴듯하게 보이는 교육목적을 세울 수는 있지만, 실제 학교의 진면목은 교실에서 가르쳐지는 내용에서 드러난다. 학교는 구호로 운영되는 것이 아니기 때문이다. 어떤 이는 종종 열정만 있으면 재료는 문제가 되지 않는다고 생각한다. 하지만 그것은 교육을 지나치게 쉽고 단순하게 생각한 것이다. 좋은 재료를 써야 좋은 요리가 만들어지듯이 좋은 교육과정이 있어야 좋은 목표에 도달

3. Berkhof, Louis & Van Til, Cornelius (Ed. by Dennis E Johnson), 39~51.
4. Albert E. Greene, Jr., 202.

할 수 있다는 것은 자명한 사실이다.

교육목적과 사명 선언문또는 교육 선언문이 교육과정과 일치하지 않으면, 교육은 허공에 외치는 것이 될 뿐이다. 교육과정은 교육철학을 구체적으로 이루기 위해 매우 중요한 과정이기 때문에, 이 둘을 잘 살피고 계속 점검하는 노력이 필요하다. 눈에 보이지 않는 교육철학을 눈에 보이는 가르침의 행위로 옮기는 교육과정을 잘 개발하고 실천하는 일은 쉬운 일이 아니다. 그럼에도 그것은 기독교 학교가 반드시 추구해야 할 것임에 틀림없다.

기독교 학교 역사가 오래된 미국은 기독교 교육과정 개발에 많은 시간과 인력을 투자한다. 각 학교마다 다양한 교육철학에 근거한 다양한 교육과정이 있다. 미국에는 기독교 학교 단체가 여러 개CSI, ACSI 등 있는데, 그 단체들마다 나름대로 기독교 교육과정을 개발했다. 미국의 전통 있는 기독교 학교들도 자신들의 독특한 교육과정을 만들어왔다. 홈스쿨협회나 개인들 역시 여러 교육과정을 개발했고, 나아가 교재까지 만들어 제공하고 있다. 호주는 '학부모 주도적 기독교 학교Christian Parent Controlled School'가 기독교 학교를 위한 교사를 양성하는 '국립기독교교육 연구소NICE: National Institute of Christian Education'라는 대학을 세워 이곳에서 교육과정을 개발하고 있다. 또 다른 기독교 학교 집단인 '삼각 기독교 교육 연구소ICTE: Institute of Christian Tertiary Education'도 그들의 교육과정을 개발하고 있다. 그러나 우리나라는 아직 기독교 학교의 역사가 짧고 홈스쿨을 시작한 지도 얼마 되지 않아 그러한 교육과정 개발이 미약하다. 현재는 미국에서 개발된 것을 번안하는 정도로 교육과정을 개발할 뿐이다. 하지만 그것은 우리나라의 상황과 맞지 않는다. 그러므로 이제는 우리나라의 상황에 맞는 기독교 학교 교육과정이 개발되어야 할 것이다.

한국 기독교 학교가 좋은 교육과정을 개발하는 것은 앞으로 해야 할 과제이다. 그러나 기독교 세계관으로 무장된 전문가들이 턱없이 부족한 상황을 고려한다면, 기독교 학교 교육과정을 개발하기 위해 여러 기독교 학교와 관심자들이 힘을 합치는 것이 시급하다. 이를 위해 기독교학교교육연구소와 같은 기관이 주도하고 기독교대안학교연맹이 지원하는 형태가 되면 좋을 것이다. 이미 시작한 기독교 학교의 교육과정을 평가해주고 진단해 주는 것 또한 필요하다. 여기에는 반드시 현직 교사가 참여해야 한다. 가르침을 현장에 적용하는 부분은 역시 실무 경험이 많은 교사가 함께해야 그 결과가 풍성해 질 수 있기 때문이다.

4. 꼭 시험을 봐야 하나?

우리의 자녀들은 지금 시험에 시험 들어 있다. 학교에 가기 싫은 이유가 시험 때문이란다. 시험 스트레스가 보통이 아니다. 시험 성적에 실망하고 자살하는 자녀들이 한 두 명이 아니다. 너무 서글픈 현실이다. 그래서 많은 자녀들이 시험 없는 학교를 꿈꾸기도 한다. 그러면 기독교 학교에는 시험이 없을까? 아니 시험이 없어야 할까? 교육목적이 있으면 반드시 평가가 있어야 한다. 여기에는 기독교 학교도 예외가 아니다. 다만 기독교적 평가가 무엇인지는 고민해야 한다. 이는 한 번도 기독교 학교를 경험해 보지 못한 우리나라의 상황에서는 더더욱 중요한 과제임에 틀림없다. 따라서 여기서는 기독교적 평가의 방향과 원리에 대해 생각해 보도록 하겠다.

평가는 그 학교의 목표와 관련해서 교육과정과 교수방법 그리고 학생의 학업성취가 어느 정도 효율적으로 진행되었는지 조사하는 것이다. 이러한 평가에는 여러 가지 방법이 있겠지만, 따로 기독교적인 특별한 평가방법이 있다고 보기는 어렵다. 다만 어떤 평가방법이 기독교적 세계관을 더 많이 반영한 것인지는 판단할 수 있다. 평가의 종류는 크게 상대평가와 절대평가가 있다. 상대평가는 학생의 상대적 우열을 나타내는 평가방식인데 개인주의적 경쟁을 유도한다는 점에서 부정적인 부분이 많다. 교육이 다른 학생과의 비교에 의해 이루어지고 한 사람의 성취가 다른 학생의 실패와 연결되는 경쟁관계는, 각 사람이 하나님의 형상으로 독특하게 창조되었고 그 모습 그대로 사랑받아야 한다는 기독교적 세계관과 일치하지 않는다. 예레미야에는 "네가 보행자와 함께 달려도 피곤하면 어찌 능히 말과 경주하겠느냐 네가 평안한 땅에서는 무사하려

니와 요단의 창일한 중에서는 어찌하겠느냐"렘 12:5라는 구절이 있다. 이는 경쟁에 대해 말하는 것처럼 보인다. 또한 바울 역시 "이기기를 다투는 자마다 모든 일에 절제하나니 저희는 썩을 면류관을 얻고자 하되 우리는 썩지 아니할 것을 얻고자 하노라"고전9:25고 말했다. 그래서 어떤 사람은 이를 두고 성경도 경쟁을 정당화한다고 말하기도 한다. 하지만 바울이 말하는 경쟁은 세상 또는 사탄적인 것과의 싸움이지 다른 인격체인 형제와의 경쟁을 말하는 것이 아니다.

하나님께서는 모든 인간을 독특하게Unique 창조하셨고, 각자에게 다른 기대와 목표를 가지고 계신다. 기본적으로 모든 사람에게 기대하시는 하나님의 목적은 하나님을 사랑하고 사람을 사랑하는 것이다. 또한 하나님을 영화롭게 하고 그를 영원토록 즐거워하는 것이다. 하나님께서는 모든 인간이 이 목적에 이르기를 원하신다. 그리고 그분께서는 심판 때 이 기준으로 사람들을 평가하실 것이다. 하나님의 평가기준은 다른 사람보다 더 많은 실력을 쌓았고 더 많은 선행을 하고 더 많은 일을 했느냐가 아니다. 그런 의미에서 하나님께서는 상대평가를 하지 않으신다.

그보다 하나님께서는 각 사람의 은사의 열매를 평가하실 것이다마25:14~30. "오랜 후에 그 종들의 주인이 돌아와 저희와 회계할 새 …… 그 주인이 이르되 잘 하였도다. 착하고 충성된 종아. 네가 작은 일에 충성하였으매 내가 많은 것으로 네게 맡기리니 네 주인의 즐거움에 참예할지어다"마25:19, 21. 물론 그 평가는 다른 사람과의 비교에 의한 것이 아니다. 하나님께서 각 사람에게 주신 은혜의 분량, 곧 하나님께서 그에게만 주신 재능과 은사에 따라 평가하실 것이다. 즉, 하나님께서 주신 재능을 얼마나 잘 개발하고 활용했느냐가 평가의 기준이 된다는 것이다. 그런 의미에서 하나님의 평가는 절대평가라고 보기도 힘들다. 절대평가는 절대적 기준으로 모든 사람을 동일하게 평가하는 것인데, 하나님께서는 당신의 독특한 창조물인 각 개인에 대해 각자의 은사에 따라 다른 평가 잣대를 가지고 계시기 때문이다. 그러므로 기독교적 평가는 상대평가도 아니며 절대평가도 아니다.

그러면 성경적 평가는 무엇인가? 인간은 모든 것을 다 잘 할 수 없다. 하나님께서 다양하게 창조하신 각 개인의 재능을 인정하는 것에서부터 성경적 평가는 시작된다. 하나님의 형상을 따라 세상에 하나밖에 없는 귀하고 독특하게 창조된 개인은 어떤 부분에서는 높은 점수를 받지만 다른 부분에서는 낮은 점수를 받을 수 있다. 이 차이 가운데서 하나님의 형상을 인정하는 것이 성경적 평가의 특징 중 하나이다. 그렇지만 개인의 재능을 개발하고 증진시키고 보충할 수 있도록 돕는 의미에서의 평가는 필요하다. 은수는 피아노를 잘 친다. 피아노를 열심히 쳐 피아니스트가 되었다. 그렇지만 그는 한국 최고의 피아니스트는 아니다. 그럼 그는 실패한 피아니스트인가? 많은 기독교 학교가 은사를 개발시켜 그 영역에서 최고가 되도록 하는 목표를 제시한다. 그러나 기독교인은 정말 자신이 받은 은사로 그 영역에서 최고가 되어야만 하는가? 그렇지 않다. 어떤 영역에서나 자신이 그것을 즐기고 하나님께 영광을 돌린다면, 꼭 세상에서 최고가 되지 않아도 좋다. 하나님께서는 각 개인에게 각각 다른 은사를 주시고 그 은사의 분량도 다양하게 주셨다. 피아노를 잘 치는 은사를 받았지만, 어떤 사람은 세계적 연주자로 활동할 만큼 받은 반면, 어떤 사람은 동네에서 아이들에게 피아노를 가르칠 수 있을 만큼만 받았을 수 있다. 같은 은사를 받았지만, 그 분량에는 차이가 있다. 이런 은사의 분량의 차이를 인정하는 것이 성경적 평가의 특징이다.

성경적 평가의 또 다른 특징은 결과성취도 중요하지만, 과정노력이 더 중요하다는 것이다. 즉, 받은 재능을 발휘하기 위하여 충분히 노력하고 있는지를 평가하는 것이다. 인간은 죄인이기 때문에 하나님께서 주신 재능을 싫어하고 거부할 수도 있다. 착하고 충성된 종도 있고, 악하고 게으른 종도 있다. 성경적 평가는 바로 이 부분을 가려내어 재능을 통한 하나님의 뜻을 가르치고, 받은 재능을 충분히 발휘할 수 있도록 돕는 수단이 되어야 한다.

평가는 다양한 방법으로 이루어질 수 있다. 총체적 평가숫자로 이루어진 성적표 평가, 형성적 평가비공식적 학습 과정 속에서 평가, 다면적 평가구술, 집단 활동, 작품집, 실험, 현장학습 등을 대상으로 삼는 평가 등 다양한 방식을 취할 수 있다. 각 평가 방법은 서로 장·단점을 가진다. 따라서 기독교 학교에서는 특별한 목적을 위해 여러 가지 평가 방법을 사용할 수 있을 것이다. 학생은 평가를 받는 피동적 입장이기도 하지만, 능동적으로 스스로를 평가할 수도 있어야 한다. 학부모 면담을 통해 학생을 평가하는 것도 학생의 정확한 평가를 위해 도움이 된다. 또 교회의 교사와 교구 목사의 평가도 참고할 수 있다. 이런 것들이 유기적으로 이루어진다면 더할 나위 없이 좋을 것이다. 다만 이를 어떻게 객관적으로 기술하고 기록으로 남길 수 있느냐가 숙제로 남는다.

마지막으로 평가에 있어서 주의해야 할 점은 평가가 결코 절대적이지 않아야 한다는 것이다. 즉, 평가결과를 참고할 수는 있지만, 그것을 너무 맹신해서는 안 된다는 것이다. 하나님의 형상으로 창조된 고귀한 인간은 몇 가지 방법으로 단순하게 평가될 수 있는 존재가 아니다. 따라서 평가의 한계를 분명히 인식하지 않을 경우, 평가를 위한 평가에 머물 수밖에 없게 된다.

그러면 기독교 학교는 왜 평가를 하는가? 평가의 목적은 다음과 같다. 첫째, 평가를 통하여 하나님의 형상으로 창조된 학생의 재능이 무엇인지 분별한다. 둘째, 평가를 통하여 받은 재능을 잘 개발하고 있는지 확인한다. 셋째, 평가를 통하여 은사가 잘 개발되도록 격려한다. 넷째, 평가를 통하여 다른 사람들의 재능이 무엇인지 알고 서로의 장점을 칭찬한다. 다섯째, 평가를 통하여 각자의 재능을 하나님의 영광과 이웃을 섬기는 데 사용하도록 한다. 이것이 적용될 때 성경적 평가의 진정한 유익을 얻을 수 있을 것이다.

5. 교육의 거룩한 트라이앵글Holy Triangle

보통 부모들은 자녀들을 어디에서 교육시킬까? 학교에서? 교회에서? 그렇다. 자녀들은 대부분의 시간을 학교에서 보낸다. 교회에서도 나름 교육이 이루어진다. 그러나 가정에서는 어떠한가? 오늘날 가정에서는 교육이 거의 이루어지지 않는다. 하지만 사실 학교나 교회의 교육보다 더 중요한 것이 가정교육이다. 그런데도 현재 우리나라에서는 가정교육이 제 기능을 다하지 못하고 있으니 큰 문제가 아닐 수 없다. 여기서는 이 부분에 대해 특별히 많이 다룰 것이다. 물론 가정과 학교와 교회의 교육적 역할에 대해서도 살펴볼 것이다. 이 세 기관이 교육을 위해 유기적으로 상호협력 해야 하는데, 이 관계를 '거룩한 트라이앵글the Holy Triangle'이라고 표현하겠다.

1. 가정의 교육적 책임

"아빠! 나 ○○교회 부숴 버릴거야!" 이 말은 불량 청소년이 내뱉은 말이 아니다. 우리 집 셋째 아이가 5살 때 한 말이다. 새벽부터 나간 목사 아버지는 저녁이 되어도 돌아오지 않았다. 밖에 나갈 때마다 교회에 간다고 말한 목사 아버지는 심방, 회의, 상담, 각종 모임 등으로 바빴다. 이에 5살 아들은 교회를 부숴 버리면 아빠가 집으로 돌아오리라고 생각한 것이었을까? 당시 나는 7년의 외국 유학생활을 마치고 귀국해 교회에서 부목사로 일하고 있던 때였다. 한국 교회와 사회에 적응한답시고 다른 목사님들을 따라 열심히 사역하고 있었다. 교회에서 성도들을 열심히 가르쳤지만, 정작 가정에서 내 자녀들을 신앙으로 양육하는 데는 무관심했다. 자녀들이 무슨 책을 읽으며 어떤 텔레비전 프로그램을 보는지 챙길 여유가 없었다. 어느새 나 역시 가정보다는 교회나 회사를 먼저 생각하는 전형적 한국형 아버지로 변해 있었던 것이다. 유학생활을 하면서 가정의 중요성을 배운 나였지만, 옛 모습으로 돌아가는 데는 그렇게 많은 시간이 필요하지 않았다.

현대에는 가정의 제사장인 아버지의 존재 자체가 위협 받고 있다. 가정에 돈 벌어 주는 아저씨는 있지만, 자녀들의 영적·육체적 건강을 돌보며 책임지는 아버지는 없는 시대이다. 남편은 가정의 제사장으로 행복한 가정을 이끌어 가는 존재라기보다는 가정의 경제를 책임지는 사장일 뿐이다. 이런 상황에서는 가정에서 이루어져야 할 교육과 훈육, 친밀감, 사랑 등을 기대하기란 어렵다. 그런데 이런 모습을 대부분의 한국 가정에서 흔히 발견할 수 있다. 과연 이런 가정에서 자녀 교육이 제대로 될 수 있을까? 이런 상황이다 보니 교육은 가정이 아니라, 국가나 전문기관이 주도권을 쥐고 있다. 사실 이미 교육은 고대 그리스 시대부터 국가가 책임을 지고 있었다. 스파르타는 국가가 공식 교육기관을 설립하고 통제했다. 이것은 오늘날 국립·도립·시립 학교와 같은 것이었다. 그리스의 유명한 철학자들도 국가에서 설립한 기관에서 공부했다. 이러한 경향은 로마제국에까지 자연스럽게 이어졌다.

이에 반해 유대인들은 회당을 중심으로 한 교육이 공동체를 통해 이루어지는 가운데서도 여전히 가정에서의 자녀교육에도 철저했다. 유대인들은 오랫동안 국가가 없었는데도 그 민족적·종교적 정체성을 유지한 것으로 유명하다. 때문에 최근 유대인들의 민족 정체성 교육이 관심을 모으고 있다. 유대인들은 구약성경 신명기 6장에 나오는 유명한 '쉐마들어라!'의 교육적 명령을 가정에서 충실하게 이행했다. 초대교회도 유대인들의 이런 풍습을 그대로 받아들였다. 디모데의 경우를 보더라도 신앙이 가정을 통해 대를 잇고 있음을 발견할 수 있다. 그러나 기독교가 국교가 되면서 로마 사회의 영향을 직접적으로 받게 된 중세에서는 신앙교육이 가정에서 국가와 교회로 넘어가게 되었다. 국가를 위한 인재는 국가 기관에서, 신앙의 인재는 로마 가톨릭교회에서 책임졌다. 학교는 교구별로 수도원을 중심으로 운영되었다. 이런 식으로 중세에는 가정보다 교회가 신앙교육의 주된 역할을 감당했다. 이에 비해 가정의 교육적 책임과 역할은 상대적으로 약해졌다.

다행히 종교개혁 시대에는 가정과 결혼의 중요성이 인식되면서 가정에서의 교육이 그 본래의 의미를 되찾게 되었다. 종교 개혁가들은 중세에 성직자와 수녀들의 독신주의가 가정보다 더 높이 평가되던 것을 본래의 의미로 되돌려 놓았다. 사회와 신앙의 구조가 교회와 성직자 중심에서 가정 중심으로 바뀌게 된 것이었다. 이것은 사회와 신앙생활에 엄청난 변화를 가져왔다.[1] 종교 개혁가들은 국가나 교회에 맡겼던 교육에 대한 가정의 책임을 다시 찾았다. 이때부터 부모의 자녀 교육에 대한 역할이 강조되기 시작했다. 실제로 1618~19년, 네덜란드의 도르트레흐트Dordtrecht에서 7개월 동안 열린 국제개혁교회회의에서 자녀교육의 기능을 강조한 것은 눈여겨 볼만하다.

개혁교회는 자녀들을 가정에서 신앙으로 양육하는 것을 중요하게 생각했다. 본래 성경이 말하는 가정의 교육적 특권을 되찾은 것이었다. 지금까지도 칼뱅주의 신앙을 견지하고 있는 개혁교회는 이 전통을 고수하고 있다. 예를 들면, 네덜란드 개혁교회와 스코틀랜드계 장로교회 성도들은 자녀의 신앙 교육에 대단한 열정을 가지고 있는 것으로 유명하다.

하지만 현대 사회는 가정의 교육적 기능을 다시 후퇴시켰다. 산업혁명과 계몽주의를 거치면서 사회가 다양한 형태로 전문화되고 분화됨과 더불어 전통

---

1. K. K. Lim, *Het Spoor van de Vrouw in het Ambt* (KOK, 2001), 20~22. 이 책은 박사학위논문으로 H. J. Selderhuis 박사의 *Theologie en Geschiedenis* 첫 번째 시리즈 책으로 출판되었다.

적인 가정의 모습도 변해갔다. 그리고 19세기 중엽 근대식 공립학교가 처음 등장하면서, 교육의 책임은 가정에서 학교라는 특수기관으로 옮겨지게 되었다. 결국 지금은 다시 고대 그리스 시대처럼 교육이 국가에 맡겨지게 되었다. 가정은 자녀에 대한 교육적 기능을 교육 전문가인 교사와 학교에 모두 맡겨버렸다. 사실은 빼앗긴 것인데도, 아무도 그렇게 느끼지 않는다. 사회가 다원화되면서 가정의 역할이 달라진 것뿐이라고 생각한다.

일반적으로 가정의 기능은 네 가지로 표현된다. 즉, 교육의 기능, 경제적 기능, 사회화 기능, 그리고 정서적 안정의 기능이다. 그런데 현대는 가정의 경제적 기능만 발달되고, 다른 것들은 상대적으로 희생되고 있다. 가정 본래의 역할이 약화되기 시작한 것이다. 가정은 교육을 일반학교와 학원에 맡겨버렸고, 급기야 신앙적인 것까지도 교회에 맡겨버렸다. 모든 것이 부모의 손에서 전문가들의 손으로 넘어갔다. 부모는 단지 그 전문가들에게 교육의 비용을 부담하기 위하여 경제적 행위만 할 뿐이다. 이처럼 현대 사회와 국가는 가정이 본래의 기능을 다하지 못하도록 거세게 몰아 부치고 있다. 교회 역시 교회만 생각했지 가정의 건강을 돌보지 않는다. 한국 성도들은 가정 중심으로 신앙생활을 하는 것이 아니라 교회 중심으로 신앙생활을 한다는 것이 큰 특징이다. 교회를 중심으로 한 각종 예배와 모임은 많은데, 가정에서 가족이 함께 예배를 드리는 경우는 거의 없다. 가족이 집에서 함께 신앙적 얘기를 하거나 책을 읽고 토론하는 경우는 거의 보기 힘들다.

그러므로 한국 교회는 가정에서의 부모의 의미와 역할을 회복시키는 것이 시급한 과제이다. 가정은 하나님께서 세상에 만들어주신 최초의 기관이다. 하나님께서는 아담과 하와를 한 가정으로 부르시고 자녀 출산을 명령하셨다창 1:28. 그리고 그 가정에 복주시고 하나님의 창조물을 정복하고 다스리라는 '문화명령'을 주셨다. 이 문화명령은 자녀를 낳고 교육시키는 것과 동떨어질 수 없다. 그러므로 자녀교육의 일차적 책임과 권리는 학교가 아니라 가정에 있다. 이것은 다른 기관이 빼앗아 갈 수 없는 가정의 권리와 책임이다.

이런 의미에서 기독교 학교 역시 가정에서의 부모의 교육적 책임과 권리를 침해할 수 없다. 물론 부모 역시 자녀에 대한 교육적 의무와 책임을 학교에 넘겨서는 안 된다. 비록 부모가 학교에 전문적 교육의 일부를 맡길 수 있다 하더라도, 그 책임은 여전히 부모에게 있다. 미국 공립학교의 창시자로 불리는 호레이스 만Horace Mann은 1850년 부모로부터 자녀의 교육을 분리하는 것을 학교 설립의 목적으로 내세웠다. 이 경향이 세계적으로 퍼져 일반적인 것이 되었지만, 이제는 이렇게 빼앗긴 자녀에 대한 부모의 교육 권리를 되찾아야 한다. 교육의 많은 부분이 학교에서 이루어지더라도, 가정이 교육의 주된 역할을 해야 하는 것이다.[2]

나아가 부모는 가정에서 자신들의 자녀를 교육하는 데만 머물러서는 안 된다. 자녀 교육의 책임과 의무를 지닌 부모들이 함께 모여 학교를 세우는 데까지 나아갈 수 있어야 한다. 학교는 정부나 어떤 특수 단체가 세우는 것이 아니라 부모들이 합력하여 세우는 것이 가장 자연스럽다. 열 가정의 부모들이 합력한다면, 이십 명 규모의 학교를 충분히 세울 수 있다. 이렇게 작게 시작한 학교는 점점 규모를 갖추며 성장해 갈 수 있다. 그렇지만 오늘날 학교는 대부분 정부가 설립하거나 한 개인이 시작하는 경우가 많다. 정부는 국가에 필요한 인물을 양성하거나 다른 나라와 비교하여 우월한 교육을 시키려 한다. 이러한 교육 사업에 부모들이 깊은 교육철학적 고민 없이 동참하는 것이 현실이다. 그러나 정부가 학교교육에 도움을 줄 수는 있지만, 그렇다고 해서 자녀에 대

---

2. John Gatto("New York Teacher of the Year Address", 31 January, 1990)의 글을 리차드 애들린의 책에서 재인용. Richard J. Edlin,, 148.

한 부모의 교육의 권리까지 빼앗아서는 안 된다.[3] 그래서 최근 한국에서는 공립학교의 운영을 학부모가 참여하고 주체가 되는 운영위원회에 맡기고 있다. 이것은 매우 바람직한 모습이다.

결론적으로 우리가 기독교 학교의 교육을 얘기하기 위해 가장 먼저 언급해야 하는 것은 가정에서의 부모의 교육적 책임에 관한 것이다. 자녀를 가정에서 교육하지 않으면 학교에서도 교육하기 어렵다. 가정에서 신앙과 성품과 삶에 필요한 모든 것들이 훈련되고 교육된다는 사실을 간과해서는 안 된다. 여러 가정이 함께 모여 기독교 교육의 필요성을 나누고, 함께 학교를 설립하거나 운영하도록 적극적으로 나서야 할 이유가 여기에 있다. 교육은 가장 먼저 가정에서 이루어져야 하고 그 책임과 의무 역시 부모가 져야 한다. 기독교 학교에서의 교육을 얘기하면서 일차적 교육에 대한 가정의 책임 문제를 다루는 것이 생소하게 느껴지는 것은 현실이 본질을 왜곡해 왔기 때문이다

2. 가정·학교·교회의 상호관계

1) 가정과 학교의 관계

자녀들은 신앙과 성품과 예절과 여러 가지 상식과 살아가는 데 필요한 지식과 습관을 부모에게서 배운다. 학교가 많은 것들을 가르치고 자녀들이 학교에서 상당한 지식을 배우지만, 가장 중요한 가치와 지혜는 가정에서 부모로부터 배운다. 어떤 부모들은 성품과 예절과 신앙 교육까지 학교가 책임져 주기를 바라는데, 이는 부모가 가정에서 자녀들을 지도하는 것을 포기한 경우이다.

---

3. Richard J. Edlin, 135~143.

심지어 아직 어린 자녀들을 기숙학교에라도 보내 훈련시키고 교육시키길 원하는 부모도 있다. 어떤 부모는 자녀들의 성공을 위해 자기는 돈만 벌어 주면 되는 것으로 생각하기도 한다. 부모가 자녀들에게 줄 수 있는 정서적 안정감이나 신앙의 유산은 포기한 채 말이다.

자녀들에게 인생을 헤쳐갈 수 있는 좋은 모범을 보여주는 모델화 교육은 더 이상 기대하기 어렵다. 사실 가정에서 부모의 지속적이고 일관성 있는 훈육 없이 자녀가 바르게 자라기를 바라는 것은 망상이다. 자녀들은 부모의 영향을 절대적으로 받는다. 교육은 삶이다. 자녀들은 부모와 가정이라는 공동체에서 가족으로 모여 함께 살아가는 삶을 통해 자연스럽게 많은 것들을 보고 배운다. 따라서 부모가 가정에서 자녀 교육에 적극적으로 참여할 때에야 비로소 교육의 참 열매를 기대할 수 있다.

그렇다고 가정이 학교의 영역까지 침범해서는 안 된다. 학교는 학교 나름대로 고유한 역할이 있다. 학교는 가정의 단순한 연장선이나 대체물이 아니다. 교사가 부모의 대리자는 더더욱 아니다.[4] 그런데도 상당히 많은 교사가 자신이 마치 부모인 것처럼 행세하는 경우가 많다. 아니 부모보다 훨씬 더 위에 있는 경우도 있다. 교사가 학생을 볼모로 부모를 괴롭히거나 혼내는 경우까지 있다. 부모들은 자녀 때문에 교사에게 쩔쩔맨다. 자녀들이 부당한 대우를 당해도 그냥 당하기만 한다. 이것은 그야말로 주객이 전도된 형태이다. 자녀양육의 근본적인 책임은 부모에게 있다. 가정과 학교 두 영역은 적절하게 서로 침범하지 않는 범위에서 조화를 이루어야 한다. 교육은 학교에서만 이루어지는 것이 아니다. 가정에서의 신앙 교육이나 성품 교육, 기타 훈련 등이 학교 교육과 병행되어야 한다. 부모는 학교에서 무슨 일이 일어나고 있는지, 무엇을 배우는

---

4. 김성수, 『학교 및 학교교육에 대한 성경적 조망』(기독교대학설립동역회출판부, 1992), 16~17.

지 관심을 가져야 한다. 부모가 학교와 교사의 영역을 침범해서는 안 되지만, 필요할 경우 교과과정과 수업을 모니터하며 학교 교육의 발전을 도모해야 한다. 즉, 부모는 학교와 교사의 권위를 존중하되 교육철학대로 학교가 운영되고 있는지 살피고 도와야 한다. 이것이 자녀가 다니는 학교에 대해 부모가 가져야 할 자세이다.

사실 자녀교육에 대한 부모의 책임 때문에 부모들이 학교를 설립하는 것이 가장 바람직하다. 물론 한국 교회의 현실에서 부모들이 한 마음으로 일치된 교육철학을 가지고 재정적 후원을 받아 학교를 설립한다는 것은 어려운 일이다. 그렇지만 서구에서는 부모들이 설립하고 경영하는 기독교 학교parent Controlled Christian School들이 많다. 네덜란드, 호주, 뉴질랜드, 캐나다, 그리고 미국의 일부 기독교 학교들은 모두 자녀 교육에 대한 부모의 책임을 구체화한 결과로 설립·운영되고 있는 학교들이다. 이 학교들의 교육철학은 부모들에 의해 만들어졌다. 일반적으로 한 교회의 성도들이 주도적으로 학교를 만들지만, 가끔 교단을 초월하여 모인 부모들이 학교를 만든 경우도 있다. 미국 아이오와Iowa 주 드 모인Des Moines에 있는 기독교 학교가 그런 예이다. 이런 학교들은 부모들로 구성된 이사회에서 행정가와 교사를 뽑는다. 그러면 그들은 이사회가 만든 교육철학을 학교에서 성실하게 실행한다.

한국적 상황에서는 아직 이런 학교를 만드는 것이 불가능하다. 그 첫 번째 이유는 기독교 교육철학을 공유하기가 어렵기 때문이고, 두 번째 이유는 학교의 소프트웨어와 하드웨어를 구성할 재정적 뒷받침이 부족하기 때문이다. 하지만 이런 상황에서도 샘물기독초등학교의 전신격인 '아이샘' 유치원은 부모들에 의해 세워지고 운영되었다. 부모들은 샘물교회의 공간을 빌려 6년 동안 직접 유치원을 경영했다. 부모들이 교육철학을 만들고 교사들을 채용했으며, 유치원의 모든 행정적·재정적 부분을 직접 운영했다. 아마 이 '아이샘'이 한국 최초로 부모들에 의해 만들어진 유치원일 것이다. 샘물학교도 샘물교회가 지원해서 설립했지만, 사실은 학부모들의 지속적인 관심과 열정에 의해 세워졌다고 할 수 있다. 샘물기독유치원과 초등학교 설립 당시 관여했던 많은 분들은 교육에 대해 고민하며 열정을 가진 분들이었다.

2007년 1월에 나는 미국 아이오와Iowa 주의 펠라Pella라는 도시에 있는 100여 년의 역사를 가진 펠라기독초등학교를 방문한 적이 있었다. 3주간 그 학교를 집중적으로 탐방했는데, 이 학교는 미국 전국 학력평가ACT 백분율에서 3~5%이내에 든다고 한다. 대단한 성적이 아닐 수 없다. 이 학교는 평범한 미국의 사립학교에 지나지 않는다. 결코 엘리트 귀족학교가 아니다. 그런데도 이렇게 좋은 결과를 내는 이유가 무엇이냐고 물었는데, 대답이 매우 놀라웠다. 그것은 부모 때문이라는 것이었다. 부모들이 안정되어 있고 자녀들의 기독교 교육에 헌신하기에 이런 좋은 결과를 이루어냈다는 것이다. 2006년도에 방문했던 애틀랜타Atlanta의 페리미터Perimeter 기독교 학교도 상위 10%정도의 좋은 결과를 내고 있는데 그 이유도 동일했다. 나는 네덜란드에서 7년 넘게 유학할 때, 두 명의 자녀를 드 미르트De Mirt 기독교 학교에 보냈다. 이 학교도 학업성취도에서 전국 평균보다 월등하게 높은 점수를 받았다. 그 이유를 물었을 때, 역시 안정된 가정환경과 좋은 부모를 꼽았다. 기독교 교육에 대한 부모들의 헌신이 이런 좋은 결과를 냈다는 공통된 대답이었다.

샘물기독학교는 학생을 모집할 때 자녀교육에 대한 부모의 자세를 집중적으로 살핀다. 교육전문기관인 학교에 자녀들을 맡겨버리고 자신들은 뒷짐 지려고 하는지, 아니면 자녀 교육에 적극적이고 지속적인 관심을 가지고 양육에 함께할 마음이 있는지를 살피는 것이다. 기독교 학교를 통한 자녀교육의 성공 여부는 사실 부모에게 달려 있다고 해도 과언이 아니다. 서양의 기독교 학교는 신앙적 측면뿐만 아니라 학문적 성취도에 있어서도 좋은 결과를 낳고 있다. 이러한 높은 성취도의 요인이 가정과 부모에게 있다고 학교 관계자들은 주저하지 않고 말한다. 이는 부모의 자녀 교육에 대한 전인적 관심과 가정의 정서적·경제적 안정이 아이들의 학업성취와 밀접한 연관이 있음을 말해 주는 부분이다. 여하튼 부모의 바른 신앙 및 기독교 세계관에 근거한 교육관이 학교의 교육에 지대한 영향을 미침은 분명해 보인다.

샘물기독학교는 부모에게 자녀 교육에 대한 적극적인 헌신을 요구한다. 그것은 입학원서에서부터 분명하게 드러난다. 총 14쪽으로 이루어진 샘물기독학교 입학원서의 13쪽에는 학부모 서약서가 있다. 그 내용 중 세 번째 항목은 다음과 같다.

3. 우리는 다음과 같은 학생과 학부모를 대상으로 하는 학교 모임에 꾸준히 출석할 의무를 다할 것을 다짐합니다: 정규학교 수업일, 학부모 교육프로그램, 학급별 학부모 모임, 야외현장학습, 봉사활동 등을 지키지 않을 경우에는 재등록이 불가능한 상황에 처할 수 있습니다.

먼저 학생의 아버지와 어머니는 매주 있는 학부모교육에 참석하는 것이 의무이다. 학부모교육에서 강조하는 것은 자녀 교육을 학교에만 맡기지 말고, 가정에서 힘써 교육하고 양육하도록 하는 것이다. 학교에서 성품 교육을 하지만, 가정에서 함께하지 않으면 아무런 효과가 없다고 분명히 가르친다. 또 예체능을 제외한 일체의 사교육을 금하고 있다. 이는 사교육에 의존하지 않도록 하겠다는 취지이다. 샘물기독학교는 학교를 일찍 파한다. 텔레비전과 비디오를 시청하지 못하며 컴퓨터 게임도 하지 못하게 한다. 부모가 자녀들을 학원과 멀티미디어에 방치하지 않도록 하기 위함이다. 대신 부모들은 자녀들과의 시간을 어떻게 채울지 적극적으로 고민해야 한다. 온 가족이 함께 보드게임을 하든지, 함께 책을 읽을 수도 있다. 부모와 자녀들이 함께 있는 시간이 많아지면서 대화가 풍성해지고 가족과의 관계가 좋아진다. 온 가족이 역사 여행을 떠날 수도 있다. 이러한 학교의 조치들은 가정에서 부모가 가지는 본래 기능을 회복하도록 돕기 위한 것이다.

2) 학교와 교회의 관계

기독교 학교는 교회가 아니다. 교회가 감당해야 할 것까지 학교가 침범해서는 안 된다. 따라서 기독교 학교에서의 채플chapel이나 경건회는 교회의 예배와 달라야 한다. 한국 교회에서는 성도들의 모임을 모두 예배라고 이름 붙이기 때문에 혼란스러운 면이 있다.[5] 학교는 교회와 달리 교육과정에서 우주에 대한 하나님의 역동적 계획을 선포하고 생명의 신비를 보여주어야 하며, 또한 죄가 어떻게 인간의 멸망을 초래하고 생명을 파괴했는지를 보여주어야 한다. 나아가 피조물 가운데 예수 그리스도의 구속의 능력과 인간이 행하는 화해와 회복의 사역을 드러내야 한다.

미국의 많은 기독교 학교는 교회에 의해 설립되고 운영된다. 그러다보니 교회가 학교의 커리큘럼이나 행사에 대해 이런저런 영향력을 행사하는 경향이 있다. 교회가 학교를 지배하거나 학교 위에 군림하려 하는 것이다. 교직원을 선발하는 과정에도 눈에 보이지 않는 영향력을 행사한다. 교회가 조직적이고 의도적으로 학교를 지배하려 하지 않아도 본 교회 지원자를 교직원으로 뽑지 않게 될 경우 학교가 받게 될 비난은 큰 부담과 압력으로 작용한다. 이런 이유들로 인해서 학교의 경영은 교회의 목사보다는 성숙한 평신도 기독교인들에게 맡기는 것이 좋다.

---

5. 한국에서는 기도회도 새벽예배, 수요기도회도 수요예배, 구역모임도 구역예배, 추도식도 추도예배라고 하여 성도들이 교회로 모여 함께 하나님께 공적으로 예배하는 것과 구분되지도 않고 특징도 없게 만든다.

교회가 본질적으로 해야 할 일은 은혜의 방편인 말씀을 가지고 하나님 나라를 전파하는 것이다.[6] 이에 비해 학교는 말씀에 순종하는 성도들이 하나님 나라를 이루고 섬기는 한 방편이다. 교회는 부모들에게 자녀가 부모의 소유물이 아니라 하나님의 자녀임을 가르쳐야 한다. 또한 하나님께서 맡기신 자녀를 말씀으로 잘 양육하도록 교육해야 한다. 나아가 가능하면 좋은 기독교 학교를 세우고 그 학교에 자녀를 보내도록 권면해야 한다.

그런데도 한국 교회는 아직 기독교 학교에 대한 이해가 부족하다. 그보다는 대부분의 관심이 선교에만 집중되어 있다. 물론 사회 복지 영역에 투자하는 교회도 있다. 그러나 주일학교 교육 외에 가정과 학교에서의 교육에는 거의 관심이 없다. 아마도 선교사들과 기독교인들이 세운 미션스쿨이 그 역할을 감당할 거라 생각하는지도 모른다. 아니 어쩌면 복음은 거룩하고 귀한 것인 반면, 일반 학문을 가르치는 교육은 그렇지 않다는 이원론적 생각이 강하게 작용했을 수도 있다. 그러나 언약의 자녀들이 일반 공립학교에서 무신론적 교육을 받고 있는 현실을 언제까지 외면할 것인가? 이제 한국 교회는 기독교 학교를 통한 자녀들의 신앙교육에 관심을 쏟아야 할 때이다. 교회는 학교 건물을 세울 수 있도록 재정적으로 도울 수 있다. 또한 교육관이라는 공간이 주중에 사용되지 않고 있기 때문에 그것을 학교 교실로 사용할 수 있는 좋은 조건을 갖추고 있다. 이미 있는 교육관 시설을 이용해 기독교 학교를 시작할 수도 있다. 좀 더 여유가 있는 교회는 직접 학교 캠퍼스를 조성할 수도 있다.

이렇게 교회가 기독교 학교를 만드는 것에 동의하더라도 교회와 학교와의 관계가 분명하지 않으면 어려운 문제가 발생할 수 있다. 때문에 무엇보다 교회는 학교가 아니고 학교는 교회가 아님을 분명히 해야 한다. 교회가 학교를

---

6. 유해무, 544.

경영하게 되면, 교회 본래의 기능을 벗어나게 된다. 교회는 병원·복지·교육·사회사업 등 세상의 일을 할 수 없다. 세상의 일들이 잘 되지 않는다고 교회가 그 일을 떠맡을 수는 없다. 교회는 복음을 전파하는 곳일 뿐이다. 따라서 학교 경영은 학교 전문가들에게 맡기는 것이 좋다.

교회는 언약의 자녀들을 그리스도의 제자로 가르친다. 물론 기독교 학교도 학생들을 그리스도의 제자로 교육한다. 그렇지만 교회와 학교는 그 방법에 있어서 차이가 있다. 교회가 자녀들에게 각자 그리스도의 제자로 살도록 삶의 원리를 가르치고 격려하는 곳이라면, 학교는 자녀들에게 각 교과목을 통해 그리스도의 제자로 살도록 가르치는 곳이다. 물론 학교가 선교와 전도에 대해 가르치고 격려할 수도 있지만, 이것이 학교의 주 사역은 아니다.

교회는 주일학교나 혹은 평일성경학교를 통하여 기독교 교리를 가르치는 일을 게을리 해서는 안 된다. 현재 한국 교회는 주일학교를 통해서만 언약의 자녀들에게 신앙을 교육하고 있다. 그렇지만 일주일에 한 시간의 신앙교육으로는 너무 미약하다. 더 적극적인 신앙교육이 필요하다. 교회는 주중이나 혹은 토요일에 특별 정기 성경공부 혹은 훈련 프로그램을 마련해야 한다. 그래야 교회의 자녀들과 젊은이들을 신앙으로 훈련시킬 수 있을 것이다. 20년 전만해도 주일 오후에도 자녀들을 모아놓고 주일학교를 열었다. 그리고 수요일 방과 후에도 자녀들을 모아 성경을 가르치는 모임이 교회에 있었다. 그러나 지금은 거의 대부분 사라졌다. 그만큼 현대 교회는 과거에 비해 신앙교육에 무관심하다고 볼 수 있다. 이는 교회가 사회의 변화에 동화되면서 많은 것들을 양보하고 있기 때문이다.

인간의 편의가 강조되면서 교회의 좋은 전통들이 사라지고 있는데, 이것이 곧 교회의 영적 빈곤을 초래하고 있다. 아마도 우리는 그 결과를 다음 세대에서 보게 될 지도 모른다. 그러므로 교회는 주중에 자녀들에게 성경과 교리를 체계적으로 가르치는 주중성경학교Day Bible School를 다시 살려야 한다. 이미 한국 교회 가운데도 뜻있는 교회들이 이런 학교들을 개설하여 자녀들에게 신앙교육을 실시하고 있는 것은 고무적 일이 아닐 수 없다.

분당샘물교회의 'COGChildren of God'나 두레교회의 '꿈가교꿈을 가꾸는 교회학교'가 그렇다. 열린교회는 '예꿈학교예수님의 꿈아이 학교'를 매주 수요일 운영하고 있다. 이런 사고의 전환과 기독교 교육의 실천이 기독교 학교를 설립하도록 하는 기초 작업 역할을 한다.

3) 교회와 가정의 관계

마지막으로 교회는 말씀을 통해 부모들에게 가정에서 자녀들을 신앙으로 양육할 것을 격려해야 한다. 아버지와 어머니가 자녀들의 신앙교육에 대해 무관심하면, 교회에서 자녀들을 아무리 잘 가르쳐도 별 효과가 없다. 뿐만 아니라 신앙교육에 관심 있는 부모들이 모여 교육철학을 만들고 기독교 학교를 세울 수 있도록 교회가 지도할 필요도 있다. 가정과 교회가 일체가 되어 자녀들의 신앙교육에 헌신한다면, 한국 교회의 미래는 희망이 있을 것이다.

이렇게 가정과 학교와 교회가 일체를 이루어 교육을 통해 하나님 나라가 속히 임하기를 소망해야 한다. 어느 한 기관이라도 소홀히 한다면, 교육의 효과는 반감될 것이다. 하나님께서 명령하신 교육의 사명은 아무리 강조해도 지나치지 않다. 건강한 가정과 학교와 교회가 이 일을 함께할 때, 주기도문의 '하나님 나라'가 속히 이 땅에 임하게 될 것이다.

6. 부모의 치맛바람?

부모는 자녀들을 학교에 보내면서 교육적인 책임까지 떠넘기려 한다. 자녀를 교육하는 것이 어려운 일이기도 하지만, 귀찮은 일이기도 하기 때문이다. 그런데 다른 한편, 우리나라에서는 학부모들이 자녀들의 교육에 너무 많은 관심을 가지는 것이 문제가 되기도 한다. 이것을 소위 '치맛바람'이라고 하는데, 이는 자녀교육에 대한 열성이 왜곡된 형태로 나타나는 것이다. 자녀교육에 무관심한 것도 문제이지만, 왜곡된 과도한 관심도 문제이다. 그렇다면 기독교 부모의 역할은 어떠해야 할까?

기독교 학교에서 부모의 역할은 무엇일까? 부모들은 자녀들을 학교에 보낼 때 교육에 관해서는 더 이상 신경 쓰지 않아도 될 것이라고 생각한다. 교육 전문가와 기관인 교사와 학교에 자녀를 맡겼기 때문에 그들이 잘 해낼 것이라고 기대한다. 부모는 좋은 학교를 선택하고 경제적인 뒷받침을 하는 것으로 그 역할을 다했다고 생각하기 쉽다. 그런데 그것이 부모 역할의 전부일까? 기독교 학교와의 관계에서 부모는 어떤 역할을 해야 할까?

기독교 교육의 3요소를 가정, 학교, 교회라 할 때, 그 각각의 주체라 할 수 있는 부모, 교사, 목사의 역할이 매우 중요하다. 먼저 가정과 학교의 교육 주체인 '부모'와 '교사'와의 관계를 살펴보자. 이 관계는 생각만큼 쉬운 관계가 아니다. 두 역할의 균형이 깨지는 경우 문제가 발생하게 된다. 먼저 부모가 교사의 영역을 침범하는 경우가 있다. 이에 대해 리차드 에들린R. Edlin은 그의 책 『기독교 교육의 기초』에서 홈스쿨링 배경을 가진 부모들이 학교를 세우고는 교육과정개발을 책임지는 교육위원회에 교사를 한 명도 참여시키지 않은 예를 소개한다. 하지만 교육과정개발에 전문가인 교사를 최소한 한 명 정도는 참여시키는 것이 필요하다.[1] 또 어떤 기독교 학교에서는 부모들이 교사의 교육 방법이나 학생을 다루는 기술에 대해 간섭하는 경우도 있다.

이와 반대로 교사가 부모의 역할을 침범하는 경우도 있다. 이 경우는 공립 학교에서 주로 발생하는데, 부모를 교육에 있어 비전문가라 여기고 전문가인 교사가 교육의 모든 부분을 책임져야 한다고 생각하는 것이다. 공립학교에서는 교실에서 무슨 일이 일어나는지 부모가 잘 알지 못한다. 설혹 안다 하더라도 그 영역은 치외법권처럼 간주되어 부모가 관여할 수 있는 역할은 거의 없다. 어떤 부모는 스스로 학교에 대해 알기를 포기하기도 한다. 지금은 학교운영위원회가 있어 부모들이 적극적으로 학교운영에 참여할 수 있긴 하지만 여전히 큰 영향력을 행사하지 못하는 것은, 교육에 관해 부모는 비전문가이고 교사는 전문가라는 생각이 크기 때문이다.

이런 점에 비추어 기독교 학교에서는 부모의 역할이 뚜렷하다. 먼저 부모는 자녀교육의 일차적인 책임자요, 최종 책임자이다. 따라서 부모와 교사의 정확한 역할 이해와 영역 구별이 이루어진다. 리차드 에들린은 교사와의 관계에서 부모의 역할을 다음과 같이 정리했다.

첫째, 학교는 자기 자녀만을 위해 존재하지 않으며 가정의 연장도 아니다.
둘째, 부모의 교육철학이 학교의 철학과 일치하는지 분명하게 인식해야
　　　한다.
셋째, 학교의 일에 적극적으로 참여하며 자신의 책임을 다해야 한다.

---

1. Richard J. Edlin, 144.

넷째, 하나님께서 주신 교사의 권위를 존중하지만, 교실에서 일어나는
    교육에 대해 설명을 요구해야 한다.

다섯째, 질문이 있을 때는 절차를 따라 대화해야 한다.

여섯째, 대화는 겸손한 마음으로 하고 기도하고 이루어져야 한다.

일곱째, 대화는 분명한 증거에 근거해야 한다.[2]

부모는 기독교 교육을 책임진 사람이다. 부모 없이 학교 교육도 없고, 교회 교육도 없다. 모든 교육이 부모에게서 시작되고 끝난다. 기독교 학교는 부모의 존재를 귀찮게 여기거나 전문가가 아니라고 무시해서도 안 된다. 그러므로 학교는 부모의 교육적 책임을 인정하고, 부모의 존재를 부담스럽게 여기지 말아야 한다. 오히려 학교는 부모의 교육적 관심을 학교 교육에 잘 활용해야 할 것이다. 이에 반해 교육의 실제적인 원 책임자인 부모의 역할이 배제된 기독교 학교는 교육의 목적을 실현하기 어렵게 된다. 그러므로 부모와의 관계가 소원하거나 원활하지 못한 학교들은 좋은 관계를 위해 많은 노력을 기울여야 한다. 교육의 성패는 부모와의 관계에 달려 있다고도 볼 수 있기 때문이다. 따라서 기독교 학교를 설립하려 할 때, 교육의 최종 책임자인 학부모들을 생각하지 않고 이들의 참여를 염두에 두지 않으면 안 된다. 이들의 생각과 교육철학의 정도가 학교의 수준을 가늠할 것이기 때문이다. 그러므로 기독교 학교 교육은 학부모와 함께하는 교육이라 할 수 있다.

한국 교회의 기독교인들은 부모들의 기독교 교육에 대한 철학이 아직 약한 편이다. 그러므로 학교를 시작하기 전부터 기독교 교육과 학교에 대한 세미나 형식의 강좌를 개설해 교육을 시키는 과정이 필요하다. 나아가 기독교 학교에

---

2. Richard J. Edlin, 157~158.

대한 책을 읽고 소그룹으로 토론하고 발표하는 시간과 기회를 가져야 한다. 이런 과정을 적어도 1년 이상 준비하고 난 뒤에야 비로소 기독교 학교를 세울 수 있는 터전을 닦을 수 있을 것이다. 기독교 학교의 성패는 부모들의 수준에 달려 있다고 해도 과언이 아니다.

7. 교사는 훈련 중!

학교에서 가장 중요한 요소가 있다면 무엇일까? 당연히 교사이다. 아무리 좋은 교육 철학과 목적과 교육과정을 갖춘 기독교 학교라 할지라도, 교사가 교육현장인 교실에서 그것을 풀어내지 않는다면 아무 소용이 없다. 비록 학생들이 사용하는 교재가 시원찮아도 훌륭한 기독 교사가 있으면, 그 기독교 학교에는 희망이 있다. 학생들은 교사의 수준만큼 성장한다. 누구나 영적·학적·기독교 세계관적 실력을 모두 갖춘 선생님을 원한다. 하지만 이런 훌륭한 교사는 그냥 만들어지지 않는다. 우리나라는 이미 백년이 훌쩍 넘는 기독교 전통을 자랑하지만, 아직도 좋은 기독교 교사를 양성하는 기관이 절대적으로 부족한 형편이다. 그러므로 기독 교사를 훈련하는 계획과 시스템이 반드시 필요하다.

교사는 기독교 학교의 존재를 결정하는 핵심 요소라고 할 수 있다. 그렇지만 좋은 교사를 만나기가 쉽지 않은 것이 현실이다. 성숙한 신앙과 교수의 전문성을 갖춘 교사를 확보하는 것은 기독교 학교를 시작하는 데서 가장 신경 써야 할 부분이다.

부모가 학교를 세우고 자녀들을 학교에 맡겼다 하더라도, 교사는 부모의 권위 아래 있지 않다. 부모는 교사가 지닌 특별하고 독특한 권위를 인정해야 한다. 하나님께 받은 자녀들에 대해 부모가 권위를 가지는 것처럼, 교사 또한 하나님께서 직접 부여해 주신 권위를 가진다. 교사는 학교에서 하나님 앞에 책임 있게 행동해야 한다. 부모는 교사들이 임무를 효과적으로 수행할 수 있도록, 자녀들에 대해 일정한 시간 동안 그들의 시간·공부·행동·움직임 등을 통제할 수 있는 권리를 교사에게 양도해야 한다. 그렇게 함으로써 교사는 부모가 가정에서 하는 것과 같이 학교에서 학생들을 훈련하고 가르칠 수 있는 권리를 갖게 된다.[1]

그렇다고 학교가 가정의 연장선은 아니다. 가정은 가정이고, 학교는 학교일 뿐이다. 학교는 가정과 다른 독립된 기구이다. 자녀가 병이 나면 병원에서 의사가 관리하고 치료하도록 한다. 그렇지만 병원이 가정의 연장이 아닌 것처럼 학교 또한 그러하다. 의사가 부모의 역할을 다할 수는 없다. 그는 부모와 다른 의사로서의 역할만 할 뿐이다. 마찬가지로 학교의 교사 또한 가정의 연장인 부모의 대리자로서가 아니라 가르치는 교사로서의 독특한 역할을 감당해야 한다. 의사가 하나님께로부터 특별한 부르심을 받고 병원이 준 권위와 부모가 양도한 권위로 일하는 것처럼, 교사도 하나님으로부터의 부르심과 학교가 준 권위와 부모가 위임한 범위 안에서 가르칠 뿐이다. 이런 의미에서 교사는 지도자로서의 자신의 역할을 부모의 역할과 혼동하지 말아야 하며, 가정을 침해하지 않아야 한다.[2]

그렇다면 교사는 어떤 역할을 해야 하는가? 먼저 교사의 권위와 능력은 하나님께로부터 온 것이기에 하나님께 순종하며 그 은사를 사용해야 한다. 교사는 절대로 자신의 은사를 자기 마음대로 사용할 수 없다. 그는 자신의 능력에 대해 하나님 앞에서 책임을 져야 한다. 또한 그는 자신을 임명한 이사회의 권위 아래서 일해야 한다. 그리고 이사회가 위임한 학교 행정가인 교장의 권위 아래서 학교의 교육철학과 교육과정에 맞게 가르칠 의무가 있다.

그러면 기독교 학교를 위해서는 어떤 교사를 뽑아야 하는가? 기독교 학교

---

1. Louis Berkhof & Cornelius Van Til, 205.
2. Richard J. Edlin, 154.

가 요구하는 특별한 교사의 자격이 있는가? 프랭크 게블라인Frank Gaeblein은 이에 대해 다음과 같이 말했다.

> 오늘날 기독교 교육이 그 사명을 올바로 감당하기 위해서 꼭 필요한 것이 있다면, 그것은 …… 과학이나 역사, 수학, 문학 혹은 예술 교과들까지도 모두 하나님의 진리체계 안에 포괄되어야 하는 것들로서 보는 그러한 세계관에 입각해서 교과를 가르칠 줄 아는 교사입니다. 왜냐하면 '진리는 모두가 다 하나님께 속한다'라는 전제를 수긍한다고 해서 곧바로 기독교 교육이 이루어지는 것은 아니기 때문입니다. 기독교 교육이 온전히 이루어지기 위해서는, 그러한 전제를 바탕으로 해서 학생들에게 진리의 통합체를 실제로 보여주며, '보이지 않는 하나님의 형상이요', '만물보다 먼저 계셨고', '만물의 창조에 관여하신 분'이며, '만물을 붙들어 주시는 분'골1:15~17이라는 장대한 그리스도를 학생들의 심령 속에 실제로 살아 움직이게끔 할 수 있는 그러한 효과적 교육이 뒤따라야만 하는데, 이 일은 참된 기독교적 세계관을 지닌 교사가 없이는 불가능한 일입니다.[3]

그러나 안타깝게도 우리나라의 현실에서는 이런 기독교 세계관을 갖춘 교사를 찾기가 쉽지 않다. 일단 기독교 세계관을 배울 수 있는 사범대학이나 교육대학이 거의 없다. 각 교과목을 성경적 세계관으로 재해석하는 훈련을 받을 수 있는 곳은 더더욱 드물다. 이런 상황이다 보니 좋은 기독교 학교를 위해 먼저 좋은 기독교 교사를 양성할 수 있는 대학을 설립하는 것이 급선무이다. 그렇지만 이것이 언제 실현될지는 기약이 없다. 그러므로 가장 실제적인 방법은

---

3. Frank Gaeblein, *The Pattern of God's Truth: The Integration of Faith and Learning*, 신창국 역, 『신본주의 교육』(기독교문서선교회, 1991), 57~58.

각 기독교 학교가 나서서 교사 훈련을 위해 많은 에너지와 시간과 재정을 쏟아 붓는 것이다. 교사는 개인적으로 성경적 세계관을 지속적으로 배우기 위해 성경 공부를 해야 한다. 성경에 대한 지식은 목사만의 전유물이 아니다. 성경의 진리와 씨름하다보면 성경과 교과목과의 관계를 자연스럽게 깨닫게 될 것이다. 부자연스럽게 성경과 교과목을 짜 맞추는 것이 아니라 자연스럽고 통합적으로 적용해야 한다. 훌륭한 기독교 교사는 국가에서 공인하는 교사 자격증이 아니다. 그렇다고 신앙만 좋다고 되는 것도 아니다. 기독교 교사는 신앙과 전문성을 모두 갖춘 자여야 한다.

기독교 교육의 질은 좋은 교재를 갖춘다고 해서 확보되는 것이 아니다. 그보다 어떤 교재든지 성경적 관점으로 재해석하여 효율적 수업을 진행할 수 있는 교사가 교육의 질을 결정한다. 이것이 기독교 학교가 바라는 교사상이다. 그렇지만 교사를 선발하는 과정에서 학교는 쉽지 않은 문제와 직면하게 된다. 그것은 전문성과 신앙을 균형 있게 갖춘 교사를 찾기 어려운 경우이다. 그럴 경우 기독교 학교는 어떻게 해야 할까? 즉, 비록 전문성은 부족하지만, 신앙과 기독교 세계관에서 좋은 점수를 받는 예비 교사와 반대로 전문성은 탁월한데 신앙과 기독교 세계관에서는 부족한 예비 교사가 있을 때 학교는 어떤 선택을 해야 할까?

이 점에서 우리는 중요한 질문을 던지게 된다. 곧, 기독교 학교의 교사는 실력이 우선인가, 아니면 신앙이 우선인가 하는 것이다. 이는 실제 교사를 채용해야 하는 실무자들에게는 결코 쉽지 않은 문제이다. 신앙과 실력을 비교했을 때 어느 쪽에 비중을 둘 것인가는 학교의 교육철학에 의해 결정될 수 있다. 문서 이외에 교육철학이 가장 분명하게 드러나는 지점이 학생과 교사의 선발 과정이다.

현재 우리나라에 있는 대부분의 기독교 학교들은 자체가 개발한 교사 교육

프로그램으로 교육하고 있다. 또는 외국에 있는 기독교 학교를 탐방하는 형식으로 교사 연수를 보내기도 한다. 기독교 학교교육연구소에서 개최하는 기독교사 컨퍼런스가 매년 여름에 열리기도 한다. 이렇게 훈련된 좋은 기독교사는 훈련된 좋은 학생들을 낳게 될 것이다. 왜냐하면 제자는 스승만큼 될 것이기 때문이다마10:24~25. "제자가 그 선생보다 또는 종이 그 상전보다 높지 못하나니 제자가 그 선생 같고 종이 그 상전 같으면 족하도다."

8. 합법적인 학교를 바라며

자녀를 공립학교에서 빼 내어 기독교 학교에 보내려고 해도 학력인정이 되지 않고 국가가 인정하는 졸업장도 받지 못하기 때문에 망설이는 부모들이 있다. 초등학교 1학년부터 기독교 학교에 자녀를 보내려는데, 기독교 대안학교가 법적 테두리 밖에 있다는 사실을 알게 되어 고민하는 부모도 있다. 당연히 기독교인은 국가의 법을 지키려 한다. 기독교 학교가 법의 테두리 밖에 있는 상황이 썩 기분 좋은 일은 아니다. 물론, 대부분의 교육기관이 처음부터 합법적으로 인정받은 것은 아니다. 초기에는 법의 보호를 받지 못하다가 나중에 합법화되는 경우가 대부분이다.

서구의 대안학교 교육은 1919년 독일의 발도르프Waldorf, 1921년 영국의 섬머힐Summer Hill, 우리나라에는 1958년 풀무학교, 1990년대 '간디학교'와 '영산성지학교' 등이 있다. 대안학교 형태의 학교가 우리나라에서 시작된 것은 1999년 정부에서 특성화 학교 정책을 도입한 때이다. 이때 미인가 대안학교들이 대거 정부의 인가를 받았다.[1] 이 학교들은 대안학교라기보다는 일종의 중도탈락학생들을 위한 재교육 차원의 특성화학교였다. 이것이 '제1차 대안학교 법제화'의 단계라고 부를 수 있겠다.

'제2차 대안학교 법제화'는 2000년대 초에 학교 붕괴론이 등장하면서 공교육의 위기에 대한 대안으로 대안학교와 홈스쿨링이 폭발적으로 증가하면서

---

1. 2016년에 기준 특성화학교 중학교는 13개였다. 그중 공립학교가 2개, 사립학교가 10개였다. 고등학교는 25개였는데, 그중 공립학교가 4개였고, 사립학교가 21개였다.

생겨났다. 이런 요구들은 법적으로 받아들이기 위해 마련된 법이 2005년 3월 2일에 통과된 최초의 '대안학교'라는 단어가 포함된 '대안학교법'이다. 초중등교육법 제60조 각종학교에 대한 규정에 '대안학교'를 공식화했다.[2] 이 법의 시행은 2007년이 되어서야 시작되었는데, '특성화학교'에서 '대안학교'라는 개념이 공적으로 사용될 수 있게 되었다. 하지만, 이 법은 전국적으로 우후죽순 자생하는 작은 규모의 대안학교를 수용하기에는 턱없이 부족했다. 기독교학교교육연구소 조사에 의하면, 2016년 당시 미인가 기독교 대안학교 비율은 무려 86.8%230개 학교였다. 일반 대안학교까지 합하면, 숫자는 더 늘어나 400개 이상 될 것으로 추정한다.

이후 '제3차 대안학교법 법제화'에 관한 요구가 시작되었다. 2012년부터 국회입법을 위한 노력들이 다양하게 전개되었다. 이에 국회에서도 '대안교육기관에 대한 지원'과 '학교 밖 학습자 교육지원'에 대한 법률안을 개발하기 시작했다. 특별히 논의의 방향은 '인가제'에서 '등록제'로 옮겨갔다. 법적 지위를 얻는 데 인가제보다는 상대적으로 등록제가 쉬운 것이 사실이다. 하지만 '등록제'조차도 기독교 대안학교의 정체성을 고려할 때 걸림돌로 작용할 수 있음을 확인할 수 있었다. 대안학교 등록 과정이나 재정 지원, 학력 인정 등의 절차가 통제적인 목적이 강하고, 요건을 충족하지 못할 때에는 시설 폐쇄까지 가능하다. 대안교육을 지원하는 법이라기보다 관리·통제·규제하는 법에 가까울 수 있으니, 기독교 대안학교가 이를 달갑게 여길 리 만무하다. 2017년에 김병욱 의원이 '대안교육 진흥법안'과 김세연 의원의 '대안교육기관 지원법안'이 발의되었고, 2018년에는 박찬대 의원이 '대안교육에 대한 법률안'을 발의하는 노력들이 있었다.

---

2. 2016년에 기준 대안학교는 25개였는데, 그중 공립학교가 6개였고, 사립학교가 19개였다.

대안학교 '등록제'가 최선의 방법은 아닐 수 있지만, 지금 단계에서는 대안교육 현실을 법의 테두리 내로 수용하는 방안은 '인가제'보다는 '등록제'를 시행하는 것이 대안이라고 생각된다. 정부는 조건 없이 미인가 대안학교를 등록하도록 유도하고, 학교 밖 학습자청소년들을 대상으로 자신이 속해 있는 대안교육 기관혹은 홈스쿨링을 등록하게 하는 것이다. 그러면 정부는 학교 밖의 교육현황을 파악할 수 있다. 더불어 정부는 이들의 필요를 지켜보며 지원 방안을 찾을 수 있다. 또한 이로써 대안학교와 홈스쿨링 단체는 불법 단체의 지위를 벗어날 수 있다. 그러나 여기에는 어느 정도 제한이 필요하다. 곧, 정부는 대안학교가 교육활동을 자유롭게 할 수 있도록 해 주어야 한다. 다만 대안학교가 회계 시스템의 투명성과 공공성 부분을 유지하도록 인도하고, 부적절한 교육활동에 대해 필요한 시정조치를 내리도록 하면 된다. 그렇게 하면 규모를 확인하기 어려웠던 '미인가 대안학교대안교육 시설'를 '등록 대안교육 시설'과 '불법 대안교육 시설'로 구분할 수 있게 된다. 그러나 이 단계에서도 학력 인정이라든가 재정적 지원은 포함되어 있지 않다. 아직 그 단계까지는 아니다.

지금까지 대한민국의 기독교 대안학교의 법적 역사와 현실을 살펴보았다. 이제 기독교 교육의 원리적 차원에서 그 정당성을 한 번 정리해 보자.

대한민국 헌법 제31조에 따르면, "② 모든 국민은 그 보호하는 자녀에게 적어도 초등교육과 법률이 정하는 교육을 받게 할 의무를 진다."라고 하고 있지만, 초·중등교육법 제13조에 따르면, "① 모든 국민은 그가 보호하는 자녀 또는 아동이 만 6세가 된 날이 속하는 해의 다음 해 3월 1일부터 만 12세가 되는 날이 속하는 해의 다음 해 2월 말까지 그 자녀 또는 아동을 초등학교에 취학시켜야 한다."라고 규정함으로써 '의무교육'을 '의무취학'으로 강제하고 있음을 확인할 수 있다.

국가가 인정하지 않는 기독교 대안학교에 자녀를 보내기 위해서는 위법을 감수해야 한다. 국가가 인정하지 않기 때문에 가정이나 대안학교에서 아무리 교육을 잘 받아도 불법의 범주에 해당한다. 현재 홈스쿨링을 하거나 대안학교에 보내는 경우는 초·중등교육법 제14조동법시행령 제28조에 따르면, "(취학의무의 면제 등) ① 질병·발육상태 등 부득이한 사유로 인하여 취학이 불가능한 의무교육대상자에 대하여는 대통령령으로 정하는 바에 따라 제13조에 따른 취학의무를 면제하거나 유예할 수 있다."라는 예외 규정이 있다. 또 초·중등교육법 시행령 제29조에 따르면, 입학 후에 유예를 하거나 정당한 사유 없이 3개월 이상 장기 결석할 경우 정원 외 관리대상이 되어 검정고시를 볼 수 있는 자격이 주어져[3] 학교를 벗어난 경우에도 보완 조건이 있는 셈이다. 그런 면에서 대안학교는 소극적 의미에서 법의 테두리 안에 있는 셈이다.

어떤 사람은 하나님께서 성경에서 허락한 제도는 세 가지, 곧 가정·교회·국가라고 주장하면서 학교는 가정·교회·국가로부터 파생된 권위를 가진다고 주장한다.[4] 김요셉은 진정한 기독교 학교가 되려면, "성경이 공개적으로 세우신 가정, 교회 그리고 국가에서 파생된 기관이라는 사실을 공식적으로 그리고 지속적으로 확실하게 인정해야 한다."라고 말한다.[5] 또 그는 다음과 같이 주장한다.

> 학교가 가정, 교회, 국가에 이어 독립적 성경적 정체성의 권위를 가졌다고 생각하는 것이 문제이다. 학교는 성경적으로 대행하는 권위요 역할이다. 교회 사역의 연장선상에서 정체성이 존재함을 잊지 말아야 한다. 교

---

3. 교육부령 검정고시 규칙 제5조 2(응시자격)의 2항을 보면 '학적이 정원 외로 관리되는 자는 응시할 수 있다.'라고 규정하고 있다.
4. 김요셉, 「9. 한국 기독교 학교의 현실진단 및 갱신운동」, 기독교학교교육연구소주최 제1회 학술대회, 『1907년 평양 대부흥운동과 기독교 학교』(영락교회 50주년 기념관 2006년 10월 21일 09:00~16:00), 85~86.
5. 위의 책.

회와의 관계가 어정쩡할 때 기독교 학교는 뿌리가 흔들린다. 국가의 권위를 존중하고 국가가 우리의 안녕을 위하여 존재한다는 인식 속에서 국가의 정당한 부분들을 인정하는 기독교 학교들이 되어야 한다. 가정의 기독교 세계관 교육을 대행하는 부모를 대신해*In Loco Parentes* 정체성을 가져야 한다.[6]

이는 학교의 기원을 교회에 두고 국가와의 관계를 확립해야 한다는 것이다. 수원 기독 초등학교와 중학교가 바로 이런 구조 가운데 있다. 이 학교는 형식적으로 국가가 정의한 사립학교에 속하지만, 실질적인 모습은 교회의 한 부서에 속한다. 즉, 교회가 기독교 학교를 세우고, 국가의 권위 아래 두는 형태의 학교를 말한다. 이런 형태의 학교는 이미 외국에 많이 세워졌고, 우리나라에도 세워지고 있다. 특히 1960년대 미국에서 만들어진 기독교 학교들이 주로 이에 해당되었다.

그렇다. 기독교 학교는 정부의 보호막 아래서 법적 보장을 받을 필요가 있다. 성경은 하나님께서 국가의 위정자를 선택하시고 권위를 주셨다고 가르친다. 기독교인들은 하나님께서 주신 국가의 권위에 복종하고 순종해야 할 의무가 있다롬13:1. 하나님 말씀에 위배되지 않는 범위 내에서 교회와 성도는 국가에 순종해 왔다. 성도가 자녀를 교육함에 있어서도 국가의 법과 질서의 범위 내에 있어야 한다. 그렇다고 교육 자체를 국가가 책임져야 한다고 권한을 넘겨주는 것은 옳지 않다. 미국 예일대학교 교수인 니콜라스 월터스토프N. Wolterstorff는 이에 대해 이렇게 단호하게 말했다.

---

6. 위의 책. 'In Loco Parentes'는 '부모를 대신해서(in the place of parent)'라는 뜻의 라틴어이다. 이 용어는 부모의 교육권을 대체하고 대신하는 교사의 교권을 강조하는 데 사용된다.

아동의 교육의 성격을 결정함에 있어서 국가의 권리는 무엇인가? 국가는 아무 권리도 없다. 전혀 어떤 권리도 없다. 실제로 국가는 아동의 교육의 성격을 결정할 수 있는 권리를 갖고 있지 않을 뿐 아니라, '아동들이 어떻게 교육 받는가'라는 문제와 관련하여 법률로 존중해야 할 아무 권리도 갖고 있지 않다.[7]

자녀 교육의 궁극적 책임은 국가가 가지고 있는 것이 아니란 말이다. 그러면 교육의 권리와 책임은 누가 가지는가? 가정의 부모이다. 국가는 국민이 신앙생활을 할 수 있도록 평화를 유지해야 할 책임이 있지만, 부모의 교육적 책임을 침해할 수는 없다. 성경은 말하기를, 국가 정부는 통치 영역에 속한 모든 사람들의 이익을 보호하고, 이웃 사이의 송사를 판결하며, 악행자를 처벌함으로써 질서를 보존하고 세금을 징수해야 한다고 했다롬13:1~7. 하지만 자녀들을 가르치는 것은 정부의 의무가 아니다. 국가는 자녀 교육에 일차적 책임을 지지 않는다. 국가가 국민의 자녀를 교육하는 것은, 그것이 국가의 존립을 위해 필요하기 때문이다. 교회 역시 자녀교육에서 일차적인 책임자가 아니다. 교회가 교인의 자녀를 교육하는 것은 간접적인 공동체적 책임 때문이다. 교회는 복음을 전파할 의무가 있을 뿐 가정에서 해야 할 자녀 교육과 훈련까지 책임지지는 않는다.

자녀 교육의 일차적·최종적 책임과 권리와 의무는 인류 최초의 기관인 가정의 부모에게 주어졌다. 이것이 성경적 진리이다. 교회나 국가나 사회는 가정에 맡겨진 교육의 책임을 다하도록 간접적인 도움을 줄 뿐이다. 구약성경은 많은 부분 이스라엘 백성 개인보다는 이스라엘 국가 전체를 상대로 얘기하는

---

7. N. Wolterstorff, *Education for Life: Reflections on Christian Teaching and Learning* (Grand Rapids, 2002), 220.

것이지만출18:22~26; 신1:16~17, 그럼에도 자녀 교육의 책임은 항상 부모에게 두며, 부모로 하여금 자녀를 교육하라고 명령한다.[8] 이스라엘 백성은 부모가 직접 자녀를 가정에서 교육하고 훈련했다. 그러면 학교의 정체성은 무엇인가? 사실 학교라는 말은 성경에 나타나지 않는다. 그러나 성경에 없다고 기독교 학교를 비성경적이라고 말할 수는 없다. 삼위일체라는 단어는 성경에 나타나지 않지만, 그것을 비성경적이라고 말하지는 않는데, 학교도 이와 마찬가지이다. 학교는 가정의 교육적 책임을 어느 정도 위임받을 수 있다. 하지만 그렇다고 학교가 가정의 대체 기관이 되어서는 안 된다. 그렇다면 부모가 자녀를 교육함에 있어 학교나 국가에 맡기지 않고 교육의 책임을 다할 수 있는 방법은 없을까? 방법이 있다. 그것은 학교를 국가나 교회가 세우지 않고, 교육의 일차적 책임자인 부모들이 세우는 것이다.

성경이 허락한 일차적 교육 기관인 가정과 일차적 책임자인 부모가 자녀교육에 대한 결정권을 가져야 한다. 부모는 자신의 자녀를 가정에서 부지런히 교육해야 하며, 나아가 필요한 전문적인 교육을 어디에서 교육시킬 것인지를 결정해야 할 책임과 의무가 있다. 학교 설립에 뜻을 가진 부모들이 있다면, 그들이 학교를 만들 수 있다. 이렇게 부모에 의해 세워진 학교는 부모가 자신의 교육적 책임과 권리를 행사한 결과라고 볼 수 있다. 이런 의미에서 기독교 학교 교육을 교회와 국가의 파생적 개념으로 이해하는 것은 적절하지 못하다고 하겠다. 왜냐하면 하나님 나라에서 가정과 교회와 국가는 각기 고유한 역할들이 있기 때문이다. 교회는 복음전파의 기관이다. 교회는 성도들로 하여금 복음을 듣고 자신의 은사를 가지고 세상에 나가 하나님 나라의 영역을 확장하도록 격려하고 설교하며 교육해야 한다. 반면, 국가는 하나님께서 주신 각 영역의

---

8. Louis Berkhof & Cornelius Van Til, 64.

주권을 인정하고 그것을 마음껏 발휘할 수 있도록 안정된 분위기를 만들어 주는 기관이다. 따라서 국가 정부는 사회 가운데 공의의 본을 보여주고 유지토록 함으로써 다른 제도와 기관들이 하나님의 말씀에 따라 자기의 고유 영역에서 적절한 권위를 행할 수 있도록 자유를 허용해 주어야 한다.[9]

기독교 학교는 가능한 국가의 법 테두리 내에서 학교를 설립하고 운영해야 한다. 뿐만 아니라 국가의 보호를 받을 필요도 있다.[10] 그렇다고 학교가 국가의 법 안에 휘둘릴 필요는 없다. 부모의 교육권을 국가가 결정할 수 없는 것처럼 부모가 자녀를 보내 교육하도록 하는 기독교 학교의 교육을 국가가 제한하거나 억압해서는 안 된다. 더군다나 기독교 교육 본연의 책임을 다하기 위해 국가적 법이 거리낌이 된다면, 양심적으로 의로운 투쟁을 해야 할 수도 있다. 기독교 교육 공동체는 교육의 상황을 분석하여 부적절하고 불의한 것들에 대해 국가 정부가 교육에 부당한 개입을 하지 않도록 대항할 수 있는 법적·도덕적 힘도 제공하는 역할을 해야 한다.[11]

---

9. Richard J. Edlin, 138.

10. 유명한 네덜란드 개혁신학자이며 캄펜(Kampen) 개혁신학대학과 암스테르담(Amsterdam) 자유대학교 신학부 교수였던 헤르만 바빙크(Herman Bavinck)도 국가의 기능은 통제의 기능이 아니라, 사회제도의 발달을 보호하고 보장하는 것이라고 했다. 바빙크는 당시 유행하던 사회주의 이론을 이런 관점에서 비판하는 혜안을 가졌다. H. Banvinck, *Opvoeding der Rijpere Jeugd* (Kampen, 1916), 192.

11. Richard J. Edlin, 143.

9. 기독교 학교의 여러 가지 모양

비록 기독교 학교의 역사가 짧긴 하지만, 우리나라에도 여러 가지 형태의 기독교 학교가 있다. 이런 상황에서 만일 서구 교회에 존재했던 다양한 기독교 학교의 형태들의 특징이 무엇인지 알면, 학교를 선택하는 데 많은 도움이 될 것으로 생각한다. 기독교 학교의 유형들은 다음과 같다. 첫째, 정부 주도형 학교, 둘째, 부모 주도형 학교, 셋째, 교회 주도형 학교, 넷째, 개인 주도형 학교, 다섯째, 독립된 이사회 주도형 학교, 여섯째, 교사 주도형 학교 등이다.

1. 정부 주도형 학교

정부 주도형 기독교 학교는 전통적으로 기독교가 주류였던 국가나 사회에 있었던 형태이다. 비록 국가가 세운 학교이지만, 학교의 경영이나 가르침과 학생 구성원들은 기독교적이다. 루터는 말년에 기독교 학교 교육을 강조했는데, 그는 이 학교 교육을 정부의 일로 생각했고, 그래서 시의원들에게 편지를 써 1524년 기독교 학교를 설립할 것을 요청했다.[1] 당시 대부분의 부모들은 자녀를 학교에 보내지 않고 돈을 벌도록 내몰았는데, 루터는 이를 비판하면서 자녀들을 기독교 학교에 보낼 것을 권고했다. 루터는 종교개혁시대의 독일 정부

---

1. 'http://www.wels.net/cgi-bin/site.pl?1518&cuTopic_topicID=22&cuItem_itemID=5835'를 보라. "To the Councilmen of All Cities in Germany That They Establish and Maintain Christian Schools" 1524.

가 기독교 학교를 세우는 것은 국민들을 신앙적으로 훈련시키는 좋은 방편이었다고 보았다. 다행히 그 전통이 최근까지 이어져오고 있긴 하지만, 아쉽게도 루터의 신앙적 순수성을 더 이상 찾아보기는 어렵다.

1850년 이후 미국 역시 정부가 주도하여 공립학교를 세웠다. 이에 대해 기독교인들은 별다른 불만이 없었다. 학교 교실에서 기도도 하고 성경도 가르쳤기 때문이다. 교장과 교사와 학생들은 모두 기독교인이었고, 기독교적 가르침과 운영이 실현되고 있었다. 정부가 주도한 학교이지만, 기독교 학교의 내용을 가지고 있었던 것이다. 그러나 시대가 변하면서 정부가 세운 학교는 기독교적 가르침을 지속할 수가 없게 되었다. 정부는 모든 종교를 초월하는 정책을 펴야 했기 때문이다. 기독교적 교육만을 고집할 수가 없었던 것이다. 그러다가 이제는 사회가 다문화·다종교화 되면서 기독교 교육은 오히려 역차별을 받아 어떠한 기독교적 특색도 드러낼 수 없게 되었다. 기독교 문화가 자연스럽던 일부 나라나 지역에서 행해지던 기독교 학교의 모습 역시 점차 사라지게 되었다. 이처럼 정부 주도형 학교는 공공성과 재정적 안정이라는 강점이 있지만, 시간이 흐르면서 정부가 특정 종교에 특권을 줄 수 없다는 이유로 기독교 교육을 지속하지 못하고, 결국 기독교 학교의 존립이 위협받게 된다.

2. 부모 주도형 학교

부모 주도형 학교는 어떤 특별한 목적을 위해 조직된 부모들이 학교를 설립하고 운영하는 기독교 학교이다. 대표적인 학교가 네덜란드 기독교 학교와 이들이 세계로 흩어져 세운 미국·캐나다·호주·뉴질랜드·남아프리카에 세운 학교들이다. 이들은 언약 신앙에 근거하여 교육의 책임이 일차적으로 부모에게 있다는 데서 출발한다. 또한 이들은 교육에 대한 부모의 의무와 특권은 국가나 교회가 대신할 수 없다고 믿는다. 그래서 교회가 기독교 학교를 세우는 데 반대한다. 교회는 성도들로 하여금 학교를 세우도록 권면만 할 수 있을 뿐이다. 따라서 이 학교는 교회와 국가의 간섭이나 통제로부터 자유로운 것이 특징이다. 오히려 부모들이 모여 학교를 설립하고, 모금 활동을 하며, 교사를 선발하고 학교를 경영한다. 학부모회가 이사회를 결성하고 이사장을 정한다. 학교의 재산이나 재정적 영역은 학부모들의 이름으로 되어 있다. 학교의 학부모가 되면 자연스럽게 이사회 회원이 되는 것이다.

미국의 '국제기독교 학교Christian Schools International; CSI'에 속한 기독교 학교들이 이러한 유형의 학교들이다. 이 학교들은 대체로 한 교회나 같은 교단에 속한 부모들이 모여 세운 학교들이다. 이런 학교들은 학부모들의 신학과 신앙의 색깔이 비슷하기 때문에 교육철학이 일치하고 결속력도 강하다. 또한 행정적으로는 학교가 교회와 독립해 있지만, 신앙적으로는 교회와 밀접하게 협력한다. 나아가 이 학교들은 부모가 세우고 운영하기 때문에 부모와 유대가 가장 적극적이다. 자그마한 초등학교가 여러 지역에 설립되면, 이들이 모여 중학교를 만들고 고등학교도 만든다. 이렇게 해서 지역적으로 대학이 필요하면, 대학도 만든다. 미국의 칼빈 대학Calvin College과 도르트 대학Dorth College이 그 좋은 예이다.

한편, 한 교회나 교단에 속하지 않고 여러 교단에 속한 부모들이 연합하여 학교를 세우는 경우도 있다. 미국의 아이오와 주의 디 모인Des Moines에 있는 기독교 학교와 한국 목포에 있는 꿈꾸는 요셉초등학교가 그런 예이다. 이런 경우는 신학과 신앙의 색깔이 달라 일치된 교육철학을 공유하기가 쉽지 않다. 다양한 사람들이 모여 있기 때문에 일치된 기독교 분위기를 형성하기 힘들고, 이로 인해 여러 문제들이 나타날 가능성이 많다. 그러다 보면 여러 가지 교육철학과 정신과 분위기를 어우를 수 있는 보편적 원리들만 주장하게 된다. 또한 구체적인 문제에 부딪혔을 때는 다양한 의견들 사이에서 합의점을 찾기 위해 많은 토론과 노력을 기울여야 한다.

3. 교회교구 주도형 학교

정부 주도적 공립학교가 시작되기 전 미국에는 유럽에서 이민 온 기독교인들이 교회를 통해 기독교 학교를 세웠다. 특별히 미국으로 건너 온 사람들은 종교적 동기로 학교를 세우고 교육하는 데 많은 관심을 기울였다. 당시 정부는 기독교 교육에 관심을 기울이지 않았다. 적어도 정부가 통제하는 형태의 교육에는 관심이 없었는데, 그 이유는 교회가 그 기능을 감당하고 있었기 때문이다. 이렇게 미국 역사 초기부터 시작되고 유지된 대표적인 형태가 교회 주도형 학교이다. 당시 미국에 세워진 대부분의 학교들이 이런 형태였다. 특히 루터교의 경우는 여러 교회가 연합한 교회정치체제의 교구학교로 발전했다. 교구에서 학교위원회를 구성하여 같은 지역에 있는 여러 교회들을 아우르는 학교를 세운 것이다. 교사 및 학생의 선발, 그리고 교과과정의 결정은 모두 교구가 감당했다. 노만 E. 하퍼는 루터교회가 교회 주도형 학교를 세웠지만 언약의 자녀에 대한 교육적 의무가 부모에게 있다는 것을 부인하지는 않았다고 말한다.[2]

강한 문화적 유대감이 없는 지역에는 성도가 모여 직접 학교를 운영하기 어렵기 때문에 부모의 기독교 교육적 책임을 수행할 수 있도록 도와주는 교

---

2. Norman E. Harper, 119~121.

구학교가 필요하다고 생각한다. 교회 주도형 학교의 단점은 교회와 학교가 구분이 되지 않아 교육의 전문성이 떨어진다는 것이다. 또 교회가 학교의 운영과 경영에 관여함으로써 공공성에 약점을 드러내기도 한다. 1850년경 미국에서 공립학교가 시작되면서 대부분의 기독교 학교들이 시들해지기 시작했다. 기독교인조차도 공립학교에서 기독교 교육을 하는데 크게 문제가 없다고 판단했기 때문이다. 하지만 이때에도 기독교 학교를 중단하지 않고 계속 유지한 학교가 바로 교회 주도형 학교였다. 이는 정부의 간섭과 영향에도 흔들리지 않고 소신 있는 교육을 계속할 수 있는 재정과 열정이 뒷받침되었기에 가능했던 것으로 보인다.

제2차 세계대전 이후 미국에는 감리교·침례교·장로교 등의 개별 교회가 학교를 세워 운영하는 경우가 많았다. 이 경우는 루터교회처럼 교구가 그 기능을 하지 않고 개별 지역 교회가 선교적 차원과 교육적 차원에서 학교를 운영하는 경우이다. 교육은 근본적으로 교회의 기능이고, 학교는 교회와 분리될 수 없다고 생각한 것이다. 이러한 교회 주도형 학교는 교회 목사나 당회의 학교에 대한 역할에 따라 다양한 형태가 될 수 있다.[3] 교회가 직접 학교를 경영할 수도 있고, 교회가 임명한 사람들이 할 수도 있다. 또는 교회가 모임을 만들어 주고 그 모임에서 학교 경영자들을 임명하기도 한다. 혹은 다른 전문 집단에 맡길 수도 있다. 담임 목사가 학교에 관심을 가지지 않을 수도 있지만, 반대로 적극적으로 관여할 수도 있다. 당회원이 학교의 운영위원이 되거나 학교에서 일어나는 매일의 일과 행사를 감독할 수도 있다. 여하튼 이런 교회 주도형 기독교 학교는 교회와 학교가 각각 다른 교육철학을 가질 수도 있으며, 담임 목사와 교장이 학교 교육에 대해 다른 견해를 가지고 있을 수도 있다는 약점을

---

3. James L. Drexler(edr), *Schools as Communities* (Purposeful Disigen Publications, 2007), 322.

가진다.

교회가 기독교 학교를 세우기에 유리한 점은 학생을 확보할 수 있다는 점 외에도 학교로 이용 가능한 교회 건물이 있다는 점이다. 교회 건물은 주로 주일에만 사용하기 때문에 넓은 교육관은 주중에 텅 빈다. 어떤 교회 지도자들은 공간 활용의 효율성 면에서 기독교 학교를 적극적으로 지지하기도 한다. 그렇지만 교회 공간을 학교 공간으로 사용할 때는 적잖은 문제도 발생한다. 매주 학교와 교회 공간으로 전환하는 일이 생각보다 어려울 수도 있고, 또 건물이 교회 것인지 아니면 학교 것인지가 분명하지 않아 법적으로 문제가 생길수도 있다.

어떤 학교는 정부로부터 인가를 받기 위해 구조적으로는 학교가 교회 안에 있지만, 건물은 교회 소유가 아닌 학교 소유로 등록해 놓기도 한다. 미국 애틀랜타Atlanta의 페리미터 장로교회Perimeter Presbyterian Church가 운영하는 페리미터 기독학교Perimeter Christian School의 경우가 그렇다. 호주에는 침례교가 이런 학교를 운영하고 있다. 한국에는 수원에 있는 수원중앙기독학교와 일산광성교회가 세우고 운영하는 드림학교와 임마누엘교회가 설립 운영하는 전인학교가 있다.

4. 개인 주도형 학교

개인 주도형 학교는 어쩌면 가장 쉽게 시작할 수 있는 학교의 형태일 수 있다. 이는 기독교 교육에 뜻이 있는 한 개인이 중심이 되어 학교를 세운 경우인데, 이런 학교는 한 개인의 신학적·신앙적 색깔과 교육철학이 그 학교의 모습을 결정하게 된다. 물론 이사회를 구성하긴 하지만, 항상 한 개인이 주도적 위치에 서게 된다. 물론 학교의 모든 경영이 한 사람에 의해 이루어지기 때문에 일사분란하게 움직일 수 있다. 그렇지만 학교가 설립자의 능력과 열정에 의존적이라는 것이 강점도 되는 반면, 약점도 될 수 있다. 교회와의 연계가 어렵고 특별히 가정과의 협력이 쉽지 않은 것, 설립이 용이하지만 폐교되기도 쉽기 때문에 공공성이 보장되지 않는다는 것 등도 약점이 된다.

하지만 이러한 약점을 잘 보충한다면, 좋은 기독교 학교를 만들 수도 있다. 우리나라에 세워진 꽤 많은 기독교 대안학교들이 이렇게 개인에 의해 세워진 경우들이다. 하지만 이런 학교는 교회와의 협력이 쉽지 않아 어려움을 당하는 경우가 많다.

5. 독립 이사회 주도형 학교[4]

이 형태는 위에 열거한 여러 가지 형태가 혼합된 형식이라고 볼 수 있다. 한 개인이나 한 교회가 세우지 않고 교회의 목사들이나 뜻있는 교인들이 모여 독립된 이사회를 구성해 만든 학교이다. 혹시 교회가 학교를 세우더라도, 교회와는 관계시키지 않고 독립된 이사회에 맡겨 운영하도록 하기 때문에 교회 주도형 학교가 아니다. 한 개인이 만들거나 부모가 주축이 된 학교도 아니다. 이사회에는 교육철학에 동의하는 외부 인사와 학교를 경영하는 행정가, 그리고 교사와 학부모도 포함된다. 이 이사회는 적극적으로 기독교 교육에 능력이 있고 열정이 있는 분을 얼마든지 이사로 영입할 수도 있다.

이런 형태의 기독교 학교는 교회의 목사나 당회, 부모의 간섭으로부터 자

---

4. Norman F. Harper는 기독교 학교의 운영방식에 따른 분류로 '독립된 위원회가 운영하는 학교(independent board-operated school)'를 넣고 있다. Norman F. Harper, 123.

유롭고, 독립적으로 소신 있는 기독교 교육을 할 수 있다는 장점이 있다. 또한 학교의 사명과 비전을 생각하며, 학교의 장기 계획을 적극적으로 세우는 데에 용이하다. 때문에 이런 형태의 기독교 학교가 미국에서는 인기가 많다.[5] 이런 유형의 기독교 학교의 교장은 CEO 역할을 하게 된다. 즉, 교장이 교직원을 선발·감독하고, 연간 재정을 책임·운영하며, 학사를 진행할 뿐만 아니라 후원금을 모금하고 관리하며, 외부 인사와의 관계도 정립해야 하는 막중한 임무를 지게 된다. 또한 이런 유형의 학교는 독립적 이사회가 재정적 책임을 져야 하기 때문에 학교의 수업료가 비싸질 가능성이 많다. 학교의 시설확보도 쉽지 않다.

6. 교사 주도형 학교

이런 유형의 학교는 아주 드물지만, 우리나라에서는 주로 발견할 수 있는 형태의 학교이다. 이는 부모보다 교사가 기독교 교육에 대한 관심이 많아 불균형이 심할 경우 나타나는 현상이다. 즉, 교육에 뜻이 있는 교사들이 기독교 학교를 세우는 경우이다. 교육적인 면에서 볼 때, 일선에서 가르치는 교사들이 기독교 학교에 대한 필요성을 느끼고 세운 학교라는 독특성이 있다. 또한 교육 일반에 대한 대안적 전문성이 강하기 때문에 학교 운영이나 교과과정과 수업 운영에 대한 강점을 가질 수도 있다. 그러나 재정적인 부담 때문에 교회의 도움을 받아 교회 건물을 학교로 사용하기도 한다. 교회가 더 적극적일 경우에는 교회가 학교를 수용하는 형태를 취하기도 한다. 학교의 운영은 교사가

---

5. James L. Drexler(edr), 324.

주도하는 모습이 유지되지만, 때로 교회 사역자들과 유기적 관계를 유지하기도 한다. 하지만 이런 학교는 부모의 교육적 책임에 대한 부분이 약할 수밖에 없다. 따라서 부모의 교육적 책임과 기대는 약화되고 교사의 책임과 기대에 의해서만 학교가 운영되는 공교육의 고질적 문제를 가질 수 있다. 두레학교가 이런 형태에 해당된다. 또 이런 형태의 주말학교를 실시하고 있는 기독교 학교가 존재하기도 한다. 그 학교는 앞으로 현직 교사들을 중심으로 정식 기독교 중학교 설립을 꿈꾼다.

10. 기독교 학교의 운영, 뭐가 다른가?

    기독교 학교를 운영하는 데 좀 특별한 점이 있을까? 미션스쿨처럼 운영하면 되지 않나? 당연한 말이겠지만, 건강한 기독교 학교를 생각한다면 운영도 기독교 교육철학을 따라야 한다. 교사채용, 학생선발, 교사임금, 회계와 살림 등을 기독교적으로 운영하기 위해 고민해야 할 과제들이 많다. 물론 고정된 기독교적 운영이 따로 있다고 볼 수는 없다. 이는 그 시대적·환경적 상황을 고려해 기도하며 결정해야 될 문제이기 때문이다. 하지만 이런 부분에 대한 운영이 기독교적이지 못할 경우, 기독교 학교는 더 이상 기독교 학교로 유지되기 어려울 것이다.

    우리나라의 기독교 학교는 현재 법적으로 대안학교의 형태를 띠고 있다. 아직 학력을 인정받지 못하는 경우가 대부분이고, 정부의 지원 없이 학부모들이 학교의 운영경비를 전부 부담하고 있다. 공립 초등학교와 중등학교가 무료인 것에 비해 대안학교인 기독교 학교는 많은 등록금을 내야 하기 때문에 부모가 자녀를 기독교 학교에 보내는 것은 쉬운 일이 아니다. 그러나 한편에서는 많은 등록금을 이유로 기독교 학교를 귀족학교라고 폄하하기도 한다. 사실 기독교적 교육과 좋은 교육 환경을 구비하기 위한 노력은 고스란히 비싼 등록금으로 이어진다. 더구나 정부의 지원이 하나도 없는 상황에서 교육적 부담은 클 수밖에 없다. 이것은 한국 기독교 학교가 풀어가야 할 큰 과제 중 하나이다.

    미국의 기독교 학교는 정부의 재정적 지원을 받지 않는다. 따라서 미국의 기독교 학교도 정부의 간섭을 받지 않는다. 하지만 학력은 그대로 인정받는 사립학교이다. 미국에서는 공립이나 정부지원 하에 있는 학교들은 어느 특정 종교를 강조해서는 안 된다. 그러나 종교적 배경을 가진 사립학교는 정부의 지원을 받지 않고 간섭도 받지 않는다고 법적으로 분명하게 명시되어 있다.[1] 이것이 미국의 기독교 학교가 지금도 정부의 재정적 지원을 받지 않거나 못하고 있는 이유 중의 하나이다.

캐나다의 상황도 미국과 마찬가지이다. 반면, 호주는 기독교 학교가 재정적으로 정부의 지원을 받는다. 네덜란드의 기독교 학교도 1917년 아브라함 카이퍼A. Kuyper가 수상일 때 일반학교와 같이 기독교 학교물론 로마 가톨릭 학교도 함께도 재정적 지원을 받기 시작하여 지금까지 그 혜택을 누리고 있다. 만일 우리나라의 기독교 학교가 정부의 지원을 받게 된다면, 학교는 정부의 정책에 따라야 하고 관리 감독을 받아야 할 것이다. 이런 상황에서 기독교 교육의 자율성은 보장받기 어렵다. 특별히 학생선발권이 기독교 학교에 주어지지 않는 것은 심각한 문제를 야기할 수 있다.

이런 재정적 문제로 인해 우리나라의 기독교 학교들에서는 교사에 대한 처우가 좋지 못한 것이 사실이다. 개척기에 있는 기독교 학교들은 교사들에게 임금은 적게 주면서 헌신은 많이 요구하게 된다. 하지만 교사의 헌신과 충성은 정당한 대우를 해 주지 않을 경우 오래가기가 어렵다. 따라서 교사에 대한 적절한 보상은 꼭 필요하고 나아가 그것이 교사들의 사기를 올려준다는 사실도 잘 알고 있지만, 그러기에는 재정적 압박이 큰 걸림돌이 되지 않을 수 없다. 그래서 실제로는 직장인이면 누구나 누릴 수 있는 4대보험국민연금, 건강보험, 산재보험, 고용보험도 들지 못하는 경우가 많다. 이런 부분은 앞으로 우리나라의 기독교 학교들이 법적 지위를 얻고 꼭 해결해야 할 과제이다.

---

1. Werner C. Graendorf, 451~452.

기독교 학교를 운영한다는 것은 일반학교와 다른 점이 있어야 한다. 단순히 기도와 예배를 드린다고 해서 기독교적 운영이라고 말할 수 없다. 학교의 정관과 조직과 그 운영을 성경적 관점에서 실행해야 한다. 학교의 철학에 근거해야 하고 학교의 교육목적을 이루고 교육과정을 실행할 수 있도록 학교를 운영해야 한다. 기독교 학교가 은혜로 모든 일을 처리한다고 하면서 일의 분배와 권한의 한계가 분명하지 않고 논의와 의결기관의 기능이 유명무실하게 되면 심각한 어려움에 직면할 수 있다. 더군다나 그런 것을 기독교적이라고 말해서도 안 된다. 오히려 직임과 임무와 권위가 분명하게 정리되어 질서 있게고 전14:40 학교가 운영될 때 기독교적이라고 말할 수 있다.

교사선발과 학생선발을 어떻게 기독교적으로 시행할 것인가도 매우 중요하다. 여기서 그 학교의 교육철학과 목적이 드러나기 때문이다. 교사들의 연봉을 계산하는 방식도 기독교적인가 고민해 보아야 한다. 어떤 기독교 학교에서는 교사의 경력에 따라 호봉을 계산할 때 가정에서 자녀를 양육한 것도 경력으로 계산해 준다고 한다. 자녀를 양육한 것은 기독교 학교에서 자녀들을 가르치는 데 직접적으로 관계가 있다고 판단한 것이다. 이런 것은 기독교적 관점에서 학교를 운영하는 좋은 예라고 볼 수 있다. 그 밖에도 재정운영을 공개해 투명하게 하는 것도 기독교적 운영의 한 예가 될 수 있다.

11. 기독교 학교의 토착화to indigenize와 탈토착화to de-indigenize

　　기독교 학교는 서양에서 먼저 생겨 우리나라에 수입되었다. 그러므로 기독교 학교는 서양의 모양을 따라야 한다고 생각하기 쉽다. 우리나라에 교회당을 지을 때 서양식 건축양식을 따라지은 것처럼 말이다. 그렇지만 교회당을 굳이 서양 모양을 따를 필요는 없었다. 독특한 우리나라의 건축양식에 따라 교회당을 지었다 해도 성경에 전혀 어긋나지 않기 때문이다. 이런 점에서 한국 교회는 건물의 토착화에서 실패한 셈이라고 할 수 있다. 그런데 기독교 학교의 경우에도 한국적 정황을 무시하면 실패할 가능성이 있다. 따라서 기독교 학교는 한국적 상황에 맞게 토착화하는 것이 필요하다. 물론 기독교 학교의 토착화를 추구하다가 그 본질까지 잃어버리는 일이 있어서는 안 되기 때문에 탈토착화도 염두에 두어야 한다.

　　기독교가 융성했던 나라에는 기독교 학교의 전통이 오래되었다. 그러나 한국 개신교회는 기독교 역사가 이제 100년이 겨우 넘었고, 따라서 아직도 기독교 학교가 낯설다. 그런데 기독교 학교가 우리나라에 자리 잡기 위해서는 한국 교회의 역사와 사회적 배경과 교회의 정황을 고려하지 않을 수 없다. 이것을 우리는 토착화to indigenize라고 한다. 기독교 학교의 원리가 한국적 정황에 적용되어야 하는 부분이 있는 것이다. 그러므로 기독교 학교의 교육철학이 우리나라의 구체적인 정황 가운데 어떻게 만들어져야 할지를 고민해야 한다. 마치 복음의 핵심은 변하지 않지만, 각 나라의 교회마다 기독교 문화가 약간의 차이를 드러내는 것과 같다. 예를 들면, 한국 교회는 기도생활을 새벽기도로 실천해 왔고, 또 담배와 술을 먹지 않는다. 이러한 한국 교회의 문화는 우리나라의 독특한 역사적 정황 속에서 형성된 것이다.

그렇다면 한국적인 기독교 학교란 어떤 모습이 되어야 할까? 이 부분은 기독교 학교가 앞으로 만들어 가야 할 부분이다. 우리나라에 있는 기독교 학교는 외국에 있는 기독교 학교를 무조건 따라할 필요가 없다. 분명한 기독교 교육철학이 있으면 그것을 적용하는 것은 얼마든지 다르게 할 수 있다. 아니 달라야 한다. 특히 한국 사회는 과도한 사교육이 정치, 경제, 사회, 문화적으로 큰 문제를 양산하고 있다. 기독교 학교는 이 부분에서 기독교 교육철학에 근거해 결단을 내려야 한다.

어떤 기독교 학교들은 입학 조건으로 사교육을 하지 않는다는 서약서를 제출하기도 한다. 이것은 외국의 기독교 학교들에서는 볼 수 없는 우리나라만의 독특한 모습이다. 또 우리나라의 기독 부모들은 기독교 교육이나 기독교 학교가 무엇인지 아직 잘 모르는 경우가 많다. 그래서 기독교 학교에서 부모들을 교육하는 과정이 필요할 수 있다. 실제로 많은 기독교 학교들이 부모교육 프로그램을 운영하고 있다. 이것도 우리나라에 토착화된 기독교 학교의 한 모습일 수 있다. 한국적 기독교 학교 교재를 만들거나 교육과정을 만드는 것도 좋은 예가 될 수 있을 것이다. 이 외에도 우리나라에 토착화된 기독교 학교가 다양하게 나타날 수 있다.

그렇다고 기독교 학교가 토착화를 시도하다가 기독교 학교의 본질을 잃어버리는 상황이 되어서는 안 될 것이다. 기독교 학교는 토착화를 염두에 두어야 하지만, 그렇다고 본질적이고 원론적인 부분마저 각 나라의 역사와 문화와 사회 상황에 의해 변질되거나 지배당해서는 안 된다. 이것을 기독교 학교의 탈토착화to de-indigenize라고 부를 수 있다. 기독교 학교의 교육철학이 한국 교회와 사회를 지배하는 것에 의해 무시된다면, 그것은 문제가 될 수 있다.

예를 들면, 한국 교회와 사회는 수월성과 사회적 출세를 위한 교육에 익숙해 있다. 따라서 대부분의 학생들이 선행학습을 하는 분위기에서 기독교 학교도 그렇게 따라가야 하는가와 같은 질문을 해 보아야 한다. 기독교 학교의 토착화적 관점에서는 이러한 경향을 무시하거나 도외시할 수 없겠지만, 하나님의 형상으로 창조된 자녀들을 가혹한 전쟁 속으로 몰아넣는 것과 같은 사교육 세상에 그대로 노출시키는 것은 기독교 교육철학과 모순된다. 그러므로 이런 부분은 탈토착화하는 것이 필요하다. 즉, 기독교 학교의 기본 교육철학으로 우리나라의 잘못된 교육적 관행과 생각을 바꾸거나 교정하는 것이 필요하다. 특히 입시위주의 교육, 점수 위주의 평가, 엘리트주의, 권위주의, 학벌주의 같은 것들은 바꾸어야 할 필요가 있다.

12. 기독교 학교의 못자리 효과

어느 날 장로님 한 분이 전화를 하셨다. 기독교 학교에 대해 물으시면서 솔직하게 염려스러운 것이 있다고 말씀하셨다. 기독교 학교가 자녀들을 현실 세계로부터 격리시켜 온실 속의 유약한 인간으로 만드는 것이 아니냐는 것이었다. 이런 염려는 기독교 학교에 대해 처음 듣는 우리나라 복음주의 성도들의 일반적인 반응이다. 예수님을 믿는 부모의 자녀들만 모여서 신앙교육을 받다 보면 세상을 잘 알지 못해, 정작 세상에 나가서는 쉽게 무너지게 된다는 걱정이다. 기독교인으로서 세상에 나가 전도도 해야 하는데 그렇게 하지 못하는 것이 아니냐고 염려도 한다. 그러면 과연 그러한가?

기독교인은 세상을 떠나서 천상에 살도록 부름 받은 것이 아니라 세상 속에서 더불어 살도록 부름을 받았다. 세상과 동떨어진 곳이 아닌 세상 속에서 세상을 변화시켜야 한다. 옳은 말이다. 그러나 세상에 영향력을 끼치고 세상을 복음으로 변화시키기 위해서는 세상 속에 있는 것만으로는 불가능하다. 세상 속에 함께 있다는 것만으로도 큰 의미가 있다고 생각하는 것은 세상을 너무 낭만적으로 보는 것이다. 세상은 그렇게 호락호락하지 않다. 세상은 사단을 주인처럼, 왕처럼 따르고 있다. 이런 세상은 근본적으로 하나님을 대적한다. 성경은 세상이 얼마나 위험한지 여러 가지로 말해주고 있다. 특히 베드로는 이에 대해 이렇게 설명했다. "근신하라 깨어라 너희 대적 마귀가 우는 사자같이 두루 삼킬 자를 찾나니"벧전5:8.

세상 속에서 소금과 빛으로 사역하기 위해서는 복음으로 무장되고 훈련되지 않으면 안 된다. 만약 자녀들이 말씀으로 무장되지 않은 채 세상에 나갔다가는 세상을 변화시키기는커녕 오히려 세상에 의해 변화될 가능성이 많다. 우는 사자가 먹이를 찾아 헤매고 있는 것처럼, 세상은 약한 자들을 찾아 삼키려 한다. 따라서 준비되거나 훈련되지 않은 자녀들로 하여금 세상에서 소금과 빛의 역할을 하라고 파송하는 것은 위험한 발상이다. 성도의 자녀들은 성인이 될 때까지 부모와 학교로부터 철저하게 교육받고 훈련받아야 한다.

사람에게는 배울 시기가 있고 일할 시기가 있다. 군인은 소집된 후 바로 전쟁터에 투입되지 않는다. 전쟁이 아무리 중요하고 급하다 해도 훈련되지 않은 군인을 전투에 내보내지는 않는다. 그랬다가는 제대로 된 싸움도 못한 채 전쟁에서 허무하게 희생되고 말 것이다. 자녀를 신앙적으로 교육하고 훈련하는 것도 이와 같은 이치이다. 무엇보다 우리는 잘 정비된 훈련소에서 자녀들을 말씀으로 훈련시키고 교육시켜야 한다. 잘 훈련된 자만이 세상에서 영향력을 발휘할 수 있기 때문이다.

사실 기독교 학교가 온실 역할을 한다고 걱정할 필요는 없다. 왜냐하면 기독교 학교뿐만 아니라 모든 학교가 온실의 역할을 하고 있기 때문이다. 또 기독교 학교라고 모든 것이 보호되는 온실 같은 곳도 아니다. 기독교 학교에도 온갖 세상의 악한 것들이 여전히 존재하는 영적전투가 치열한 곳이다. 다만 기독교 학교는 모든 교육과정과 삶을 통해 세상의 모든 것이 하나님의 것이요, 세계는 오직 하나님과의 관계를 통해서만 바르게 이해되고 배울 수 있음을 선포한다는 점에서 다를 뿐이다.[1] 사실 기독교 학교는 모판과도 같다. 농부는 논에 모를 심기 전 모판에서 모를 키운다. 모가 어느 정도 자랐을 때 그 모를 논에 옮겨 심는다. 충분히 홀로 설 수 있을 만큼 튼튼하게 자란 어린 벼는

---

1. Richard J. Edlin, 41.

이후 성장하여 많은 열매를 맺게 된다. 기독교 학교는 이런 모판의 역할을 한다. 그런 의미에서 기독교 학교는 못자리와 같다고도 할 수 있다.

자녀들은 세상의 거짓됨을 알기 전에 참 진리가 무엇인지 분명하게 알 필요가 있다. 위폐偽幣와 진폐眞幣를 구별하는 법을 배울 때, 처음에는 진폐만을 준다고 한다. 오랫동안 진폐를 만지고 관찰하도록 한 후 위폐를 보여 주면 쉽게 구별해낼 수 있기 때문이다. 이처럼 먼저 진리를 확실하게 알아야 비진리가 무엇인지 분별할 수 있다. 기독교 학교도 같은 원리이다. 기독교 학교는 학생들을 성경적 세계관으로 훈련시키고 교육시켜 세상에 내보낸다. 이러한 복음으로 무장된 기독교 학교 출신의 기독교 전사들은 세상 각 영역에서 그리스도의 영향력을 발휘하게 될 것이다. 그들은 전 삶을 통해 하나님께 영광을 돌리고 이웃을 섬기는 자들이 될 것이다. 기독교 학교는 이런 소망으로 학생들을 교육하고 훈련시키는 것이다.

나가며

나는 교회나 단체에서 설교나 강의를 요청받을 때면 언제나 마다하지 않고 달려간다. 왜냐하면 한국 개신교회의 염려스러운 현황을 경고하는 동시에 그 원인이 가정과 학교에서 신앙교육이 부재하는 데 있음을 알리기 위함이다. 나 아가 한 세대를 넘기지 못하고 영적으로 몰락한 사사시대의 상황이 한국 교회 에서 일어나지 않기를 바라는 마음이 간절하기 때문이다.

많은 사람들이 다음 세대를 위한 신앙교육의 부재가 가정과 교회와 한국 사 회를 병들게 하고 있다는 지적에 고개를 끄덕인다. 그러나 이 문제를 구체적으 로 어떻게 해결할 수 있을지에 대해서는 뾰족한 수가 없어 보인다. 이는 한국 개신교회가 지금까지 추구해 온 방향이나 교회의 체질, 그리고 성도들의 신앙 경향과 결코 무관하지 않다. 교회가 성장일변도로 달려온 길을 뒤돌아보며 잘 못된 부분을 찾는 것도 쉽지 않은데, 그 해결책을 찾는 것은 오죽하겠는가.

언제부턴가 나는 가정에서 자녀에게 신앙교육을 할 수 있는 하나의 방법 으로 '가정예배'를 소개하고 있다. 2009년에는 나의 아내가 스토리텔링 형식 으로 성경을 자녀들에게 읽어주면서 가정예배를 할 수 있도록 『두란노 이야 기 성경』두란노키즈을 네덜란드어에서 우리말로 번역했다. 나 또한 2014년에

『교리와 함께 하는 365 가정예배』세움북스, 2019년에 『소요리문답과 함께 하는 365 교리묵상』이레서원, 그리고 2020년에 『콕 집어 알려주는 가정예배 가이드』 생명의말씀사를 출판했다. 매일 각 성도의 가정에서 예배를 드리게 된다면, 자녀의 신앙교육에서 가장 중요한 부분을 해결할 수 있을 것이다. 가정예배는 자녀들의 신앙교육을 위해 가장 먼저 할 수 있는 일이며, 또한 가장 손쉽게 실천할 수 있는 방법이다.

그러면 부모가 가정에서 예배를 드리며 자녀를 신앙으로 교육한다고 해서 신앙교육이 완전하게 이루어지는 것일까? 아니다. 오늘날 자녀들은 실제적으로 가정보다 학교나 학원에서 더 많은 시간을 보내고 있다. 유치원에서 고등학교까지의 시기는 인생의 중요한 생각의 틀과 행동양식이 형성되는 시기인데, 성도의 자녀들은 이 중요한 시기에 학교에서 어떠한 기독교적 교육도 받지 못한다. 단지 신앙교육을 받지 못하는 것만이 아니다. 그들은 일반학교에서 인본주의적이고 무신론적인 교육을 받는다. 이것은 언약의 자녀들에게 독을 먹이는 것과 다름없다. 그런데도 많은 기독교인들은 일반학교 교육이 가지고 있는 이러한 문제의 심각성을 느끼지 못한다. 하지만 기독교인에게는 언약의 자녀가 하나님께 영광을 돌리며 그분을 영원토록 즐거워하는 삶을 살도록 가르쳐야 할 책임이 있다. 이는 그들이 배우는 모든 교과목을 통해서도 실현되어야 한다. 그런데 그렇게 할 수 있는 학교는 기독교 학교밖에 없다. 따라서 오늘날 기독교 학교는 선택이 아니라 필수라 하겠다.

다시 말하지만, 한국 교회에는 지금 기독교 학교가 필요하다. 물론 우리나라의 공교육이 지닌 파행적인 문제를 해결하기 위한 대안적인 측면에서의 교육이 필요하다는 점에서 그렇기도 하다. 하지만 그것은 간접적인 원인일 뿐 기독교 학교를 설립하는 주요 동인은 아니다. 왜냐하면 단지 공교육의 대안으로서 기독교 학교의 필요성을 말한다면, 공교육이 제대로 이루어질 경우, 기독교 학교는 필요 없게 된다는 결론이 가능하기 때문이다. 그보다 우리가 주목해야 할 기독교 학교의 최우선적인 정체성은 신앙교육이다.

지금 우리나라에 기독교 학교의 숫자는 꾸준히 늘어 300개 내외가 되는 것으로 파악된다. 참으로 반가운 일이 아닐 수 없다. 이는 한국 개신교회가 이제야 기독교 학교에 관심을 가지기 시작했다는 증거로 받아들여도 될 듯하다. 하지만 그 학교들이 참된 기독교 학교의 기초에 근거하고 있는지 또 그 토대 위에서 운영되고 있는지 반드시 질문을 던져보아야 한다. 왜냐하면 공교육이 파행으로 치닫고 있는 이 시점에서, 공교육의 대안으로 기독교 학교를 세우는 경우를 배제할 수 없기 때문이다. 이 책에서 말하는 기독교 학교는 단순히 공교육에 대한 대안적인 교육을 하는 학교가 아니다. 학교라는 케이크에 기독교라는 크림만 겉에 바른 유사pseudo 기독교 학교는 더더욱 아니다.

기독교 학교를 설립하려는 사람들의 이야기를 들어보면, 여러 가지 동기가 있음을 보게 된다. 그들은 국제 사회에 걸맞는 인재 양성, 한국 사회의 리더 양성, 성경교육, 품성교육, 인성교육, 전인교육, 생태교육 같은 것들에 관심을 보인다. 물론 이런 관심도 중요하다. 그러나 이런 관심이 기독교 학교를 설립하는 근본적인 동기가 될 수는 없다. 기독교 학교를 설립하는 근본 동기는 언약의 자녀를 하나님의 말씀으로 양육함은 물론, 교과목을 통해 모든 만물이 하나님께로부터 왔고 하나님께로 향해야 한다는 것을 가르치기 위함이다. 이와 같은 기독교 학교의 올바른 설립 동기를 이 책에서 발견할 수 있었기를 바란다.

한국 개신교회는 지금껏 자녀들의 신앙교육에 무관심해 왔기 때문에, 오늘날 교회와 가정과 성도들의 영적인 삶의 수준이 매우 낮아져 있는 상황이다. 그리고 이로 인한 영적인 피해는 우리가 생각하는 것보다 훨씬 심각하게 드러나고 있다. 어쩌면 우리는 조만간 한국 교회의 다음 세대를 이끌어갈 일꾼 자체가 없는 처참한 상황을 보게 될지도 모른다. 특히 이 책에서는 다음 세대가 신앙을 잃어버리는 것은 세속적인 교육으로 말미암는 것이라고 지적했다. 그리고 그와 함께 대안으로 가정예배와 기독교 학교를 제시했다. 하지만 이는 한국 교회에는 낯설고 새로운 개념이다. 특히 기독교 학교는 우리나라에서 미개척지이다. 다시 말해, 기독교 학교는 한국 개신교회가 개척할 수 있는 블루오션blue ocean과 같다고 할 수 있다. 이미 기독교 학교를 시작한 학교들이 모여 '기독교 대안학교연맹'www.casak.org를 만들었는데, 이 연맹에서는 1년에 한 번씩 열리는 컨퍼런스를 통해 기독교 학교를 알림은 물론, 서로의 발전을 도모하고 교사들을 훈련시키는 일을 하고 있다. 현재 회원학교도 꾸준히 늘어 70여개나 된다. 또 2005년에 설립되어 기독교 학교 교육을 돕는 '기독교 학교 교육연구소'www.cserc.or.kr도 있다. 이 연구소는 기독교 학교와 관련된 연구와 현직 기독교 교육학자들의 학술발표를 통해 기독교 학교와 기독교 교육의 당면문제 및 그 답을 제시하고 있다. 또 매년 여름 '기독교사컨퍼런스'를 통해 기독교 학교 교사와 관심자들을 훈련하고 있다. 이와 같은 여러 가지 운동들이 우리나라에 기독교 학교가 자리 잡는 데 많은 기여를 하고 있다.

지금 기독교 학교에 가장 필요하고 중요한 부분은 기독 교사의 양성과 교육과정의 개발이다. 무엇보다도 기독 교사의 양성은 모두가 함께 고민해야 할 부분이다. 아세아연합신학대학원의 교육대학원과 백석대학교 대학원 기독교학교학과는 기독교 학교 교사를 양성할 목적으로 교육하고 있다. 그리고 여기서 교육을 받은 분들이 기독교 학교 교사로 많이 지원하고 있다. 그 외 여러 기독교 교육 대학원에서도 기독교 학교 관련 석사 혹은 박사 학위 논문을 쓰는 경우가 많아지고 있다. 이 모든 것이 고무적인 일이 아닐 수 없다. 그러나 현재 기독교 학교 교사이거나 기독교 학교 교사로 일하려고 하는 사람들을 훈련하고 양성하는 전문교육기관은 여전히 부족한 실정이다. 따라서 '기독사범대학'

이나 혹은 '기독사범대학원'의 필요가 절실하다. 즉, 기초적인 이론뿐만 아니라 각 교과목을 어떻게 기독교적으로 가르칠 것인가를 구체적으로 배울 수 있는 학교가 설립되어야 한다.

기독사범대학 안에는 국어교육과, 영어교육과, 수학교육과, 사회교육과, 과학교육과 등이 개설되어야 할 것이다. 그런데 이런 일은 기독교 학교의 저변이 확대되어 수요가 있을 때 가능할 것이다. 따라서 그 전에는 야간이나 방학을 이용한 형태의 단기 기독 교사 양성기관을 만드는 것도 한 방법이 될 수 있다. 물론 이런 일들은 여러 관련 기관이 협력해야 이룰 수 있는 과제이다. 교육과정개발도 한 학교가 단독으로 하기보다 여러 기독교 학교가 공동으로 협력하는 것이 지혜롭다. 이 부분은 우리나라를 방문하는 기독교 학교 교육 전문가들이 이구동성으로 충고하는 부분이다. 각 학교가 교육과정 개발을 위해 개개의 시간과 재력을 낭비하지 않는 지혜가 필요하다.

한편, 기독교 학교를 설립하고자 하는 사람이 누구냐에 따라 다양한 형태의 학교가 설립될 수 있다. 아무래도 한국 개신교의 상황에서는 교회가 주도권을 쥔 형태가 많을 것이다. 한국 개신교도들의 신앙 형태가 대부분 가정과 학교가 아닌 교회를 중심으로 이루어지고 있기 때문이다. 이 경우 기독교 학교의 설립을 위해서는 교회의 지도자인 목사의 생각과 역할이 중요하다. 목사가 확고한 교육철학을 가지고 있어야 비로소 희망이 있게 된다. 목사는 설교 강단에서 성도에게 신앙교육의 중요성을 외치는 동시에 기독교 학교의 설립을 종용할 수 있다.

최근에는 부모들이 직접 자녀들의 신앙교육 문제를 해결하려는 움직임도 만만치 않게 일어나고 있다. 그 대표적인 예가 기독교 홈스쿨링Christian Home Schooling이다. 공교육 시스템에서 빠져나와 가정에서 교육을 하며 신앙훈련도 하겠다는 것이다. 기독교 홈스쿨링한국기독교홈스쿨협회: www.khomeschool.com을 하는 가정은 계속해서 늘어나고 있다. 실제로 그 숫자를 파악할 수 없을 정도로 빠른 속도로 증가하고 있다. 그래서 현재 몇 가정이 기독교 홈스쿨링을 하고 있는지 정확히는 알 수 없지만, 적어도 3천 개의 가정에서 참여하고 있을 것으로 추정한다. 참고로 미국에는 200만 명 가까이가 홈스쿨링을 하고 있다. 기독교 홈스쿨링의 정신은 기독교 학교로 갈 수 있는 밑거름이 된다는 점에서 긍정적인 측면이 있다. 이런 추세라면 홈스쿨링을 하는 부모들이 지역적으로 모여 기독교 학교를 설립할 가능성도 많다.

또 기독교 교육에 관심 있는 개인이 기독교 학교를 세우기도 한다. '좋은교사운동' www.goodteacher.org에 속한 교사들이 기독교 학교에 대한 관심을 많이 보이며 학교 탐방을 많이 한다. 이들은 미래의 기독교 학교에 투입될 좋은 사역자일 수도 있다. 이처럼 기독교 학교에 대한 관심이 여러 분야에서 일어나고 있음은 바람직한 일이다.

지금까지 이 책에서는 기독교 학교를 설립하려는 분들에게 가장 기본이 되는 원리들을 소개했다. 무엇보다 기독교 학교의 설립 이유와 기초에 많은 분량을 할애했다. 한국 개신교회의 문제를 분석하는 거대 담론과 기독교 교육의 기초가 되는 중요한 신학적이고 기독교 철학적 주제들을 많이 다루었다. 그러다 보니 기독교 학교를 시작하고 운영하는 실제적인 부분은 상대적으로 빈약했다. 실제를 다루는 부분에서 몇 가지 구체적 예들을 제시했으나, 관심자의 요구에는 턱없이 모자랄 것이다. 아쉽지만, 이것이 이 책의 한계라고 할 수 있다. 본래 실제와 관련해 더 많은 내용이 있었으나, 지면의 분량을 생각해 뺄 수밖에 없었다. 그 부분은 다음 기회나 혹은 다른 사람의 몫에 맡길 뿐이다. 혹시 기독교 학교의 설립에 대한 구체적인 사항이 궁금한 분은 『기독교 학교를 어떻게 시작할 것인가?』CUP, 2006를 참고하면 도움이 될 것이다. 샘물학교 행정실장으로 있는 이정만이 쓴 『기독교 학교 가이드북』도서출판인도유, 2016도 참고

하며 좋다. 아무쪼록 이 책이 다음 세대를 준비하는 한국 교회와 기독교인들이 새로운 답을 찾는 데 조금이라도 도움이 되었으면 한다.

부록

『기독교 학교 이야기』 대담

참여자: 임경근저자, 이의현SFC출판부 편집장, 유동휘SFC출판부 대표,

이종철기독교학교교육연구소 부소장, 변현석학부모

장소: 고신총회회관

일시: 2020년 5월 20일

1. 대담 참여자 소개

임경근: 반갑습니다! 인사드리겠습니다. 『기독교 학교 이야기』의 저자 임경근입니다. 제 책이 지난 11년 동안 독자들의 꾸준한 사랑을 받아 왔습니다. 이번에 개정판을 내게 되어 영광이고 기쁨입니다. 10년이면 강산도 변한다는데 책의 내용 가운데 구시대의 이야기가 되어 버린 것들도 있습니다. 그런 것들은 업데이트 하면 되지만, 그보다 그 동안 이 책이 한국 기독교 학교 운동에 어떤 의미가 있었는지를 냉정하게 평가받는 기회를 만들면 좋겠다고 생각해 오늘 여러분을 모시게 되었습니다. 여러분과 책에 대해 이야기를 나눌 수 있어 큰 영광입니다. 먼저 SFC출판부 편집부장 이의현 목사님 오셨습니다. 기독교학교교육연구소 이종철 부소장님 나오셨습니다. 그리고 학부모 대표로 변현석 목사님 함께하셨습니다. 마지막으로 SFC출판부 대표 유동휘 목사님 함께하셨습니다.

변현석 목사님은 학부모를 대표해 참석하셨습니다. 제가 고려신학대학원에서 <신앙교육과 학교>라는 과목을 10년 넘게 가르쳤는데, 변 목사님은 오

래 전 신대원 시절에 저의 강의를 들었던 학생입니다. 현재는 은혜샘물학교에 자녀를 보내며 '학부모성장지원팀'에서 자원봉사로 섬기고 있습니다. 누구보다도 따끈따끈한 학교 현장의 이야기를 들을 수 있을 것 같아 기대가 됩니다. 감사합니다.

무엇보다 오늘 특별 손님은 이종철 부소장님입니다. 부소장님은 2005년 11월 기독교학교교육연구소가 시작될 때부터 함께한 베테랑 연구원입니다. 연구소 사역뿐만 아니라, 그 동안 기독교 교육과 관련해 연구를 계속하셨습니다. 최근에는 교육학 박사 학위를 받았습니다. 저 개인적으로는 샘물기독학교 설립2005년 때부터 자연스럽게 긴밀한 교제를 해 왔습니다. 그래서 이번에 제가 책 개정판 서문을 써 줄 것을 요청했었는데, 이종철 부소장님이 그보다 이런 대담형식을 제안한 것입니다. 가만히 생각해 보니, 정말 좋은 아이디어 같았습니다. 그 결과 오늘 모임이 성사된 것입니다.

『기독교 학교 이야기』를 줄여 『기학이』로 말하겠습니다. 『기학이』가 2009년도에 출판되고 난 이후 그동안 기독교 학교의 지형도가 어떻게 변했는지 살펴보겠습니다. 『기학이』가 기독교 학교 운동에 기여한 것이 있다면 어떤 측면에서일까? 그리고 앞으로 어떤 역할을 기대할 수 있을까에 대한 이야기를 나눠보겠습니다.

2. 『기학이』 판매에 대해서

이종철: 먼저 궁금한 것이 있는데요! 지금까지 책이 얼마나 판매되었는지 질문해도 될까요?

임경근: 네, 좋습니다. 그럼 이의현 편집부장님이 말씀해 주시기 바랍니다.

이의현: 대략적으로 보면, 『기학이』는 2009년에 1쇄로 2,000부를 찍었습니다. 그 후 1년에 1,000권 정도씩 팔렸다고 보면 됩니다.

임경근: 그럼 3년 사이에 4,000부네요!

이의현: 네, 그렇죠! 그런데 2012년 이후부터 판매가 줄기 시작했어요. 그 후 4~5쇄는 1,000부씩도 못 찍은 거 같네요. 700부, 500부 이렇게 찍었습니다. 그러다가 2015년부터는, 제가 알기로는, 주 고객이 샘물학교 학부모들이었습니다. 그래서 연 초와 학기 초에 약 100부 정도씩 4~5년간 소비된 것 같습니다. 사실 개정판 출판을 좀 더 일찍 서둘렀어야 하는 면이 있습니다. 그 이전 초판이 나왔을 때는 기독교 학교 외에 다른 분들도 관심을 보였던 것 같은데, 최근에는 대부분 기독교 학교나 기독교 대안학교의 학부모들만이 관심을 보이는 것 같습니다.

이종철: 고려신학대학원 수업은 몇 년까지 하셨나요?

임경근: 네, <신앙교육과 학교> 수업을 시작한 것은 『기학이』가 나오기 전 2008년에 시작했습니다. 2019년에 그만 뒀으니까, 12년 정도 강의한 셈입니다.

이종철: 같은 수업을 12년이나 하셨어요?

임경근: 네!

이종철: 굉장하네요!

임경근: 초기 몇 년은 수강생들이 너무 많아서 매년 50명씩 제한해야 했을 정도였습니다. 하지만 그 후 교육과정 시스템의 변화로 수강생이 30명, 20명 선으로 줄어들었습니다.

이종철: 관심이 떨어진 것일까요?

임경근: 그런 측면이 없지 않습니다.

이의현: 지금까지 대략 계산해 보면, 약 5~6,000권정도 팔린 것 같습니다.

이 정도면 굉장히 준수한 수준인 거죠. 사실 요즘은 1쇄가 다 팔리는 것도 쉽지 않거든요.

3. 기독교 학교란 무엇인가?

임경근: 자, 이제 본격적으로 책 내용으로 들어가 봅시다. 첫 주제가 '기독교 학교란 무엇인가?'입니다. 『기학이』가 그리는 '기독교 학교'는 '미션스쿨'과도 다르고 '일반 기독교 대안학교'와도 구별됩니다. 이 분류가 지금도 여전히 유효한지 알고 싶습니다. 제가 기독교 현장에 있는 사람으로서 이렇게 분류한 것이 적합한 건지 지금도 이게 통하는 건지 이런 이야기들을 좀 듣고 싶거든요.

이종철: 일반적으로는 『기학이』의 분류와 달리, '기독교 학교'를 '미션스쿨'과 '기독교 대안학교'를 포괄하는 개념으로 이해합니다. 『기학이』는 '기독교 학교'를 '크리스천 스쿨Christian School'의 개념으로만 사용하고 있는데, 좀 혼돈스러운 면이 있다고 생각합니다. 사실 이건 누가 어떻게 규정했느냐에 따라 달라지는 것이긴 하지만, 기독교 학교라고 했을 때는 일반적으로 미션스쿨도 기독교 학교라고 부르고, 대안학교들도 기독교 학교라고 이야기하기 때문에, 그냥 한국어로 기독교 학교라고 하면 그 전체를 포괄하는 개념으로 이해해야 맞을 것 같습니다.

임경근: 제가 '기독교 학교'라는 명칭을 쓸 당시에는 아직 제대로 개념 정리가 되지 않았을 때였습니다. 이 시점에서 생각해보니, 개념의 오해가 생길 수 있는 여지가 있겠네요. 이 부분은 개정판에서 좀 정리하겠습니다. 잘 지적해 주셨습니다.

이종철: 저희가 이번에 책을 하나 냈습니다. 기독교학교교육연구소는 5년 마다 기독교 학교 실태조사를 하고 있거든요. 이번이 제3차 실태 보고서입니다. 2006년에 저희가 연구를 시작해서 2007년에 첫 번째 실태조사를 발표했고, 두 번째 실태조사는 5년 후인 2011년에 실시해서 2012년에 발표했습니다. 그리고 2016년에 조사해서 2017년에 발표한 세 번째 실태조사가 책으로 출간된 것이 이 책『당신이 기독교대안학교에 대해 알고 싶은 모든 것』(부크크, 2019)입니다.

저희가 2006년에 1차 조사를 할 때 확인한 기독교 대안학교가 총 43개였는데, 5년 후 조사 때는 121개로 두 배 이상, 거의 세 배 가까이 증가했습니다. 기독교 대안학교가 가장 관심을 많이 받고 막 성장하던 시기가 2006년부터 2011년 그 언저리가 아닌가 생각합니다. 말하자면 그 무렵이 기독교 대안학교의 부흥기였던 것 같습니다. 『기학이』 책이 5,000부 이상 팔릴 수 있었던 이유도 그런 영향이 아니었을까 싶습니다. 그 다음 조사인 제3차 조사 때 확인한게 265개였는데, 또 두 배 정도 넘게 성장한 셈이죠.

이제 내년이 제4차 실태조사가 이루어지는 해인데, 지난 4년 동안 사라진 학교도 있을 것이고 새롭게 늘어난 학교도 있어서, 아마 내년 조사 때는 기독교 학교가 최소 300개, 거의 400개에 육박하지 않을까 예상합니다. 예전처럼 두 배까지는 안 될 거라고 예측합니다. 기독교 학교의 성장 곡선이 완만해지는 상황이거든요. 연구소 홈페이지에 교사 모집공고가 올라오는 것들을 보면 대략적인 분위기를 좀 알 수 있습니다. 어쨌거나 기독교 학교의 절대 숫자는 많이 늘었습니다. 그래서 『기학이』가 쓰여지던 시기와는 또 다른 다양한 문제들과 과제들이 생겨나고 있으니, 개정판에서는 그런 것들을 고려해 주시면 좋겠습니다.

임경근: 그렇군요! 잘 알겠습니다. 개정판을 내는 데 짐이 무거워지네요!

이종철: 또 한 가지 저희 연구를 말씀드리자면, 저희가 보니까, 기독교 대안

학교가 하나의 유형이 아니고, 여러 가지 유형이 있다고 생각되더라고요. 그래서 '기독교 대안학교 유형화 연구'를 한 적이 있습니다. 그때 제안된 것이 기독교 대안학교의 다섯 가지 유형 분류입니다. 첫째가 기독교 교육에 좀 더 중점을 두고 있는 학교들, 즉 기독교 대안학교에서 '기독교'에 좀 더 방점을 두고 있는 학교들, 어떻게 보면 목사님이 말씀하신 '크리스천 스쿨'에 더 가까운 학교들입니다. 둘째가 기독교 대안학교에서 '대안'에 강조를 둔 학교인데, 이 학교들은 기독교계 대안학교가 아닌 일반 대안학교들과도 소통이 잘 되는 학교들입니다. 셋째가 '수월성'에 강조를 둔 기독교 학교입니다. 엘리트 교육을 좀 더 추구하는 형태의 기독교 대안학교이지요. 넷째는 국제성을 강조하는 학교들인데, 외국인 교사 비율이 높고, 수업이나 교재도 영어로 하는 기독교 국제학교입니다. 이 유형의 비중이 생각보다 높은 편인데, 대안교육 진영에서는 이것을 대안교육이라고 할 수 있는가 하고 약간 부정적으로 봅니다. 일단 저희는 전체 '기독교 대안학교' 범주 안에 포함시켰습니다. 마지막 다섯째가 '긍휼'에 강조점을 둔 기독교 학교입니다. 장애 학생, 탈북 학생을 위한 학교 같은 것이지요.

기독교 대안학교를 어느 한 유형으로 콕 집어 규정하기란 쉽지 않습니다. 그래서 유형을 확인할 수 있는 질문을 만들어 각 학교마다 오각형 그림을 그려서 이 학교가 어디에 더 강조점을 두는지를 알아볼 수 있게 했습니다. '기독성'과 '대안성', '수월성'과 '국제성', 그리고 '긍휼성'이 얼마나 강조되고 있는지를 점수를 매겨 구분할 수 있는 측정표를 만든 것이지요. 이것은 저희 연구소에서 학교 컨설팅을 할 때도 많이 사용하고 있습니다.

임경근: 연구소에서 그렇게 정리해 주시니, 좋네요. 현재 기독교 학교의 상황을 파악할 수 있어 좋습니다. 감사합니다.

자, 그러면 첫 주제는 이 정도로 지나가겠습니다.

4. 왜 기독교 학교여야 하는가?

임경근: 두 번째 이야기에서는 '왜 기독교 학교여야 하는가?'라는 주제를 다루었습니다. 『기학이』는 첫째로 한국교육의 암울한 현실 중 '사교육'을 집중적으로 살펴보았습니다. 사교육의 문제는 교육학, 공동체, 사회, 경제, 신체, 정서, 신앙적 문제를 낳고 있습니다. 지금도 여전히 사교육의 문제는 지속되고 있는 겁니까? <사교육 걱정 없는 세상>https://noworry.kr/이 열심히 일하고 있습니다만!

이종철: 네, 여전히 문제는 해결되지 않고 있습니다. 사교육 문제는 계속 진행 중입니다. 조금도 낮아질 기미가 보이지 않습니다.

임경근: 그렇군요! 11년 전 제가 한국교육의 여러 문제 중에 특별히 사교육을 택한 이유가 증명된 셈이네요. 둘째로는 한국교회의 문제를 분석했습니다. 한국교회는 세속화, 신앙교육의 부실, 복음주의의 부정적 특징으로 인해 위기에 직면했다는 지적이었지요. 셋째로는 추락하고 있는 서구교회를 진단하고 교회의 쇠퇴 원인을 분석해 보았습니다. 넷째로는 성경으로 돌아가 교회의 영적 침체의 원인을 살폈고, 다섯째로는 미션스쿨의 현 주소를 해부하고 고발했습니다. 그리고 마지막으로 이 모든 문제를 해결하기 위한 해결사가 '기독교 학교'임을 역설했습니다. 좀 선동적인 면이 있어 보이죠. 이런 나의 진단과 대안제시가 지금도 여전히 유효하며 적실한지에 대해 이야기를 듣고 싶습니다. 먼저 기독교 학교에 자녀를 보내고 있는 변현석 학부모의 말을 들어보겠습니다. 말씀해 주시죠!

변현석: 저는 기독교 학교인 부산의 고신대학교에서 공부를 했습니다. 20년 전에 이미 『기학이』에서 소개하는 기독교 학교를 경험한 셈이죠. 고신대학교는 '미션스쿨'이 아니라 '기독교 학교'였습니다. 그런 경험에서 학교에 대해

고민하던 것들이 자연스럽게 해결되었습니다. 단순히 기독교 학교를 공교육의 부정적 측면에 대한 대안 정도로만 생각했던 관점이 바뀐 것이죠. 제가 중국에 살 때 학교미션스쿨의 설립과정에 관여한 적이 있었습니다. 비록 간접적인 경험이었지만, '이런 식으로 기독교 학교를 하면 안 되겠구나'하는 생각을 했습니다. 그런데 한국에 돌아와 결혼해 자식이 생기면서 기독교 학교가 이제 나의 일이 된 겁니다. 그 전까지는 물 건너 불구경하듯 했습니다. 예전에는 내가 교육에서 입었던 피해나 상처를 어떻게 회복할 수 있을까에 대한 고민들을 안고 있었다면, 이제는 태어난 자녀를 어떻게 교육시켜야 할까 하는 고민으로 바뀌었습니다. 그런데 저의 사역이 신기하게도 은혜샘물교회와 연관되어 있다 보니, 은혜샘물학교에 자녀들을 보내게 되었습니다. 박은조 목사님께 면접을 볼 때 '곧 학교를 개교하니, 이 학교에 자녀를 보내면 좋다'라고 해서서 자연스럽게 개교 첫해부터 자녀들을 학교에 보냈고, 그러면서 학교의 설립 과정과 운영의 흐름을 다 경험했습니다. 또 학부모들의 생각도 알게 되었습니다. '어, 학부모들이 이런 생각을 하면서 학교에 보낸다고?'하는 고민들도 들었죠.

임경근: 예를 들면, 어떤 부분들이 고민이 되던가요? 말씀해 줄 수 있나요?

변현석: 제가 봤을 때는 학부모 가운데 기독교 학교에 대한 이해가 부족한 경우가 많았습니다. 또 제가 느끼기에는 학교 설립 초기이다 보니 학교의 교육철학과 운영하는 현실 사이에 괴리가 컸습니다. 학교 운영을 위해 학생을 채워야 하니, 교육철학에서 좀 모자더라도 학생을 받는 경우가 생길 수 있습니다. 그러면 나중에 학부모들 사이에서 학교의 교육철학과 다른 이야기가 나오게 됩니다.

임경근: 실제로 그런 어려움이 있었나요?

변현석: 기독교 학교에 대해서 학교의 철학과 생각이 다른 학부모들은 간혹 학교 분위기를 좋지 않게 만듭니다. 결국 공교육으로 돌아가기도 합니다.

그런 분은 학교에 대해 좋지 않은 소문을 내기도 합니다. 저는 이런 부분에서 학교에 도움이 되고 싶어서 학부모회 임원도 하고, '학부모성장지원팀'에 들어가서 섬기고 있습니다.

임경근: 당장 학교 운영과 직결되는 재정적인 문제가 크게 보이니, 학교 운영을 위해 학생을 많이 뽑으려 하게 되겠지요. 그러다보니 기독교 학교의 교육철학이 현실적인 운영논리에 밀리는 현상이 생기는 거고요. 무리한 학교의 운영이 기독교 학교 교육에는 방해거리가 될 수 있다는 말씀이네요.

이종철: 재정 문제는 학교의 정체성과 깊이 연결되어 있습니다. 우리나라 현실에서는 현재 미인가 기독교 대안학교가 국가로부터 지원받는 일이 불가능하니까요. 덴마크 같은 경우에는 부모들이 자유롭게 모여 학교를 만들 수 있다고 합니다. 그리고 부모들이 모여 '이런 학교를 만들겠다'하고 정부에 등록하면 국가가 상당부분 지원해 준다고 합니다. 기본적으로 '학교 설립의 자유'가 있다는 것이 우리와는 많이 다른 부분이죠. 학교가 설립되고 인원만 잘 유지가 된다면, 학교는 계속 유지될 수 있습니다.

이런 덴마크의 학교를 '자유학교free school'라고 부릅니다. 재정 지원은 국가로부터 70%정도 지원됩니다. 학부모의 부담은 30%정도가 되는 셈이죠. 그리고 제가 알기로는 자유학교의 비중이 전체 공교육의 거의 10%가 넘는다고 합니다. 한국의 대안학교는 기독교 대안학교와 일반 대안학교까지 합쳐도 전체 공교육의 1%가 채 안 됩니다. 어쨌든 재정 부담을 좀 덜 가지고 자녀를 보낼 수 있는 덴마크의 상황이 부럽습니다.

임경근: 그렇죠. 그러면 학교 제도에 관해 이야기를 좀 해야 하는데, 이보다 더 좋은 예는 네덜란드잖아요! 네덜란드는 이미 100여 년 전1918년에 기독교 학교를 포함한 특별학교에 재정지원을 100%로 하기 시작했으니까요. 참 부럽죠!

이종철: 우리나라는 현재 미인가 대안학교를 공적인 교육기관으로 인정하지 않습니다. 학력이라도 인정해 주면 좋을 텐데, 그렇지 못합니다. 우리나라의 기독교 학교를 법적으로 분류해 보면, 먼저 '미션스쿨'기독교계 사립학교이 있습니다. 그리고 대안교육의 법제화로는 크게 세 가지 유형으로 나눌 수 있습니다. 첫째가 제1차 법제화로 인가 받은 초창기 기독교 대안학교들입니다. 그러니까 두레자연중고등학교김진홍 목사 설립, 세인고등학교원동연 박사 설립 같은 학교들이 정부의 인정을 받은 대안학교였습니다. 1997년 안병영 교육부 장관 시절에 '이제 이런 학교들을 인정해 주자'라고 하면서 대안학교 제1차 법제화가 이루어졌죠. 그런데 그 학교들을 인정할 때 공식적으로는 '대안학교'라는 용어를 쓰지 않았습니다. 그 때까지만 해도 정부가 공교육 시스템 안에 '대안'이라는 단어를 쓰는 것에 굉장한 저항감이 있었죠. 그러면 뭔가 공교육이 잘못하고 있다는 이미지를 주기 때문에 인정하기 싫었던 거죠. 그래서 이 학교들에 '특성화 학교'라는 이름을 붙였습니다요즘은 이 학교들을 '대안교육 특성화 학교'라고 부른다, 영어로는 마그넷 스쿨(Magnet School). 이 학교들을 인가해 주면서 대안학교가 처음으로 법제화된 거죠. 이 학교들은 교사 월급까지 정부가 다 지원합니다. 그러다보니 초창기 대안교육의 정신은 약간 흐려졌습니다일부 학교들은 여전히 자율성을 위해 재정 지원을 안 받기도 한다.

그런데 제1차 대안학교 법제화로는 대안학교의 수요를 충족할 수가 없었습니다. 이후 대안학교가 폭발적으로 생겨났기 때문입니다. 특별히 노골적으로 학교붕괴를 거론하던 2000년 무렵에 더욱 그랬습니다. 그래서 이 학교들을 수용하기 위해 제2차 대안학교 법제화가 이루어집니다. 우리나라 법'초중등교육법' 제60조 3항에 공식적으로는 처음으로 '대안학교'라는 용어가 들어가게 된 거죠. 2005년에 법조문이 만들어지고, 2007년쯤 시행령이 만들어진 것으로 기억합니다. 제2차 대안교육 법제화를 통해 법 테두리 안으로 들어간 대안학교는 처음엔 그리 많지 않았습니다. 지금 우리가 아는 학교들 중에서는 일산에 거룩한빛광성교회에서 설립한 '광성드림학교'라든지, 서울에 탈북학생들을 위한 '여명학교'라든지, 이런 학교들이 미인가로 있다가 인가 대안학교 범주 안으로 들어오게 되었습니다. 이 학교들은 정부로부터 재정 지원은 안 받지만, 학력 인정은 받고 있습니다. 더 이상 학력 인정을 위해 검정고시를 안 봐도 되는 거지요. 교육과정의 자율성도 상당히 인정받으면서, 법적 테두리 안에 들어가게 된 거죠.

그렇게 제2차 법제화가 이루어졌지만, 여전히 대다수의 기독교 대안학교들은 미인가 대안학교로 존재해야 했습니다. 법에서 요구하는 시설 등의 여러 조건들을 갖추기가 쉽지 않았기 때문입니다. 그래서 지금은 제3차 법제화를 논의하고 있는 단계입니다. 지난 국회에서 상당히 진척되어서 사실 20대 국회에서 거의 될 뻔 했지만 이루어지지 못하고, 21대 국회로 넘어왔습니다. 제3차 법제화의 핵심은 '등록제'입니다. 예를 들어, 학원을 운영하려고 할 때 인가를 받아서 하는 게 아니라 등록하고 하는 것처럼, 대안학교도 '대안학교 등록제'라고 하는 개념을 도입하는 겁니다. 더불어민주당의 박찬대 의원이 주도해서 법안을 상정하고 통과시키기 위해 애쓰고 있는데, 그동안 봐 온 국회의원들 가운데 누구보다도 이 법을 통과시키려는 의지가 강한 것 같습니다. 제21대 국회에서는 반드시 통과되기를 바랍니다.

이의현: 3차 법제화가 이루어지면 어떤 변화가 있나요?

이종철: '등록제'로는 정부 재정 지원이 안 됩니다. 그리고 학력인정검정고시 면제도 되지 않습니다. 다시 말해, 그 두 가지 영역에서는 지금과 동일하다고 보시면 됩니다. 다만 그동안의 미인가 기독교 대안학교의 법적 지위가 불법이었다면, 이제는 합법으로 전환되어 사회적으로 인정을 받을 수 있습니다. 그게 큰 변화입니다.

임경근: 이런 상황을 아는 기독교 학부모들은 양심적으로 많이 힘들어 합니다. 하지만 뚜렷한 다른 방안도 없지요.

변현석: 네, 힘들어하시는 분들이 있어요. 그런데 사실 대부분의 학부모들은 그 실제를 잘 모릅니다. 본인들이 법의 테두리를 벗어나 있다는 것도 잘 모릅니다.

이종철: 저도 사실 자녀가 미인가 대안학교에 다니고 있기 때문에 범법자입니다. 우리나라 교육법은 의무교육을 의무취학으로 보고 있기 때문에, 의무교육 연령대의 자녀를 학교에 보내지 않으면 벌금을 내야 합니다. 그런데 재미있는 것은 정부가 한 번도 벌금을 물린 적이 없다는 것입니다. 사문화된 법인 셈이죠.

대안학교 법이 만들어져야 하는 이유는 더 많습니다. 가장 큰 문제로는 세금 문제가 있습니다. 좀 작은 학교들은 신경도 안 쓰겠지만, 비교적 규모가 큰 대안학교들은 학원이 봤을 때 '우리는 세금 다 내고 있는데, 저들은 세금을 안 내네?'라고 생각할 수 있는 거죠. 그러니까 이게 국세청 쪽에서 볼 때는 세금을 거둘 수 있는 큰 대상인 겁니다. 그래서 세금을 부과하기도 하는데, 시작할 때부터 지금까지 안 낸 것을 다 내라고 하면 학교는 문을 닫아야 하는 사태가 발생할 수도 있습니다. 좀 심각해지는 거죠. 이런 문제들 때문에라도 법제화가 더욱 필요한 상황입니다.

이의현: 혹시 정부에 학력 인정과 재정 지원을 모두 요구하면 안 되나요? 세금 내는 국민이니 권리가 있지 않나요?

이종철: 그렇습니다. 권리가 있죠. 당연히 요청할 수 있습니다. 그런데 문제는 처음부터 '학력 인정 + 재정 지원'을 요구하면 아예 안 받아 줄 가능성이 많습니다. 그걸 받아주면 형평성에도 문제가 생기고, 전체 학교교육의 구조에도 균열이 생깁니다. 우리 입장에서도 지혜롭게 접근할 필요가 있는 부분입니다.

임경근: 일단 법의 테두리 안에 들어오면 지자체의 재량에 따라 기독교 대안학교를 지원해 줄 수 있는 범위가 훨씬 더 넓어지겠네요.

이종철: 그렇죠. 지금도 어떤 지자체는 대안학교에 식비 제공 등 재정 지원을 하기도 하거든요. 지자체만이 아니라 기업이나 다른 기관들의 지원들을 받기에도 더 용이해질 것이라 생각합니다.

임경근: 잘 알겠습니다. 이제 세 번째 주제로 넘어가도록 하겠습니다.

이종철: 잠깐만요! 한 가지 더 말씀드릴 것이 있습니다. 아까 하신 질문 중에 '과연 기독교 학교가 한국교육과 기독교 교육의 대안이 될 수 있을까?'하는 질문에 대답해보겠습니다.

임경근: 아. 네. 좋습니다.

이종철: 여전히 기독교 학교가 대안이라는 제 신념에는 변함이 없습니다만, 『기학이』가 처음 나올 당시에는 좀 더 선동적으로 기독교 학교를 강조할 수 있었다면, 지금은 그렇게 말하기에 좀 부담되는 면이 있습니다. 『기학이』가 나올 2009년 당시만 하더라도, 기독교 대안학교가 태어난다는 건 그 자체로 너무 기쁘고 신나고 환영할 만한 일이었습니다. 저희 연구소의 박상진 소장님이 표현한 대로 "아기가 태어나면 누구나 기쁘다."라는 입장이었죠. 그런데 10여 년 넘게 세월이 지나다 보니까 그것에 대한 재평가가 이루어지기 시작하는 겁니다. 박상진 소장님이 장신대 학생들에게 수업시간마다 조별 연구와 발표를 시키는데, 초창기에는 기독교 대안학교 현장을 조사하고 돌아온 학생들이 너무 좋았다며 흥분되어 있었다면, 요즘은 좀 부정적인 반응을 보인다고 말합니다. 지금은 기독교 대안학교들이 시작하면서 선포한 비전에 합당하게 역할을 하고 있는지 평가받는 단계라는 것이지요.

300개 넘는 기독교 학교들 중에 과연 이 책이 추구하는 기독교 학교의 원리를 지키려는 학교가 얼마나 될까요? 아마도 부정적인 피드백이 나올 가능성이 상당히 높을 겁니다. 2014년에 저희 연구소가 <기독교 학교의 미래 전망>이라고 하는 학술대회를 했는데, 그때 연구소에서 조사한 바에 의하면, 기독교 대안학교는 앞으로 세 가지 큰 어려움에 직면하게 될 것이라고 전망했습니다. 첫째는 인구절벽입니다. 학생 모집이 어려울 거라는 거지요. 지금 대안학교들이 절실하게 느끼고 있는 중입니다. 둘째는 교사와 교육과정의 문제입니다. 교사가 학교의 교육철학을 교실에서 얼마나 구현해 내느냐가 관건입니다. 그 점에서 기독교 대안학교의 질적 관리Quality Control가 요구되고 있습니다. 셋째는 공교육의 변화입니다. 최근 공교육이 변화를 시도하고 있습니다. 혁신학교들은 대안학교의 좋은 점들을 공교육에 접목시키고 있어서, 공교육 안의 대안교육적 성격을 가지고 있습니다. 대안학교의 거대한 경쟁자가 생긴 셈이지요. 이런 이유로 기독교 학교는 갈수록 어려워질 것이고 성장세도 완만해질 것으로 보입니다.

유동휘: 현재 교회교육이 많은 어려움을 겪고 있는데, 혹시 기독교 학교가 교회의 신앙교육이 당면한 어려움을 좀 감당할 수 있는 방법은 없을까요?

임경근: 이 질문은 제가 대답하기보다는 기독교 학교에서 신앙적 교육의 혜택을 받고 있는 학부모가 대답하는 것이 좋겠습니다. 실제로 기독교 학교 학부모로서 아이들이 학교에서 신앙적 교육을 받고 있다고 생각합니까? 있다면 어떤 것이 있을까요?

변현석: 사실 제일 좋은 방법은 기독교 학교·가정·교회가 긴밀히 철학을 공유하며 함께 가는 것이지요. 그러나 안타깝게도 그렇지 않는 경우들이 많습니다. 교회 공동체 내에서 이뤄지는 기독교 학교의 경우, 그 교회 내에서도 자녀를 기독교 학교에 보내고 싶은데 못 보내는 가정이 많이 생깁니다. 그러면 주일학교에서 기독교 학교에 보내는 가정과 보내지 않는 가정의 아이들 간에 벽이 생기게 됩니다. 교회와 학교 사이에 보이지 않는 간격이 있고 소통이 안

되는 거죠. 그래서 은혜샘물교회와 학교는 그걸 포착하고 변화를 시도하고 있습니다. 즉, 학교는 학교가 할 일을 하고, 교회는 교회가 할 일을 하고, 가정은 가정이 할 일을 잘 분담해 주는 겁니다. 물론 쉽지는 않을 겁니다.

교회교육의 문제가 대부분 교회가 교육에 무관심하다는 데 있습니다. 부모들은 교육에 대해 끝없이 요구하는데 말이죠. 하지만 답은 분명합니다. 어른 위주의 교회를 아이 중심으로 바꾸는 겁니다. 교회교육 시스템을 바꾸고, 그 다음 학교를 바꾸고, 그리고 가정의 신앙교육을 강조해야 합니다. 하지만 교회의 담임 목사님들이 과연 이걸 풀어나갈 의지가 있을까 하는 의문이 듭니다. 교회는 주중에 인본주의 교육을 받고 온 아이들에게 주일학교를 넘어서 주말을 이용해 기독교 교육을 시킬 수 있다고 생각합니다. 제가 그런 주말학교를 경험해본 적이 있습니다. 주중에 학교에서 배우는 학문들을 기독교 세계관으로 풀 수 있는 그런 특별 수업 말입니다. 주일학교 외에 교회에서 기독교 교육을 맛볼 수 있는 기회를 주는 것이죠. 일반 학교에 다니는 아이들이 주말을 이용해서 기독교 세계관을 배우고, 이로써 교회의 교인들이 '아, 기독교 교육이 이런 거구나!'하고 맛을 보게 되면 자연스럽게 교회가 세운 기독교 학교에 아이들을 보내겠지요. 혹은 그런 교회들이 지역에 몇 군데 있다면 같이 연합해서 기독교 학교를 설립하는 게 제일 좋겠다 싶습니다. 그러면 자연스럽게 교회교육에 대한 대안이 마련될 수도 있을 것 같고요.

임경근: 좋은 제안 감사합니다. 우리는 방금 학교교육과 교회교육이라는 거대담론을 건드렸습니다. 이제 이 정도로 하고 시간이 많지 않으니, 세 번째 주제로 넘어가고 싶습니다. 기독교 학교의 실제에 관한 것인데요, 교육철학과 학교운영에 관한 것을 살펴봅시다. 교육철학이 교실 내에서 어떻게 구체적으로 적용되고 있을까요? 『기학이』에서는 이와 관련해 시험의 의미, 학교와 가정과 교회의 관계, 그리고 부모의 역할, 교사의 역할, 국가의 역할을 다루었습니다.

우선 이종철 부소장님이 앞으로 기독교 학교가 어떤 방향으로 진행될지 평가하고 전망해 주실 수 있겠습니까?

이종철: 네, 저는 『기학이』의 마지막 부분인 실제 파트의 내용이 너무 좋았습니다. '사명 선언문을 글로 써놔야 한다', '말로만 하지 말고, 글로 진술할 필요가 있다' 등에 전적으로 동의합니다. 그런데 아무리 선언문을 기록해 놓아도 그 해석이 나중에 달라지기도 하더라고요. 제가 여러 학교를 컨설팅하면서 느낀 점입니다. 어떤 학교가 한참 어려웠던 시기에 컨설팅을 했었는데, 그때 새로운 이사장님과 이사님들이 학교에 거는 기대는 본래 학교가 가지고 있던 사명선언문과는 많이 다르다는 것을 알게 되었습니다. 예를 들면, '섬기려면 높은 실력이 있어야지', '하나님 나라를 확장하려면 사회적으로 높은 자리에 올라가야지' 등으로 해석하는 일이 있었습니다. 그래서 이것을 단순히 글로 진술하는 것도 중요하지만, 교육철학을 공유하려는 부단한 노력이 있어야하겠다는 생각이 들었습니다.

그리고 또 하나 『기학이』에는 계속해서 '가정의 중요성'을 많이 강조하고, 또 '부모가 기독교 학교의 주체적인 역할을 해야 한다'라는 교육철학을 상당히 강조하고 있습니다. 전적으로 공감합니다. 저도 호주의 CPCS학부모통제학교, Christian Parents Controlled School 같은 데가 얼마나 잘 되고 있는지 궁금하고, 그런 학교가 한국에도 있었으면 좋겠다고 생각합니다.

하지만 한국의 기독교 학교 현장에 가 보면 분위기가 참 어렵습니다. 제가 기독교 대안학교 현장의 교장 선생님들이나 교사들을 만나서 '부모가 더 중심적인 역할을 해야 한다'라는 메시지를 전할 때면 굉장한 저항감을 느끼곤 합니다. 왜냐하면 일반적으로 '학부모'라는 존재는 '굉장히 불편한 존재', '학교 철학에 저항하는 존재'로 보고 있기 때문입니다.

임경근: 그렇군요! 학부모의 역할이 중요하지만, 학교에서는 뜨거운 감자와

같네요!

이종철: 그분들의 마음이 이해는 됩니다. 그분들이 경험한 불편한 학부모는 주로 '빅 마우스Big Mouth'라고 불리는 학교에서 센 목소리를 내는 부모들입니다. 그들은 학교철학에 저항하고, 세속적 가치관을 끌고올 뿐 아니라, 학부모 전체에게도 상당한 영향력을 행사합니다. 그러나 그렇다고 해서 학부모 전체가 그런 학부모들이라고 생각하는 것은 큰 오산입니다.

교사들은 학부모 전체를 '좀 불편한 존재' 또는 '거리를 둬야 하는 존재'로 인식하거나 또는 '교육 대상'으로 인식하는 경향이 상당히 강합니다. 이런 부분이 어떻게 극복될 수 있을까요?

제가 경험한 일입니다만, 한 번은 교장 선생님이 한 학년씩 학부모를 불러서 이야기를 듣는 학년별 학부모간담회 시간을 가졌습니다. 교장 선생님은 "자 여러분, 학교에 불만족스러운 것이 있으면 다 말해 보세요."라면서 부모들에게 돌아가면서 불만족한 점을 하나씩 말하게 했습니다. 첫 번째 학부모가 "이러이러한 점은 너무 좋고요."라며 학교의 좋은 점을 막 이야기하기 시작했습니다. 한국 문화에서는 불만을 바로 말하지 못하니까, 좋은 점부터 말하는 겁니다. 교장 선생님은 말을 끊으시면서 "좋은 건 다 알고 있고요. 불만족스러운 것을 말해 주세요!"라고 했더니, 그때부터 학부모들이 돌아가면서 불만족스러운 이야기들을 했습니다. 그랬더니 재밌는 현상이 나타났습니다. A 학부모가 불만족스럽다고 하는 거랑, B 학부모가 불만족스럽다고 하는 것이 정반대인 경우들이 생기는 겁니다. A 학부모가 "왜 우리 애들 공부를 더 안 시켜주나요?"라고 말하면, B 학부모는 "저는 대안학교를 보냈는데, 왜 애들을 이렇게 많이 공부시키죠?"라고 말하는 것이었습니다. 이렇게 대화를 나누는 동안, 부모들은 스스로 '나랑 생각이 다 같은 것은 아니구나'라는 것을 알게 되었습니다.

한편, 교장 선생님은 학부모들의 말을 들어보시다가 적절한 지적에 대해서는 바로 그 학년 선생님이나 교감 선생님에게 "선생님, 저 의견에 대해서 어떻게 생각하세요?"라고 의견을 물었습니다. 또 현장에서 교감 선생님이나 담임 선생님이 답변을 하면, 그걸 들어보고 그게 맞다고 판단되면 "들으셨죠? 제 생각에는 부모님 말씀도 맞는 말이지만, 이게 우리 학교의 정신에 더 맞는 이야기입니다."라고 말해주었습니다. 물론 선생님이 답변을 했지만 부모들의 생각이 더 맞다고 판단될 때는 "제 생각에는 부모님 말씀이 더 맞는 것 같은데, 우리 선생님들이 조금 더 이 주제에 대해 고민해서 대안을 마련해 주시면 좋겠어요!"라고 말했습니다. 이렇게 소통하니까 부모들 또한 매우 만족해했습니다.

가장 결정적인 순간은 '빅 마우스' 학부모님이 말하는 순간이었습니다. 그분은 고학년에 큰 아이가 다니는 학부모였는데, 그분이 학부모의 분위기를 주도했고, 다른 학부모들은 그분의 이야기에 확 끌려 다니곤 했습니다. 제가 볼 때는 그분의 이야기는 학교와 정반대되는 경우가 많았는데도 말입니다. 그날 그 자리에서도 평소에 말씀하시던 불만을 교장 선생님에게 말했습니다. 그때 교장 선생님은 "지금 부모님이 말씀하신 건 우리의 학교철학과 맞지 않는 이야기입니다."라고 하셨어요. 그분에게는 자존심 상하는 순간이었지만, 그렇게 말하니까 부모들의 분위기가 확 바뀌는 것을 느꼈습니다.

임경근: 그렇게 확 정리가 되었네요! 리차드 애들린의 책 『기독교 교육의 기초』에도 그런 점에 대해 잘 정리하고 있지요. 교사와 학교의 관계도 그렇지만, 교사와 학부모의 관계, 학부모와 학교와의 관계 등 모든 관계가 어렵고 중요합니다. 어떤 사람은 한국의 정서대로 마음에 있는 말을 잘 못하고 끙끙대기도 하지만, 어떤 사람은 빅 마우스로 불만을 막 쏟아내기도 합니다. 그러면 힘들어지지요.

교육철학도 지속적으로 교육현장과 교감되면서 교정되어 가야 해요. 아까 말씀하신 것처럼 '섬긴다'라는 말이 참 좋지만, 전혀 다른 방향으로 갈 수도 있는 거지요. 사실은 이 부분에 대한 현장의 고민을 쓴 책이 빨리 나와야 한다고 생각합니다. 학교 현장의 이야기 말입니다. 그런데 학교 현장이 너무 바빠서 이런 일을 정리해 낼 교장 선생님이나 선생님들이 없는 것 같습니다.

이종철: 이제 그런 책들이 좀 나오려는 것 같습니다. 최근에 대안학교 교장을 은퇴하신 선생님도 책을 내셨다는 이야기를 들었는데, 거기에는 현직 교장 선생님이 경험했던 학교에 대한 이야기들이 좀 들어있지 않을까 싶습니다.

변현석: 저의 경우, 학부모성장지원팀에 이번 대담에 관해서 이야기를 하니까, 한 마디 딱 하더라고요. 거기에 왜 여자는 한 명도 없냐고. 엄마는 왜 한 명도 없냐고요.

이종철: 그렇죠, 엄마 이야기도 중요하죠.

변현석: 제가 겪은 것도 마찬가지거든요. 대부분 기독교 학교 관련 책들이 학부모로 묶어서 짧게 끝나더라고요. 제가 봤을 때는 기독교 학교를 잘 세워나가기 위해서는 엄마의 역할과 아빠의 역할을 좀 더 기독교적 가치관이나 성경적 가치관에 따라서 자세하게 언급해주는 게 필요한 것 같아요. 실제로 엄마들이 학교에 기여할 수 있는 부분이 많은 것 같거든요. 일반적으로 아빠들은 무관심이 특징입니다. 그런데 오늘 여기에 아빠들만 왔다는 건 생각해 봐야 할 것 같아요.

물론 엄마들은 너무 내부만 바라보기 때문에 밖을 보지 못하는 단점도 있습니다. 반면에 아빠들은 원론적인 부분만 알고 디테일에 약합니다. 그런데 실제적인 일들은 대개 엄마들이 하고 있습니다. 그러니까 아이들의 현실이 보이고, 학력이 떨어지는 게 보이고, 일반 학교 다니는 아이들과 비교가 되고, 그러다 보니까 엄마들은 헷갈리는 거죠. 따라서 이걸 절충시킬 수 있는 엄마교육과 아빠교육이 따로 있어야 하겠다는 생각이 듭니다. 여기에 대한 연구가 필요합니다.

이종철: 공감합니다. 저는 아빠의 키워드가 '무관심'이고, 엄마의 키워드는 '불안'이라고 봅니다. 『기학이』는 엄마의 키워드를 '욕심'으로 보던데, 엄마들이 좀 거부감을 느낄 것 같습니다. 저는 '욕심' 보다는 '불안'으로 보고자 합니다.

변현석: 네, 그렇죠. 욕심은 왠지 자기를 비난하는 것 같은데, 불안은 자기를 알아주는 것 같아서 좋아하겠네요.

임경근: 제가 너무 정곡을 찔렀네요! 좀 순화해야겠습니다. 욕심이 아니라 불안으로 고치겠습니다.

유동휘: 맞습니다! 우리 개혁주의가 가지고 있는 한 가지 아쉬운 점이 틀린 말이 아니고 맞는 말인데 정죄로 다가오니까, 그걸 불안으로 바꾸면 너무 좋은 거 같아요. 불안이나 두려움이거든요.

이종철: 사실 '우리 아이가 뒤쳐지면 안 된다'라고 하는 게 우리 한국 사회에서는 엄마의 책임으로 인식되어 있어요. 자녀가 잘못하면 '엄마가 잘못한 거다.' 이렇게 인식되어 있기 때문에 동일시가 되어 있는 거죠.

이의현: 아빠의 무관심도 언어를 좀 바꿔 주시죠? 무관심 말고 다른 걸로, 위로받을 수 있는 걸로요!

이종철: 그래서 저는 이런 생각을 하고 있습니다. 아빠는 관심을 좀 깨우고, 엄마는 불안을 좀 낮추는 것이죠. 그래서 중간 지대에서 한 팀이 되도록 만들어야 하는데, 이 과정이 상당히 중요합니다. 기독교 학교들이 그런 역할을 잘하는지 모르겠어요. 저는 최근 '대디스 토크Daddy's Talk'라고 하는 아빠모임을 하고 있거든요! 부모 교육이나 아버지 운동이라고 하기에는 좀 거창한 것 같지만, 기존의 '아버지 학교'와는 다른 개념의 모임을 하려고 합니다. '아버지 학교'에는 자녀교육에 무관심했던, 우리보다 약간 윗세대의 패러다임이 들어 있거든요. 지금도 '아버지 학교'에 가면 '원더풀 원더풀~ 아빠의 청춘'을 노래

하더라고요, '학교'의 틀을 가지고 교육하기도 하고요. 하지만 요즘 젊은 세대 아빠들은 교육받는 것에 익숙하지 않아요. 그보다는 와서 자기 이야기를 하는 거에 익숙하죠. 그래서 저희 '대디스토크'와 '아빠들의 교육 수다'는 좀 다르게 시작되었습니다. 교회 아빠들끼리 시작한 모임인데, 주제별로 아빠들이 다양한 대화를 나누는 방식으로 모임을 해 왔습니다. 모임이 너무 재미있게 잘 되어 저희 모임에서 합의한 '아빠 교육 선언문' 10개조를 발표했더니, 그 페이스북의 글이 많이 공유되어 EBS 뉴스 작가에게까지 가는 바람에 졸지에 저희가 EBS 뉴스에까지 나오게 되었습니다.

그리고 이제는 저희가 하는 이야기들을 그냥 흘려보내기가 아까워서 팟캐스트를 시작했습니다. 팟캐스트로 누구나 들으실 수 있게 하려고요. 그런데 저희 방송의 거의 40%이상의 청취자들이 엄마들이에요. 아빠들의 수다인데 아빠들이 듣는 게 아니고 엄마들이 듣는 거예요. '아, 아빠들은 저렇게 생각하는구나!' 이렇게 아빠들의 시각을 들으면서 좀 객관화시키는 거죠. 불안했던 감정도 조금 낮추고, 이런 것들을 자기 남편한테 소개도 하죠. '이거 한 번 들어봐, 되게 좋은 거 같아'라고 아빠들의 관심을 깨우는 거죠. 이런 역할들을 저희가 하고 있습니다. 이런 노력들이 진짜 필요한 부분이 아닐까 싶습니다.

변현석: 제가 학부모 임원회를 할 때 공언했던 게 하나 있습니다. 아빠 모임을 만드는 것이었습니다. 그래서 정말로 모임을 하나 만들었습니다. 지금까지 엄마들만 주로 모였거든요. 아빠들 모임을 제안하고는 아빠와 자녀가 같이 노는 <아빠와 함께 하는 토요일>이라는 프로그램을 만들어 최초로 한 번 시도했습니다. 일단 출발은 좋았습니다.

임경근: 그렇군요. 부모들의 역할이 기독교 학교의 실제에 너무나 중요한 부분이라는 것을 확인할 수 있네요. 혹시 더 하실 이야기가 있으신가요? 이종철 부소장님이 정리를 좀 해 주시면 좋겠습니다.

이종철: 마지막으로 장기적인 관점에서 좀 새로운 이야기를 했으면 좋겠는데요. 하나는 학령인구 감소로 인해 기독교 학교에 보낼 기독 학부모들의 파이가 줄어들게 된다는 점입니다. 예를 들어, 옛날에는 기독교 학교에 100명이 갔다면, 이제는 그 수가 6~70명으로 줄어들게 되는 거죠. 하지만 학교의 수는 오히려 늘었잖아요! 학생 모집도 갈수록 어려워집니다. 그래서 저희 연구소가 많이 노력하고 있는 것이 교회들을 깨워서 그들로 하여금 부모들을 온전한 기독 학부모로 세우는 사역을 하도록 돕는 것입니다. 교회들은 부모들이 기독교 교육에 대한 의지를 발휘하도록 일깨워야 합니다. 이것이 기독교학교교육연구소가 하는 중요한 사업이자 학교들을 위한 기여입니다.

그럼에도 불구하고 학생 숫자가 워낙 줄고 있기 때문에 기독교 대안학교들은 어려움을 겪을 수밖에 없습니다. 그러다 보니 최근 기독교 대안학교들에서 감지되는 특징이 있는데, 그것은 학생 선발에서 부모가 모두 기독교인이어야 한다는 요구가 점점 약해지는 것입니다. 무슨 말이냐 하면, 비기독교인 학부모들이라 하더라도 자녀를 기독교 학교에 보내고 싶다면 기꺼이 받겠다는 거죠. 지난번 실태조사 결과를 보고 저는 깜짝 놀랐습니다. 앞으로는 이러한 현실적인 문제가 기독교 대안학교에 상당히 많은 변화를 줄 거라고 생각합니다. 아직은 큰 비중을 차지하지는 않지만, 이것으로 기독교 학교의 미래의 방향을 가늠할 수 있습니다. 즉, 앞으로는 기독교 대안학교의 정체성이 상당히 미션스쿨화될 가능성이 있다는 것입니다.

두 번째 전망은 기독교 학교 학생 가운데 특수한 도움이 필요한 아이들이 많아지고 있다는 것입니다. 기독교 대안학교 운동 초창기에는 학교들이 '장애우 통합교육'을 많이 시도했는데, 갈수록 그런 교육을 하는 학교의 수가 줄고 있습니다. 기독교 학교들이 '이건 전문 기관에 맡겨야 하는 거지, 우리가 할 수 있는 일이 아냐!'라고 결론내리고 포기하기 시작한 거죠. 맞는 이야기입니다.

준비되지 않고 학생들을 받는 것은 큰 문제입니다. 그런데 최근에 나타나는 특이한 현상은 '특수 교육 대상자'와 '일반 학생들' 사이의 '중간 지대의 학생 비중'이 상당히 늘어나고 있다는 겁니다. 어린 시절의 과도한 미디어 노출의 영향 때문인지, 아니면 다른 가족적인 유전 요인으로 인한 것인지는 모르겠지만, 진짜 그런 학생들이 많이 늘었고, 또 그런 부모들이 기독교 대안학교로 자녀들을 많이 보내고 있습니다. 소위 '경계성 지능' 또는 '느린 학습자'로 분류되는 이 학생들의 비중이 늘어나면서, 기독교 학교 입장에서는 이 학생들을 돕는 일이 중요한 일이 되고 있습니다. 그러나 실제로 이런 학생들이 기독교 대안학교로 오는 움직임이 많이 있지만, 정작 선생님들은 이런 학생들을 도울 준비가 되어 있지 않다는 문제가 있습니다.

임경근: 특수교육 대상 아동들에게는 보조교사가 따라 붙어야 하죠. 더 많은 관심과 재정을 쏟아 부어야 합니다. 이들을 위한 기독교 학교의 대책이 필요하겠군요!

이종철: 그래서 저희 연구소가 이 학생들을 도울 수 있도록 교사의 역량을 기르기 위한 연수를 준비하고 있습니다. 특히 초등 단계가 굉장히 중요한데, 왜냐하면 이때가 이런 학생들에게 결정적인 시기이기 때문입니다. 앞으로 기독교 대안학교가 상당히 신경을 써야 하는 부분이라고 생각합니다.

마지막 한 가지는 올해에만 기독교 대안학교의 교장 선생님이 바뀐 학교가 몇 개인지 모르겠는데, 하여튼 많이 바뀌었다는 겁니다. 즉, 기독교 대안학교의 초창기 리더십들이 많이 교체되고 있는 것입니다. 저는 15년째 이 일을 하면서 정말 많은 교장 선생님들이 바뀌는 것을 보았습니다. 그렇게 바뀔 때면, 제가 예상했던 그 학교의 교감 선생님이나 수석 교사급 선생님들이 교장이 되는 경우도 있지만, 그렇지 않고 외부에서 갑자기 임명되는 경우도 많습니다. 타 학교의 경험을 가진 분들은 그래도 괜찮은데, 가끔은 기독교 학교에 대한 이해 자체가 부족한 분들이 교장이 되는 경우도 많습니다. 이런 것이 학교 철학정체성의 유지 측면에서 괜찮은지 우려가 됩니다. 향후 예비 교장 아카데미 같은 연수가 필요할 거라고 생각합니다.

교장만 교체되는 것이 아니라 교사들도 교체됩니다. 소위 '90년생이 온다'라는 말을 많이 하는데, 젊은 교사들의 등장도 또 다른 고민 요소입니다. 과거 기독교 대안학교의 발전 동력은 주로 교사들의 '헌신'이었습니다. 많은 봉급을 받지 못하는 상황에서도 기독교 교육에 헌신하려는 분들이 이 일에 뛰어들어 여기까지 학교를 세워 왔는데, 이제는 점차 그런 교사들이 줄어들고 있는 실정입니다. 따라서 지금은 어떻게 다음 세대의 젊은 교사들에게 기독교 학교를 맡기는 바톤터치가 가능할 수 있을지 고민이 필요합니다.

임경근: 네, 이종철 부소장님! 감사합니다. 이야기를 꺼내니 참 할 말이 많네요. 더군다나 기독교학교교육연구소에 15년 동안 몸담으면서 생각하신 이야기들이니, 얼마나 많겠습니까? 이종철 부소장님이 오늘 좋은 이야기들을 많이 해 주셨습니다.

이종철: 너무 많은 이야기를 해서 죄송합니다.

임경근: 학부모의 아주 생생한 이야기도 들을 수 있어 감사합니다. 변현석 학부모님께도 감사드립니다. 저는 오늘 많은 것을 배우는 시간이었습니다. 제가 책을 썼지만 이런 원리가 학교 현장에서 어떻게 구현되어야 할 것인가는 그야말로 숙제였습니다. 오늘 그런 경과를 상세히 들을 수 있어 좋았습니다.

오늘 대담에 참여해 주신 이종철 기독교학교교육연구소 부소장님, 변현석 학부모 대표님, 그리고 출판부 이의현 편집부장님과 유동휘 대표님께도 감사드립니다. 이 책이 앞으로 또 10년 동안 기독교 학교에 도움이 되었으면 좋겠습니다. 고맙습니다!

참고 문헌

단행본

Bavinck, H., *Handleiding bij het Onderwijs in den Christelijken Godsdienst* (Kampen, 1913)

_____, *Opvoeding der Rijpere Jeugd* (Kampen, 1916)

_____, *Paedagogische Beginselen* (Kampen)

BDB, *Hebrew and English Lexicon of the Old Testament* (Oxford London, 1981)

Berkhof, Louis & Van Til, Cornelius (Ed. by Dennis E Johnson), *Foundations of Christian Education: Addresses to Christian Teachers*, 이경섭 역, 『개혁주의 교육학』(개혁주의신행협회, 1994)

Bolt, John, *The Christian Story and the Christian School* (Grand Rapids 1993), 이정순 역, 『이야기가 있는 학교』(IVP, 2006, 103-104)

Bos, C. G. & Brink-Blijdorp, W. A. E., *Nieuwe Nederlandse kerkgeschiedenis II* (Barneveld, 1994)

Braley, James W., 『기독교 학교를 어떻게 시작할 것인가?』(CUP, 2006)

Cha, Peter, "Towards a Vision for Second Generation Korean American Ministry," 21-24. 1994년 *Katalyst*에서 발표된 글

Clouser, Roy, *The Myth of Religious Neutrality: An Essay on the Hidden Role of Religious Belief in Theories* (Univ. of Notre Dame, 2005)

Dayton, Donald W., "Some Doubts about the Usefulness of the Category

Evangelical" in *The Variety of American Evangelicalism* (ed. by Donald W. Dayton & Robert K. Johnston (Eugene, 1998)

Dorchester, Daniel, *Christianity in the United States from the First Settlement Down to the Present Time* (New York, 1888)

Douma, J., *Algemene genade: Uiteenzetting, vergelijking en beoordeling van de opvattingen van A. Kuyper, K. Schilder en Joh. Calvijn over 'algemene genade'* (Diss.) (Goes, 1974)

Drexler, James L. (edr), *Schools as Communities* (Purposeful Disigen Publications, 2007)

Edlin, Richard J., *The Cause of Christian Education*, 기독교 학문 연구회 교육학 분과, 『기독교 교육의 기초』 (그리심, 2004)

Gaeblein, Frank, *The Pattern of God's Truth: The Integration of Faith and Learning*, 신창국 역, 『신본주의 교육』 (기독교문서선교회, 1991)

Gispen, W. H., *Genesis: Commentaar op het Oude Testament* (Kampen, 1974)

Graendorf, Werner C. (ed.), 『복음주의 기독교 교육론』 (기독교문서선교회, 1992)

Greene, Jr. Albert E., *Reclaiming the Future of Christian Education* (ACSI 1998), 『기독교 세계관으로 가르치기』 (CUP, 2000)

Hakes, J. E., 『기독교 교육학 개론』 (성광문화사, 1979)

Harper, N. E., *Making Disciples: The Challenge of Christian Education at the End of the 20th Century*, 이승구 역, 『그리스도의 제자 만드는 기독교 교육』 (토라, 2005)

Hoge, Dean R. & Roozen, David A., *Understanding church growth and decline 1950-1978* (New York: The Pilgrim Press, 1979)

James Olthuis, "Must the Church Become Secular?", John Olthuis, Hendrik Hart, Calvin Seerveld, and James Olthuis(eds.), *Out of Concern for the Church* (Toronto, 1970)

Kienel, Paul A., "기독교 학교"(Werner C. Graendorf, 『복음주의 기독교 교육론』 (기독교문서선교회, 1992))

Kim, Kwang Chung (ed.), Warner, R. Stephen (ed.), Kwon, Ho-Youn (ed.), *Korean*

Americans and Their Religions: Pilgrims and Missionaries from a Different Shore (Pennsylvania, 2001)

Kuhn, Thomas, *The Structure of Scientific Revolutions* (Univ. of Chicago Press, 1996)

Kuyper, A., *Pro lege: het koningschap van Christus 3dedl* (Kok, 1912),

_____, *Souvereiniteit in eigen kring: rede ter inwijding van de Vrije Universiteit den 20sten October 1880 gehouden, in het Koor der Nieuwe Kerk te Amsterdam* (Amsterdam, 1880)

Ladd, George Eldon, 원광연 역, 『하나님 나라: 하나님 나라의 복음』 (크리스찬다이제스트, 1997)

Lederle, Henry, "Christian Education in South Africa"(*Semper Reformanda 1417->1967->Parousia*: International reformed bulletin, Nr. 31. 10th year oct. 1967)

Lim, K. K., *Het Spoor van de Vrouw in het Ambt* (KOK, 2001 Diss.)

Marshall, Paul, *Heaven is Not My Home: Learning to Live in God's Creation* (Word Publishing 1998): 『천국만이 내 집은 아닙니다』 (IVP, 2000)

Messelink, J., Folkes H., Baas, J.J.D., *Geloofsopvoeding* (GPC)

Miedeman, S., Klifman H.(ed.), *Christelijk onderwijs in ontwikkeling: jaarboek 1994, 1995, 1996* (KOK, 1995)

Moerkerken, A., "E. Van catechismusprediking tot boeken censuur"(Dr. W. van 't Spijker (ed.), *De Synode van Dordrecht in 1618 en 1619*, Den Hertog B. V., Houten, 1994)

Morris, Henry, 『기독교 교육 개요』 (생명의말씀사, 1977)

Newbigin, Lesslie, *The Gospel in a Pluralist Society*, 허성식 역, 『다원주의 사회에서의 복음』 (IVP, 1998)

_____, *Foolishness to the Greeks* (Wm. B. Eerdmans Pub. Co., 1986), 홍병룡 역, 『헬라인에게는 미련한 것이요』 (IVP, 2005)

_____, *Living Hope in a changing world* (Alpha International, 2003), 이혜림 역, 『변화하는 세상 가운데 살아 숨쉬는 소망』 (서로사랑, 2006)

_____, *Truth and Authority in Modernity* (Trinity Press, 1996), 김기현 역,『포스트모던시대의 진리』(IVP, 2005)

Niebuhr, H. R., *Christ and Culture* (New York, 1956)

Oosterhaven, M. E., *The Spirit of the Reformed Tradition* (Grand Rapids, 1971)

Palmer, Parker J., *To Know As We Are Known: Education As a Spiritual Journey*, 이종태 역,『가르침과 배움의 영성』(IVP, 2006)

Piper, J.,『예수님의 지상 명령』(생명의말씀사, 2007)

Plantinga, C.,『기독 지성의 책임』(규장, 2004)

Polanyi, Michael, *Personal Knowledge: Towards a Post-Critical Philosophy* (Taylor & Fransis, 2007)

Runia, K., *Evangelisch-reformatorisch-gereformeerd* (Willem de Zwijgerstichting Apeldoorn, 1984)

Rushduny, Lusus J., *The Philosophy of the Christian Curriculum*, 정선희 역,『기독교 교육 무엇이 다른가?』(꿈을이루는사람들, 2007)

Schaefer, Francis,『그러면 우리는 어떻게 살 것인가?』(생명의말씀사, 1999)

Schilder, K., *Christus en cultuur* (Franeker, 1947)

The National Union of Christian Schools, *Course of Study for Christian Schools* (Illinois 1947)

Van Brummelen, Harro, *Steppingstones to Curriculum*, 이부형 역,『기독교적 교육과정 디딤돌』(IVP, 2006)

Van der Walt, B. J., "The hallmark of a radical reformational world view" 고신대학교,『칼빈주의와 한국 교회』(제5회 한상동 기념강좌, 2001. 10. 29)

Van Middelkoop, G. J., *De fluit in het venster: 50 jaar Gereformeerd onderwijs in Nederland* (Wezep, 2001)

Veenhof, J., *The relationship between nature and grace according to H. Bavinck* (Potchefstroom, Institute for Reformational Studies, Study Pamphlet no. 322, 1994 Oct.)

Warner, R. Stephen & Wittner, Judith G. (ed.), *Gathering in Diaspora: Religious Communities and the New Immigration* (Philadelphia, 1998)

Wells, David, *God in the Wasteland* (Grand Rapids, 1994), 윤석인 역, 『거룩하신 하나님』(부흥과 개혁사, 2007)

Willard, Dallas, *The Great Omission*, 윤종석 역, 『잊혀진 제자도』(복있는사람, 2007)

Wilmink, J.B., e.a., *Kind en geloven* (GPC, 2000)

Wolters, Albert, "Christianity and the Classics: A typology of attitudes", Wendy E. Helleman (ed.), *Christianity and Classics* (Univ. Press of America, 1990)

Wolterstorff, N., *Education for Life: Reflections on Christian Teaching and Learning* (Grand Rapids, 2002)

강용원, 『기독교 교육학 개론』(생명의양식, 2007)

강영택, "기독교 학교 운동의 역사와 과제", 기독교사 연합, 『다음 세대를 책임지는 기독교사』(IVP, 1999)

고재수, 『구속사적 설교의 실제』(CLC, 1987)

_____, 『그리스도와 교회와 문화』(성약, 2008)

국정브리핑 특별기획팀, 『대한민국 교육 40년』(한스미디어, 2007)

기독교 학교교육연구소, 『평양 대부흥운동과 기독교 학교』(예영, 2007)

기독교 학교연합회, 『한국기독교 학교연합회 50년사』(한국장로교출판사, 2004)

김덕영, 『입시공화국의 종말』(인물과사상사, 2007)

김성수, 『학교 및 학교교육에 대한 성경적 조망』(기독교대학설립동역회 출판부, 1992)

김요셉, "한국 기독교 학교의 현실 진단 및 갱신운동"(기독교학교교육연구소 주최 제1회 학술대회, 「1907년 평양대부흥운동과 기독교 학교」(영락교회 50주년 기념관 2006년 10월 21일 09:00~16:00)

김중기, "한국 교회의 성장과 그 요인 분석", 『신학논단』16(1984)

김창환, "한국 교회에서의 입시 이해" 기독교학교교육연구소, 『제2회 기독교학교교육연구소 학술대회: 입시에 대한 기독교적 이해』(2007. 10. 20. 오후 2-6시, 연세대학교 위당관 대강당)

류은정, "기독교 대안학교의 현황 분석" 『기독교 학교교육연구소 주최 세미나: 한국 기독교 대안학교의 현실과 과제』(기독교 학교 교육연구소 2007. 3.31 높은뜻 숭의교회 청어람 소강당)

박상진,『기독교 학교 교육론』(예영커뮤니케이션, 2006)

박은조,『하나님이 기뻐하시는 학교』(예영커뮤니케이션, 1999)

변종길,「클라스 스킬더의 문화관」,『개교회의 정로: 허순길박사 은퇴기념 논문집』(고려 신학대학원출판부, 1999)

샘물기독학교,『미국 내 기독교 홈스쿨링 및 기독교 학교 커리큘럼』(기독교학교교육연 구소: 비매품)

신국원, "변혁주의 문화론의 신학적 근거": 문화선교연구원,『기독교문화, 소통과 변혁 을』(예영, 2005)

신국원,『신국원의 문화 이야기』(IVP 2002)

신영순,『니콜라스 월터스토프(Nicholas P. Wolterstorff)의 기독교 교육 사상에 관한 연 구』(고신대학교 교육학 박사 학위 논문, 2004)

_____,『칼빈사상의 현대적 영향: 나의 마음을 주님께 바칩니다』(고신대학교 출판부, 1995)

유대영,『개화기 조선과 미국 선교사: 제국주의 침략, 개화자강, 그리고 미국 선교사』(한 국기독교역사연구소, 2004)

유해무,『개혁교의학』(크리스찬다이제스트, 1997)

이병선, "한국 교회 성장둔화의 사회적 요인 분석: 1990~2000년을 중심으로"

이원규, "한국 교회 성장둔화와 그 요인의 분석"『신학과세계』34호, 1997

임경근,『교리와 함께 하는 365 가정예배』(세움북스 2014)

_____,『종교개혁과 가정』(SFC 2016)

_____,『개혁신앙, 현대에 답하다』(SFC 2017)

_____,『세계 교회사 걷기』(두란노서원 2019)

_____,『소요리문답과 함께하는 365교리묵상』(이레서원 2019)

_____,『콕 집어 알려주는 가정예배 가이드』(말씀사 2020)

_____,「기독교 학교교육」, 강용원 편저,『기독교 교육학 개론』(생명의 양식, 2007)

임희국,「한국 교회 초기 기독교 학교 설립에 대하여」, 기독교학교교육연구소 주최 제1 회 학술대회,『1907년 평양대부흥운동과 기독교 학교』

재기은,『한국 교회사』(예수교문서선교회, 1978)

전광식,『기독교 대안교육과 대안학교: 그 원리와 실제』(독수리교육공동체, 2005)

조성국, 『기독교 세계관과 기독교 학교교육』 (고신대학교 부설 기독교교육 연구소 연구
시리즈 20, 2003)

한국갤럽, 『한국인의 종교와 종교의식』 (1998)

한국기독교사연구회, 『한국기독교의 역사I』 (기독교문사, 1989)

_____, 『한국기독교의 역사II』 (기독교문사, 1990)

기사 및 인터넷 사이트

Bauch am, Voddie, "He Who Controls the Schools Controls the World" CD The
American Vision ?copyright 2007. Recording of his speech given at the
Wordlview Super Conference II near Asheville, North Carolina in 2007

Gereformeerde Kerken in Nederland(vrijg.), "Formulier voor de bediening van de
Heilige Doop aan de knideren van de gelovigen."

Hadaway, C. Kirk & Roozen, David A., "Denominational Growth and
Decline," 37-39.

http://hirr.hartsem.edu/bookshelf/Church&Denomgrowth/ch&dngrwpt. 2.pdf

http://en.wikipedia.org/wiki/Liberal_arts

http://www.wels.net/cgi-bin/site.pl?1518&cuTopic_topicID=22& cuItem_
itemID=5835

『주간 동아』 "사교육 안 하고 좋은 대학? 꿈 깨시죠" 2007. 9. 10

『기독교보』 819호 2007년 12월 8일 8면 기사 "서유럽 기독교사회 해체 '위기'"

국민일보 2008년 5월 22일(목) 제 5971호 기사 "의미 없는 단기선교보다 부정부패 척결
앞장서야"

입시·사교육 바로세우기 기독교 운동 목회자 간담회, "교사가 본 입시와 사교육 문
제"(자료집, 2008)

하이델베르크 요리문답(Heidelberg Catechism)